发现儿童

THE DISCOVERY OF THE CHILD

〔意〕玛利亚·蒙台梭利◎著　李婷婷◎译

西苑出版社
XIYUAN PUBLISHING HOUSE
·北京·

图书在版编目（CIP）数据

发现儿童 /（意）玛利亚·蒙台梭利著；李婷婷译
. -- 北京：西苑出版社，2021.11
ISBN 978-7-5151-0785-1

Ⅰ.①发… Ⅱ.①玛… ②李… Ⅲ.①儿童教育—早
期教育 Ⅳ.① G61

中国版本图书馆 CIP 数据核字 (2021) 第 203850 号

发现儿童
FAXIAN ERTONG

责任编辑　汪昊宇　樊　颖
封面设计　异一设计
出版发行　西苑出版社 XIYUAN PUBLISHING HOUSE
地　　址　北京市朝阳区和平街 11 区 37 号楼 邮政编码：100013
电　　话　010-88636419
印　　刷　三河市嘉科万达彩色印刷有限公司
开　　本　880mm×1230mm　1/32
字　　数　220 千字
印　　张　11.75
版　　次　2021 年 11 月第 1 版
印　　次　2021 年 11 月第 1 次印刷
书　　号　ISBN 978-7-5151-0785-1
定　　价　49.80 元

序　　言

我们已经清楚地表明，儿童需要观察、反思、学习，需要专注和独立思考，而且还要不时地暂停下来沉默一会儿。我们可以确信地说，人们对教育存在一定的误解，认为儿童在不适合他们的场合接受教育就不会有进步。相反，我们的责任是指导儿童的活动，否则我们的指导就会消耗他们的精力和本能的求知欲，经常会造成他们心理发展和成长过程中的障碍。因此，即便是年龄很小的儿童，接受教育的目的也不是让他们为上学做好准备，而是为生活做好准备。

玛利亚·蒙台梭利

简　介

本书意大利语版本的第三版出版时，我就觉得有必要为之前的几个版本正名了。42 年后，这一版出版时，我觉得更有必要做出声明。我写书的动机一直如此，但随着我和学校的工作的开展，我们的发现远远超出了预期。一般来说，出版一本新书，形式和内容都需要重新设计，否则就不能与时俱进。但是，现实情况不允许我们这样做。我们需要出版一整套书籍，囊括我们在世界各地广泛经验中总结出来的心理学和教育学理论。部分内容已经成功出版，如《童年的秘密》《有吸收力的心灵》《新世界的教育》《人类潜能的教育》《算术心理学》《几何心理学》等，其他的内容仍在筹备出版。

本书中，我想要澄清几个问题，特别是指出这样一个事实，即我们的工作成果不仅仅是创造了一种新的教育方法。本书前几章简要回顾了理论研究进程，新增的几章概述了我们新的理论发现。但是，请读者记住，本书的大部分内容是在这项工作开始之初写的，经常提到当时盛行的理论和研究或是当时普遍的情况。现在，时代变了，科技有了长足的发展，我们的工作也有了很大的进步，理论得到了充分的认证。我们坚信人们只有把注意力和精力放在人格形成过程中的巨大潜力和发展上，我们才有希望解决问题，其中最紧迫的问题是内心的平和和统一。

玛利亚·蒙台梭利

1948年11月，浦那

目 录 CONTENTS

第一章

科学在学校的应用

我不打算写一篇详细描述教育科学的论文。我们最初的工作现在有了一个不错的结尾，阐述了教育过程中相当有趣的研究结果，这为新的教育方法的实际应用开辟了道路。新的教育方法是将实验结果更多地应用于教学实践，而不是完全将实验作为提炼教育理论的基础。医学是在实验结果的基础上建立理论。但是人们认为，教育应该放弃这种单纯的推论方法。从韦伯、费希纳到冯特、比奈，生理学或实验心理学逐渐发展成为一门新兴科学，为教育学提供理论基础，就像传统心理学为教育理论提供基础一样。人类学中有关儿童的研究似乎也是影响新的教育理论形成的重要因素之一。

但事实上,“科学教育学”的体系还尚未形成,定义也尚未完善。它还只是一个模糊的概念，现实中尚未存在，因而受到人们的广泛关注。

几年前，意大利出现了所谓的“科学教育学校”。这些学校由经验丰富的医生赞助，其目的是培训教师使其掌握新的教育方法。这些学校取得了巨大的成功，获得了意大利所有教师的认可。

甚至在这些新理论从德国和法国引进之前，意大利的教师就已经对儿童成长的各个阶段进行了认真的研究，并利用精密仪器进行测量。例如，塞尔吉在将近50年的时间里，一直在孜孜不倦地传播一种思想，即通过科学观察寻求一种重建教育系统的方法。塞尔吉曾说："今天，教育和教学方法迫切需要改革，为改革而奋斗的人们都是在为人类的复兴而战。"塞尔吉的著作被收录在《教育与教学》一书中，书中记录了为推动这一运动而举办的讲座和会议的内容。他深信，要发现人类复兴之路，必须在教育人类学和实验心理学的帮助下，对受教育者进行系统的研究："几年来，我一直在为这样的想法而奋斗。我越是认真地研究，就越是确信它对人类的教育和教学的用处。如果我们要通过自然手段实现这一目标，就必须对人类行为特别是对儿童的行为进行大量精确的观察。基于这些观察，我们才能建立必要的教育和文化基础。"

诚然，教育不在于测量一个人的头脑、身高等方面的数据，但测量也确实提供了一些有用的信息。我们只有掌握了一手数据，才能教育儿童。塞尔吉的理论使人们相信，一旦通过实验认识了儿童的本性，教育艺术自然就会发展起来。但是通常的情况是，他的理论追随者会感到困惑，无法区分哪些是对儿童的研究，哪些是对儿童的教育。由于前者被看作是实现后者的自然手段，教育人类学也被称为"科学的教育"。有些教育者转而使用新的教育方法，开始采集"个人成长信息"，坚信一旦这一方法在一所学校确立下来，教育改革的胜利最终就会到来。因此，所谓的“科学教育学校”的教师会使用测量感官的仪器，对儿童的身心指标进行测量，并编写案例。这样就产生了第一批科学型的教师。

实际上，其他国家的做法也不过如此。在法国，在英国，特别是在美国，人们在小学开展教育人类学和实验心理学研究。他们错误地认为，可以通过测量身心指标来对学校进行改革。后来的个体研究也出现了同样的倾向，从冯特的心理学研究到比奈的心理测试，都存在同样的模糊性。此外，这些调查几乎从来不是由教师而是由医生进行的。一般来说，这些人对研究的兴趣大于对教育的兴趣，他们试图为实验心理学和心理物理测量的发展做出贡献，而不是将他们的工作和成果形成系统，为一个期待已久的科学教育体系建立基础。简而言之，人类学和心理学从未被用作教育手段，此外，教师也没有上升到科学家的水平。

然而，教育的进步需要两者在思想和实践上的真正合作，这种合作将使科学家直接进入更高级的教学领域，并让教师从他们目前较低的文化水平上得到提升。为了实现这一卓越的理想，罗马成立了一所教育学院，希望将教育学从哲学系的二级分支提升为独立的学院，就像医学院那样，包括广泛的教学内容，其中就有教育人类学和实验心理学。

尽管如此，这些科学在自身基础上持续发展，而教育本身仍停留在古老的哲学发端上，保持原样，丝毫未变。但是，今天的教育与其说对科学感兴趣，不如说是对人类和文明感兴趣。文明的唯一源头就是外部世界。所有为如此伟大的事业做出过贡献的人，哪怕只是一次尝试且未取得全面的成功，也都应该受到社会的尊重。因此，我们这些人，年龄或相仿或有差距，都是在为同一个目标而努力。还有那些后来者，一定会达到我们期望的目标，因为在他们之前有人相信这一目标并为之努力过。

同样，我们相信，把实验室中单调而枯燥的理论搬到古老而破败的学校中去，或许能够让这些理论得到重建。许多人对唯物主义和机械论的科学抱有过高的希望。正因为如此，我们走上了一条错误和狭隘的道路，如果我们要振兴后代的教育，就必须解决这条路上的问题。

面向教师开展实验科学方法的培训很不容易。我们教会人们如何尽可能精确地进行身心测量后，就收获了一批价值待定的工具。我们仅向他们展示如何开展实验，当然不能培养出新型的教师。但更重要的是，我们引导教师跨过实验科学的门槛，而没有让他们进入更深刻、更高尚的领域，而这些领域正是培养科学家的地方。

但科学家是什么样的呢？

科学家不仅仅是在实验室里操作物理仪器，或者制造各种化学反应，或者在显微镜下准备有机组织切片检查的人。但是，更常见的情况是，科学家就是在实验技术方面最熟练的助手或实验室工作人员。我们可能将一位科学家定义为这样一种人：在实验过程中，他感知到某种东西，从而进一步研究生命的深刻真理，揭开隐藏在神秘面纱后的秘密；在探索这一知识的过程中，他对自然的奥秘爱得如此强烈，以至于达到忘我的状态。科学家不是一个可以使用不同仪器的人，而是一个想要去了解自然的人。这个有崇高信仰的人像信徒一样，表现出被神明召唤的样子。我们可以把科学家描述成这样一种人：他生活在实验室里，对外部世界漠不关心。他的行为有时很古怪，如不注意自己的衣着，完全处于忘我的状态。他不停地使用显微镜观察，哪怕双眼失明；他会故意感染肺结核或霍乱，因为他急于知道这些疾病是如何传播的；他知道一种化学混合物可能具有爆炸性，但无论如何还是会发明出来。

科学家是这样一种人。大自然向他展示自身的秘密，并以发现真理的荣耀为他加冕。因此，科学家拥有一种超越任何机械技能的“精神”。当一位科学家的精神态度超越了他的机械能力时，他就达到了这一门科学的巅峰。科学本身将因科学家的工作而丰富，科学不仅有新的自然发现，而且有新的哲学发现。

我认为，我们应该把更多的注意力放在传授精神上，而不是传授科学技术上，也就是说，教育的目标应该是传授知识而不是传授技能。因此，当教师的科学培训被认为是某种机械技能的交流时，人们并没有想要把一名小学教师培养成完美的人类学家、专业的实验心理学家或者儿童卫生专家。他只是被引导到实验科学领域，并被教导如何操作各种仪器。同样地，我们现在必须用这样一种“科学观”来激励每一名教师，尽管这种科学观的应用只局限于一个特定的领域，即学校。

我们必须在教师的心灵中培养出一种对自然现象的普遍兴趣，直到他达到热爱自然的程度，并体验到已经做完实验并等待新的数据结果出现的人的焦虑。科学仪器就像字母表，人们必须知道如何使用它读懂大自然的秘密。正如一本书，里面包含了作者的深奥思想，但也依赖字母组成书中的每个单词，所以自然的无数奥秘，都需要通过实验技术来揭示。如果文字足够清晰，任何学过简单拼写的人,都可以用机械的拼读方式来阅读莎士比亚戏剧。一个人学会了实验操作，就像一个人能拼读儿童读物中的文字一样。如果我们把教师培训局限在掌握技术上，那么培养出来的教师都会只有初级水平。因此，我们必须使他们成为自然精神的诠释者，就像一个人，终于有一天学会了如何通过文字符号理解莎士比亚、歌德或但丁的思想一样。很明显，这两种阅读方式有很大的区别，而且两者之间还有很长一段路要走。然而，我们犯第一种错误是很自然的。学过拼写的孩子会产生一种错觉，总以为知道如何阅读。事实上，他会读商店的招牌，报纸的标题或任何他看到的单词或短语。他也很容易异想天开，以为走进图书馆就能读懂所有书籍里的思想。但是，如果他开始读这些书，很快就会意识到“机械阅读”没有什么用，最终会离开图书馆回到学校。

新教师被简单地教导如何进行物理测量和心理实验时，也会发生同样的错误。

我们暂且把培养公认的专家型教师的困难放在一边，甚至不用试图为这样的目标制订一个计划，因为这会使我们越走越远。相反，通过漫长而耐心的练习，我们应该看到，我们已经培养了教师观察自然的能力，已经将他们的能力提高到了一定水平。就像是到森林和田野里观察昆虫的初级动物学家，他可能走得很累，但仍然保持警惕，最大限度地隐藏自己的行踪，好让他持续地、安静地观察昆虫的自然活动。

让我们想象一下，这些教师已经达到了在显微镜下耐心观察动物自发活动的科学家的水平。在他看来，这些微小的生物在躲避天敌或选择食物的方式上，似乎透露出一种模糊的意识或本能。然后，科学家用电流扰乱了动物的平静生活，注意到有些动物走向正极，有些动物走向负极。或者，科学家把动物暴露在强烈的光线下，看一部分动物快速趋近，而另一些则迅速逃离。科学家用这种方式研究了动物的各种反应，试图发现生物对各种刺激的吸引或排斥的特征与使它避开同类或趋向食物的刺激的特征是否相同。换句话说，科学家想知道这种运动是由某种自然本能引起的，还是由某种意识引起的，是否像磁铁和铁之间那样存在某种物理吸引或排斥。我们还可以想象，这位科学家猛然发现现在已经是下午两点，意识到自己一直在实验室里工作而不是在家里，因为在家里他会被叫去吃饭，从而打断了他有趣的观察和禁食状态。

我想说的是，让我们设想一下，一名教师除了受过的特殊训练之外，已经达到了这样一种境界，即对观察自然现象有同样的兴趣，尽管程度较低。但即便如此，他的准备也不够充分。教师注定要通过自己的特殊工作去观察人，而不仅仅是观察昆虫或原生动物。而且，他要观察的人，不是一个像昆虫早晚忙于日常事务的人，而是一个智力正在觉醒的人。

一个人要想成为一名教师，就必须对人性感兴趣，这种兴趣要比动物学家或生物学家对自然的兴趣更浓厚，这种兴趣能够把观察者与被观察者紧密地联系起来。这种联系越紧密，教师就越会感到愉悦。一个人不可能在爱上一只昆虫或一种化学反应的同时，不放弃自我，而这种放弃在任何冷静的观察者看来都是一种痛苦和牺牲，一种对生活的扭曲。

但是，一个人对另一个人的爱可以是如此地令人愉悦和简单，不仅是特殊者，甚至是普通人都可以毫不费力地获得这种快乐。教师具备了一定的科学精神后，会安慰自己，他们不久就会在观察中体验到这种快乐。

现在，我们想象一个热心的神秘灵魂，观察儿童的心灵的所有启示，混合着尊重、爱和神圣的好奇心。儿童可以用自己的正确方法学习，因此可以把这种方法带到教室里。

然而，即使如此，他也不会成为我们想要培养的那种新型教育家。但是，我们努力把科学家的献身精神和神秘主义者不可言喻的狂喜倾注到一个人的心灵中去，就会拥有完美的“教师”精神。实际上，教师会从儿童身上学会教育方法，也就是说，他会从儿童身上学习如何让自己成为一名完美的教师。

我们可以想象一位植物学家或动物学家，他精通观察和实验技术，他曾到野外实地考察霜霉菌，借助显微镜和实验室设备深入研究真菌培养。那么，我们还可以想象一下，这样一位学者被选中承担科研工作，对膜翅目昆虫进行新的研究。但是，到了新的岗位后，他的面前只有一个盖着透明玻璃的盒子，盒子底部用别针固定着保存完好的蝴蝶，蝴蝶的翅膀张开着。年轻的科学家会说，这是小孩子玩的游戏，不是科学研究的对象。确实，盒子里的蝴蝶是儿童在公园里，将网系在棍子上捉到的。但是，实验科学家对这样的研究对象无能为力。

如果我们把同样一名科学家型的教师放在现在的一所学校里，也会出现类似的情况。在学校里，原本能够自发地表达自我的儿童也会变得很压抑，被固定在桌子前，就像蝴蝶标本被钉在大头针上。在学校里，儿童应该做的是展开双臂迎接枯燥的知识，就像蝴蝶张开翅膀以获得虚荣心。因此，我们培养的教师单有学问是不够的，还必须让他为教学做好准备。我们的学校也必须允许儿童自由活动。如果要形成一种科学的教育形态，这就是必须进行的基础型变革。

没有人敢坚称学校和教学中已经存在自由原则。诚然，以卢梭为首的一些教师，为儿童的自由制定了一些不可思议的原则，表达了他们对自由的困惑和渴望。但是，专业教育工作者并不理解什么是真正的自由，他们理解的自由往往是人们在反抗奴隶制时形成的，或者在更高的层面上，是一个国家、一个阶级或一种思维方式的解放。即便如此，他们理解的自由也是一种有限的自由，因为它仅仅比之前进步了一些，是整体之下的局部解放。

启发式教学的自由概念更为广泛。这种自由是对生活的解放——这种生活被无数的障碍所压抑，阻碍生活中物质和精神的和谐发展。这件事极其重要，但是到目前为止，它还没有充分引起人们的注意！

这是一个不可被忽视的问题，而且是一个需要被清晰阐述的问题。在今天的学校里，声明教育的自由原则的人都很活跃，会让我们会心一笑。我们也会对一个凝视蝴蝶标本的孩子露出同样的微笑，他会可爱地坚持认为蝴蝶是活着的，随时可以展翅飞翔。

有时，人们对教育自由的镇压就像奴隶主对奴隶的镇压一样，他们牢牢把控着学校和教育，甚至是桌椅的配备也在他们的控制之下。在这里，我们可以看到一个早期唯物主义教育者的明显失误，他们努力利用零散的科学知识重修摇摇欲坠的学校围墙，结果却失败了。以前，儿童沉闷地坐在桌子前，后来随着科学的发展，越来越多的人类学研究结果被用于完善课桌条件。儿童的年龄和身高等数据都被用来确定适当的座椅高度，桌椅之间的距离也是经过精确计算的，以防儿童驼背。最后，在科学家的深入研究之下，儿童的桌子变窄，彼此分割开来，就座之后就不能左右晃动，也无法靠近邻座。这张桌子的构造，就是为了限制儿童的活动范围，以便教师能够清楚地看到他。儿童之间分桌就座，潜在的原因是防止儿童在教室甚至在幼儿园里捣乱！

在这样一个社会里，人们担心单纯的孩子会堕落，而认为教授性知识是可耻的，那么我们该如何看待这种过分的谨慎呢？然而，科学通过制造机械一样的桌子来支持这种虚伪。这还不是全部，人们的自负情绪进一步加剧。科学也已经使课桌变得如此完美，将儿童牢牢限制在桌子前，如果人们有意这样做的话，还会禁止儿童的所有动作。儿童的活动都被安排得井井有条，牢牢地坐在书桌前时，被迫摆出一种有益于健康的坐姿。我们发现座位、搁脚板和书桌布置得很整齐，儿童没法站起来。但是，当座椅倾斜时，当桌面抬起时，当搁脚板抬起时，他就有足够的空间直立。

这就是课桌设计逐渐完善的趋势。所有支持所谓的“科学教育体系”的专家，都会支持标准的课桌设计。很多国家对自己国家的课桌设计感到骄傲，进行各种改进，并为自己赢得了专利和奖励。

毫无疑问，许多科学研究的结果对课桌设计做出过贡献。人类学研究中会测量儿童生理数据及不同年龄阶段的特征，生理学描述了儿童肌肉运动原理，心理学阐述了儿童的早熟行为和反常行为。重要的还有，儿童卫生学能够防止脊椎发育异常。因此，人类学研究提供的数据是儿童课桌设计的科学依据，是科学知识在学校中实际应用的例子。

但是，不久之后，在每一个对儿童福祉感兴趣的国家，这种态度都会有所改变。20世纪刚开始的10年里，儿童卫生、人类学和社会学取得了如此巨大的进步，但却没能揭示课桌设计的基本错误，这样的结果似乎很令人费解。用不了多久，人们就会惊奇地用手摸着这些规范的课桌，或看着课桌的照片，解读其构造，感到难以置信。

课桌设计的目的是防止学生的脊椎弯曲！然而，儿童即使出生时很健康，在发育过程中脊柱也会出现弯曲，也有可能变成驼背！生物学上，脊柱是人体骨骼中最原始和最基本的组成部分，是生物体的主要支柱！人类在荒漠、草原中与狮子搏斗、猎杀猛犸象、采石、炼铁并扩大他们对地球的统治时，脊柱顽强地忍受激烈的冲击。然而，现在，这根脊柱却无法挺直，只能在学校的枷锁下产生扭曲！

令人费解的是，“科学”在学校里成为奴役学生的工具，丝毫没有受到创建自由社会的思想的启发。大家都明确地知道社会改革的方向。食不果腹的工人不会要求别人供给他们食物，而是通过自食其力来改善他的经济状况。矿工每天必须俯卧工作好几个小时，很容易拉伤自己，但他不要求使用支架。相反，他期待更短的工作时间和更好的工作条件，这样他就可以像其他人一样过着普通健康的生活。在社会发生改革的同时，儿童的教室环境却如此恶劣，而且与他们的正常发育需求相违背，以至于儿童的脊柱发育出了问题，我们在矫形外科找到了应对这一惨状的答案。

前些时候，有位女士满以为我会赞成学校里的所有这些科学创新，发明了一个辅助桌子的支架，并咨询我的看法。事实上，医生们有各种各样的方法来治疗脊柱弯曲：矫形器械、支架和牵引，定期牵引头部或肩膀，利用身体的重量拉伸和拉直脊柱。现在，有人建议使用这种支架，不久就会有人建议对儿童进行牵引。

这些都是科学方法在腐朽的教育体系中具体应用的结果，人类学和实验心理学在当代学校中的应用也是如此。预防儿童脊柱侧弯的合理方法是改变他们的工作状态，这样他们就不会每天被迫在不利于健康的位置上待几个小时。学校里需要更多的自由，而不是像桌子这样的装置。即便这样一张桌子真的有利于矫正儿童的体态，它也仍然会成为健康环境里的障碍，因为打扫房间时很难移动它。今天，家具有了新的设计趋势，变得更简单轻便。即使不是每天都要清扫，家具也变得容易移动和除尘。但学校仍然对正在发生的变革视而不见。

儿童注定要在这种人为的、恶劣的条件下生长，以至于骨骼畸形。我们必须反思这会对儿童的精神产生什么样的影响。当我们谈到拯救工人时，我们知道，在贫血、疝气等常见的疾病之外，还有一种更为严重的创伤，折磨着已沦为奴隶的人的灵魂。我们提倡劳动者需要重获自由，目的就是减轻这种痛苦。我们非常清楚，一个人贫血或身体功能系统紊乱时，他的思想就会变得黑暗和麻木。堕落的道德像一根重物挂在脖子上，始终是人类进步的主要障碍。这样的话，人们的心灵比身体更需要救赎。我们应该如何看待儿童的教育呢？

我们非常了解这种令人遗憾的景象。在教室里，一名忙碌的教师正忙着把知识灌输给他所教的学生。为了成功地完成教学任务，他即使使用武力手段也必须要让学生一动不动地专心听讲，慷慨地使用奖赏和惩罚，以便使困于教室的学生保持适当的学习状态。

但是，坦率地说，奖赏和惩罚是架在心灵上的一张书桌，是奴役学生心灵的一种手段，更适于刺激学生产生某种行为，却不能预防畸形的发生。事实上，奖赏和惩罚是用来迫使学生遵守世界的规则而不是自然的规则，这些规则实际上总是由拥有无限权力的成人制定的。

很多时候，教师向儿童发号施令，期望他服从，是因为教师太强大、儿童太弱小。成人不应以这种方式行事，而应向儿童展示自己是一位慈爱而开明的向导，帮助他走上通往幸福的道路。凡施展才能的，可以得尊崇；凡有才能的，无论才能有多少，都可以得赏赐。

在学校里，所有“友好”的比赛最终只能提供一个奖品，这会让参赛者产生骄傲、嫉妒和竞争，而不是体验到努力、谦逊和爱的激励。总有一天，儿童会问自己，在学校里获得的奖品是不是通往幸福的障碍？或者没有拿到名次而受到羞辱性的惩罚，会不会让他无法成为那些渴望正义的人中的一员？

诚然，社会生活中的奖惩与精神生活中的奖惩不同，而成人则很快就会意识到，他们要确保儿童很快地适应并传承这个世界的习俗。成人利用奖惩手段使儿童顺从他们的意志。但是，如果我们仔细观察一下这个社会，就会发现这一现象正在逐渐改善，一种由思想和理性支配的生活逐渐浮现。从奴隶到仆人再到工人，他们身上的枷锁都正在消失，奴隶制也呈现消失的趋势。人类进步的历程是一系列的征服和解放的结果，任何失败都会带来倒退。

在某些方面，学校与政府机构类似。政府各部门的员工正忙着争取一些长远的巨大利益，成果并不是立刻可见的。国家正是通过他们开展伟大的事业，为人民谋福祉。但是，他们自身几乎没有意识到这项工作的重要性。这些公务员当前的兴趣是升职，就像学生急于在学年结束时获得高分一样。失去远大目标的员工，就像一个堕落的孩子或被欺骗的奴隶，已经将作为一个人的内在尊严降低到了机器的水平。机器要正常运转，只需上油就好了，除此之外也没什么重要的原则。一个人在枯燥无趣的工作中，总是在被什么催促着，比如渴望得到认可。他的热情还会被无法升职的恐惧打消，让工作成为艰苦而单调的劳动，同样的恐惧还会让一个学生只会埋头苦读书。领导的批评与教师的呵斥类似，而更正员工工作文件上的错误就像批改学生写得不好的作业一样。

如果政府的政策与国家的宏图不相称，如果政策很容易导致腐败，那是因为执行者的心态吞没了执政者的宏大志向，让他们的视野被限制在鸡毛蒜皮的小事和奖惩上。因此，权力和偏袒对这些公务员产生了如此大的影响，出现这样的结果也就不足为奇了。

然而，一个国家能够生存下来，是因为大多数公务员的正直足以抵制奖惩带来的腐败的影响。诚信在某种程度上占据上风，就像社会本身会战胜各种形式的贫困和死亡，走向新的胜利一样；而且，一个国家追求不断的胜利，克服一切障碍，就像追求自由是本能一样。这种伟大的动力，往往蕴藏在聪明的头脑之中，推动世界不断进步。

没有人完成过真正伟大或成功的事情，只是因为他被我们所说的“奖赏”吸引或被我们所说的“惩罚”吓退。当一支伟大的军队为了晋升、奖章或勋章而发动战争，当军队失去了英雄主义精神，奖赏和惩罚只能导致它腐败，并带来毁灭。

我们说的奖惩，并没有忽视其基本的、基于人性本身的教育意义。只是为了制止它们的滥用和堕落，避免它们成为目的，而让它们成为手段。事实上，常识告诉我们，奖惩是一种实用的认识手段，尤其是在人们被激情冲昏头脑时，它们会告诉我们一件事情是好是坏，是值得赞扬还是应该受到谴责的。因此，在某种意义上，奖惩的意义与事情本身的性质是分不开的，正如结果与原因是分不开的。因为道德上的美好或邪恶都来自人类的行为。

人类发展的每一次胜利和进步都来自某种内在的冲动。年轻的学生，如果是出于对职业兴趣，他或许可以成为一名伟大的教师或医生。但是，如果他的动机仅仅是希望留下一笔财产、一段美满的婚姻或其他一些外在的优势，那么，他永远不会成为一名真正的教师或医生，也不会通过工作对世界做出贡献。如果年轻人必须受到学校或家庭的惩罚或奖励才能学习并获得学位，那么他最好也不要这样做。每个人都有一种独特的爱好，都有感兴趣的事情，或许没有那么伟大，但肯定有价值。奖励会让人偏离本性，使人失去真正的兴趣。

我们一再重申，世界正在进步，人们也必须敦促自己不断进步。但是，真正的进步在于发现隐藏的东西。通常，人们发现的可能只是需要改进或完善的东西，发现一些不可预见的东西是不会有回报的。事实上，一个人如果试图将这些发现公之于众，往往会受到伤害。如果写诗只是为了获得国家奖，那么这项工作将会是一场灾难。这样的情况下，诗人的幻想最好还是藏在心里，诗意的缪斯女神最好消失不见。诗人不再思考奖赏或是只想着自己时，诗就会从他的脑海中流淌出来；即使他赢得了奖赏，也不该骄傲。但也有人配得上外在奖赏。例如，演说家看到听众脸上洋溢着激动的神情时，会感到一阵激动，而这种激动可以与发现自己被爱时的狂喜相提并论。只有在触动和征服他人的心灵时，我们享受的奖赏才值得为之付出努力。

我们也会经历一些欢乐时刻，以便可以继续度过平庸的生活。这种快乐可能是我们坠入爱河、孕育新的生命、出版新书，也可能是取得了重大发现。我们自欺欺人地以为自己是世界上最幸福的人。然而，如果在那一刻，权威人士或教师等人，走上前来给我们颁发奖章或奖品，没有人能剥夺属于我们的真正的奖赏。幻想破灭时，我们会大喊："你是谁？提醒我我不是至高无上的，还有一个在我之上的人给我奖赏？"

就惩罚而言，我们并不是要否定其社会功能和个人效能，而只是要否定其道德价值和普遍性。惩罚最常用于罪犯身上，但罪犯人数相对较少，社会进步并不依赖于他们。刑法规定，如果我们在法律规定的范围内不诚实，就会受到惩罚。但是，我们不诚实是因为我们害怕法律，我们不会偷盗和杀人，是因为我们认识到这种行为本质上是邪恶的。法律的惩罚只是使我们更加敏锐地认识到这一点，但生活的基调应该是使我们远离作恶的可能性。

即使不是从心理学的角度来研究这个问题，我们仍然可以说，违法者在他违反法律之前，就已经意识到法律的存在和可能的惩罚了。换言之，他感受到刑法的压力却依旧知法犯法，或者他以为自己可以逃避惩罚而禁不住犯法。然而，他在自己的头脑中经历了犯罪与惩罚之间的思想斗争。无论刑法是否能有效地达到阻止犯罪的目的，它无疑是为极为有限的一类人而制定的。绝大多数公民是诚实的，即便他们不了解刑法的制裁细则。

对一个正常人的真正惩罚，是让他失去对自己力量和伟大的认识。这样的惩罚常常落在那些享有大量所谓的“奖赏”的人身上。但不幸的是，人们往往没有意识到真正的惩罚可能会压垮他们。

在这里，教育能发挥很大的助力作用。但是，我们反而让儿童待在学校里，禁止他们接触有害身心的东西、物质上的奖励和惩罚。为什么呢？是为了让他们保持安静。但这将把他们引向何方？不幸的是，没有任何方向！他们的教育是机械地把教学大纲的内容灌输进他们的头脑，而教学大纲往往是由教育部门制定并由法律强制执行的。

我们竟然忘记了自己的生命与子孙后代的生命是相通的。我们应该为此羞愧地低下头，捂住脸！确实，我们今天迫切需要改革教学和教育的方法，而致力于改革的人正在为人类的复兴而奋斗。

第二章

教育方法发展史

如果我们希望发展出一种科学的教育体系，我们就必须走一条不同于以往的道路。我们必须同时培训教师和改造学校。如果我们要对教师进行观察和实验方面的培训，他们就有必要在学校里开展这些活动。

因此，科学教育项目的基本要求是，必须有一所允许孩子自由发展天性的学校。如果一种教育体系要从对个别学生的研究中产生，那么我们要发展的教育体系也必须如此，即从观察和研究那些没有被压抑自由的儿童中产生。如果人们认为一种新型的教育体系的产生，仅仅是在人类学和实验心理学的帮助下对在校儿童进行研究，那就是一种很愚蠢的观念。

实验科学的每一个分支都是利用独特的方法发展起来的。细菌学是从微生物的分离和培养中发展起来的。犯罪学、医学和教育学起源于人体测量方法在不同阶层的人们身上的应用，如罪犯、精神病患者、病人和学生。实验心理学需要以准确描述实验方法为起点。

一般来说，研究中最重要的是确定实验的方法和技术，在具体实践之后，等待实验的结果。我们必须对其最终结果没有任何先入之见。例如，如果我们想要科学地研究儿童智力与颅骨发育的关系，就不能将被测量学生的智力考虑在内。我们必须有这样的预想，这样我们的研究结果才不会因先入之见而偏颇——越聪明的孩子，他们的头脑就越发达。

人们在做实验时，必须暂时摆脱所有的偏见，即使那些偏见可能是自身特定文化和背景的产物。因此，如果我们要进行教育实验，就不能求助于同类的科学。我们必须解放思想，才能不受阻碍地继续探寻那些完全属于教学的真理。而且，我们不应该从任何儿童心理学的固有观念出发，而应制订一个赋予儿童自由的计划，这样就可以通过观察儿童的自发反应推断出真正科学的儿童心理学。这样一个计划可能会给我们带来巨大的惊喜。

我们的问题在于建立实验教育特有的方法，而这种方法不可能被用于其他实验科学。如果科学教育在一定程度上与卫生学、人类学和心理学有关，并且在一定程度上采用了这三者所使用的技术方法，那么它们的实际应用仅限于对受教育的个体的研究。这些科学的方法与教育的方法类似，但又不大相同，因此在教学本身中只能起次要作用。这项特别的研究涉及实验性教学中所使用的方法，是我在中小学校工作经验的总结。

实际上，我现在只是在介绍一种新的教育体系。我曾在 3 ~ 6 岁儿童身上使用过这种方法，但我相信，与他们一起取得的令人惊讶的成果将激励他们沿着学习的道路继续前进。我们的教育体系已经取得很大成功，形成了一个有机的整体，可以在幼儿学校或一年级学生中获得有益的应用，但它还不够完善。

这种方法现已经在各所学校得到推广，在小学课堂上广泛试用。这在《小学的自我教育》中有描述。最近，它的适用年龄范围已经扩展为出生到成年的全过程，很多中学遵循了蒙台梭利教学法，并得到了公众的认可。

我们目前的工作是两年工作经验的结果，这样的说法可能不太准确。我不相信通过近期的努力，就能发现我将要描述的一切。“儿童之家”使用的教育系统实际上有更为遥远的起源。我与正常儿童打交道的经历相当短暂，但是这些经历是基于之前对异常儿童的教学经历，这说明我有相当长的一段时间思考这一问题。

大约10年前，我还在罗马大学精神科诊所担任助理讲师，有机会去参观精神病院，研究那些被选为教学对象的临床病人。在那里，我对住在同一家精神病院的智力缺陷儿童产生了研究兴趣。那时，医生热衷于对甲状腺的治疗，同时也就对智力缺陷儿童产生了研究兴趣。实习医生的工作结束后，我开始把注意力转向了儿童疾病的研究。

正是出于对智力缺陷儿童的关心，我才熟悉了爱德华·塞金的特殊教育方法。我开始对教育和治疗儿童异常疾病感兴趣，如耳聋、瘫痪、白痴、佝偻病等，这在当时也是医生们关注的热点。

思考这些问题带来的实际结果是，人们深信教育必须同医疗结合起来，并特别强调使用物理疗法。

我与同事们的不同之处在于，我本能地认为智力缺陷更多是教育问题，而不是医学问题。在各种会议上，人们都强调使用医学－教育方法治疗和教育智力缺陷儿童。1898 年，我在都灵举行的教育大会上，提出了道德教育问题。我必须在听众中引起共鸣，因为这个想法将由医生传递给小学教师，像星星之火一样点燃广泛的火焰。

我的老师基多・帕切利是当时的教育部长，他让我为罗马的教师举办一系列智力缺陷儿童教育主题的讲座。这些讲座催生了一个官方机构，为智力缺陷儿童培训教师，我在那里担任了两年多的指导教师。除了这个机构之外，还有一个专为校外学生开设的班级。这些学生由于智力缺陷，被判定为无法正常接受教育。后来，在一个慈善组织的帮助下，我们成立了一个教育机构，除了校外生之外，还把一直住在罗马精神病院里的智力缺陷儿童都集中到了这里。

在同事们的帮助下，我花了两年时间，让罗马的教师们掌握一种观察和教育智力缺陷儿童的特殊方法。但这还不是全部。更重要的是，我去了伦敦和巴黎，学习智力缺陷儿童的教育方法，承担起教育儿童和指导学院其他教师的工作。那时，我还是一名小学教师。从早上 8 点到晚上 7 点，我一直和孩子们待在一起，不间断地教育他们。这两年给了我第一个也是唯一一个真正的教师头衔。

1898 年到 1900 年，我开始研究智力缺陷儿童时，我就觉得我采用的方法不仅对智力缺陷儿童有帮助，而且其中包含的教育理念比当时普遍使用的教育理念更为合理，特别是它能够帮助低智儿童的智力发展。我离开智力缺陷儿童学校后，这个想法就在我的脑海里根深蒂固。渐渐地，我开始相信，把此类方法应用到正常儿童身上，会使他们的个性得到惊人的发展。

就在那时，我对所谓的“矫正教育”进行了深入的研究，并决定研究正常儿童的教育及其所依据的教育原则。因此，我在罗马大学攻读哲学。我被一种深深的信念激励着，虽然我不知道这一信念的合理性是否能得到验证，但为了加深这一信念，我放弃了所有其他的工作，几乎是在为一个完全未知的任务做准备。

教育智力缺陷儿童所用的方法，起源于法国大革命时期的一位医生佩雷耶的工作，他的著作在医学史上占有一席之地。因为他是当今“耳科”医学分支的创始人，该分支主要研究耳部疾病。他也是第一个尝试对听力进行系统矫治的人。他在巴黎的聋哑人研究所工作，成功地让部分失聪的人恢复了听力。其间，他曾花 8 年时间治疗一个被称为“阿韦龙野孩”的低智男孩，并将听力治疗的方法成功地扩展应用到所有感官。

伊塔曾经是皮内尔的学生，他是第一位观察学生的教师，观察方式与医院观察病人特别是患有神经紊乱的病人的方式相同。伊塔的教育作品之所以有趣，是因为他对自己的教育实践和经历做了详尽的描述。今天读到这些材料的人也必须承认，这是实验教学的第一次尝试。

事实上，伊塔从科学研究中总结出一系列的练习方法，这些练习会通过纠正一个人的内在缺陷来改变他的个性。他成功地教会半聋哑儿童听和说，否则他们就会一直是聋哑人，永远处于非正常的状态。这确实与实验心理学对个人进行测试的简单研究不同。后者仅提供了个人身心状态的现实信息，既不会改变心理，也不会对教育方法产生影响。而伊塔使用的科学技术成为一种教学手段，教育方法也发生了变化。因此，伊塔可以说是科学教育的奠基人。这个头衔并不属于冯特或比奈，他们是生理心理学的创始人，而生理心理学仅仅是发现了学校已有的实践应用。

这是一个值得澄清的基本问题。在瑞士，裴斯塔洛齐成为新的有效教育体系的创始人。大约 50 年后，费希纳和冯特在德国创立了实验心理学。但是，这两种趋势逐渐发展成为不同的学校类型。原有的教学体制持续发展下去，同时学生也会接受心理测验。然而，这些发展对教育没有产生任何影响。相反，伊塔稍早时候进行的实验是科学教育的真正开端，这种教育能够改变教育方法，也能够改变学生本身。但是，由于它起源于对缺陷儿童的治疗，教育界并没有给予其足够的重视。

爱德华·塞金完善了缺陷儿童的教育制度，真正享有创始人的殊荣。他起初是教师，后来成了医生。他以伊塔的经验为出发点，在巴黎皮加尔街的一所小学校里，用10年的时间，对收容所儿童的治疗方法进行修改和完善。1846年，他在巴黎出版了一本600多页的书，书名为《痴呆的精神治疗、保健与教育》，首次阐述了他的教育方法。

后来，塞金移民到美国，在那里为智力缺陷儿童建立了许多教育机构。经过20多年的实践，他出版了第二版著作，书名为《痴呆及其生理治疗方法》。这本书于1866年在纽约出版，塞金在书中明确定义了所谓的教育的“生理学方法”。他不再提及以前用过的“痴呆儿童的教育”，好像这是一种特殊教育，但现在他谈到用“生理学方法”治疗痴呆。教育始终以心理学为基础，以及冯特提出的“生理心理学”这一假设，如果我们思考一下这几个概念，就一定会被它们的相似性震撼；我们必然意识到，生理学方法与生理心理学有某种联系。

我在精神病诊所当助手时，饶有兴趣地读了爱德华·塞金的法语著作。但是，我在任何图书馆都找不到20年后他在纽约出版的英文版本。令我惊讶的是，我甚至在巴黎都找不到这本书。布尔奈维尔认为这本书阐述了一个特殊的教育问题，他知道这本书出版过，但从未流传到欧洲。尽管如此，我还是希望能在伦敦找到一本。然而，我不得不承认，不论是在公共图书馆还是在私人图书馆，都没有找到这本书。我只好挨家挨户地走访许多英国医生，他们都以治疗残疾儿童或为残疾儿童开办特殊学校而闻名，但是依旧徒劳无功。尽管这本书是用英语出版的，但甚至在英国都不为人知，这使我相信塞金的教育体系没有被人理解。

事实上，在智力缺陷儿童教育有关机构的出版物中，塞金的理论经常被引用，但这些出版物中描述的教育理念与塞金的理念完全不同。几乎在任何地方，对正常儿童使用的方法都被用于指导那些有缺陷的儿童，德国尤其如此。一位德国朋友曾在德国帮我开展研究，他注意到那里有专门的教学材料，但很少被人使用，通常保存在有关智力缺陷教育的博物馆里。德国人始终坚持这样的原则，即将正常儿童使用的方法运用在智力缺陷儿童身上是很好的做法。但我们必须承认，这种方法在德国比在我们这里得到了更客观的对待。

我在法国比塞特学习了相当长的一段时间。那里的教师可以看懂塞金的法语著作，但是我看到塞金的仪器相比于理论系统得到了更多的利用。那里的教学完全是机械的，所有的教师都严格遵守规则。然而，我注意到不论在伦敦还是巴黎，人们都渴望从塞金那里获得新的建议和经验，因为塞金声称他的教育方法在教育智力缺陷儿童方面是有效的，但这种渴望实际上从未得到实现。

失败的原因也很容易理解。因为每个人都深信，智力缺陷儿童低人一等，难以像正常儿童一样接受教育。他们没有意识到一种新的教育制度已经出现，更没有意识到它可以把有缺陷的儿童提升到更高的水平。他们甚至没有认识到，一种教育方法既能培养有缺陷儿童，也能培养正常儿童。

在之后的两年时间里，我在罗马继续进行智力缺陷儿童的教育实验。我按照塞金在书中的建议去做，也发现伊塔那些令人钦佩的实验是名副其实的宝藏。除了这些作者的引领，我有丰富的材料储备，其他任何机构都没有过如此完备的材料。事实证明，如果我们知道如何使用这些材料，最终就会有卓越的发展。但是，即使这些材料是为缺陷儿童准备的，他们也会对这些材料视而不见。现在，我明白了为什么教师们变得灰心丧气，放弃使用这一方法。他们坚持把自己放在受教育者的立场上，因而产生了偏见，陷入一种冷漠中。他们知道这些儿童天资愚钝，教育他们也不会产生成就感。同样的事情也发生在幼儿教师身上，他们认为必须通过玩游戏和说傻话，让自己和儿童处于同一水平，才能达到教育的效果。

相反，我们必须知道如何唤醒沉睡儿童内心深处中的意识。我本能地认为，唤醒儿童不是凭借教学材料而是我的声音，鼓励他们使用材料自学。这一过程中，我十分关心儿童的不幸，也十分关心周围的人对他们的关爱。塞金早些时候也得出了大致相同的结论。在阅读他的著作时，我意识到他的主要教学手段是精神上的。事实上，在那本法语著作的结尾处，他把他的工作做了一个列表，然后得出一个令人悲哀的结论：如果教师没有做好充分的准备，一切工作都不会有结果。他对智力缺陷儿童的教师培训有独到的见解，提出了艺术性的建议。他希望教师们形象光鲜，声音悦耳，如同伟大的演员登台表演前研究行为和语调，让自己变得更有吸引力。因为教师们必须想方设法收服儿童脆弱和疲倦的心灵，让他们满怀生活中的伟大情感。

这种对儿童精神的影响是一把秘密的钥匙，开启了一系列教学实验。爱德华·塞金对这些实验进行了深入的分析，证实它对智力缺陷儿童的教学是最有效的。我从他们那里看到了令人惊讶的结果，但我必须承认，虽然我的努力在学生的智力进步方面取得了显著成果，但奇怪的是，我自己却感到筋疲力尽。我觉得自己好像失去了一些内心的力量，鼓励、安慰、爱和尊重实际上都在消耗一个人的心灵。人们在这方面的付出越慷慨，就越能鼓舞周围的人重新振作起来。如果没有这种内在的努力，最完美的外部刺激也会被忽视。

我不该在这里描述自己当时完成的实验。我只会注意到，在那个时候，我尝试了一种独创的方法教儿童如何读和写。这些都是儿童教育中的基本要素，在伊塔和塞金的作品中都没有得到很好的处理。我成功地教会收容所里的一些有缺陷的儿童如何读和写，学习效果好到可以参加在公立普通儿童学校进行的考试，而且还真的顺利通过了。

这些结果如此不同寻常，以至于对那些看到它们的人来说几乎是奇迹。然而，我个人的看法是，孤儿院的儿童之所以能与正常儿童竞争，仅仅是因为他们接受了不同的教育。这些儿童的心理发展得到了鼓励，而正常儿童的心理发展则受到了抑制。我一直在想，如果有一天，这种对智力缺陷儿童特别有效的教育能应用到正常儿童身上，这种奇迹般的效果可能就不会出现，因为这两种心理状态之间的巨大差异是无法弥合的。尽管人们很推崇我在智力缺陷儿童教育方面取得的进展，而我却在试图寻找导致普通学校里健康儿童状态低迷的原因，他们在智力测试中的表现竟然与我教的智力缺陷儿童处于同一水平。

裴斯塔洛齐对教育的主要贡献是，教师必须接受特殊的培训，不仅有智力方面的，还有触及心灵层面的。他认为，教育的基础是“灵魂的接触”，教师必须“尊重和同情”所教的对象。尽管如此，这只是唤醒儿童心灵的第一步，儿童必须找到通向自身发展的方法。

儿童教育的第二个要素是科学教育的贡献。作为自身经验的总结，我们会说，教师是儿童和他所处的教育环境之间的“催化剂”，而且儿童可能会感到不安、困倦或压抑。儿童与教育环境之间要建立起连接，往往要等到他从之前的压抑和有害的影响中解脱出来之后。在这种情况下，教师在教给儿童如何发展自我的方法之前，必须设法治愈儿童或如我们所说的“使其正常化”。很多教师没有成功做到这一点，而且往往会获得令人极度失望的结果。他们刚开始工作时，觉得儿童看似很健康，而忽略了儿童需要重新适应这一事实。

这也是塞金的教育方法被搁置的另一个原因，因为它需要教师付出极大的努力，而成效往往微乎其微，两者之间的差异显然很不合理。再加上，每个人都还在重复同样的话："对于正常儿童的教育来说，我们要做的事情还有很多。"

我在工作中应用塞金的教育方法，激发了我对这一理论的信心。在放弃智力缺陷儿童的直接研究之后，我开始致力于研究他和伊塔的著作，觉得有必要对他们的作品进行深入的思考。因此，我做了一件之前没有人做，也许很少有人愿意重复做的事情。我把这两位作者的作品翻译成意大利语，并从头到尾抄写下来，这样就有时间斟酌每句话的含义，揣摩作者的思想。我刚把塞金那本 600 页的法语书抄完，就收到了纽约寄来的 1866 年出版的英文第二版。这本书是在纽约一位医生的私人藏书的废弃书籍中发现的，很快就转交给了寄给我的人。在一位英国女士的帮助下，我翻译了全书。虽然这本书没有对塞金的教学经验做出补充，但确实更清楚地阐述了他在第一版中描述的工作背后的哲学。这位对智力缺陷儿童进行了 30 年研究的教师提出了这样一种观点，即对正常儿童使用智力缺陷儿童的教育方法将更新人们的教育现状。正如我们指出的那样，这种教育方法的基础是对个别儿童的研究和对其教育过程中出现的生理和心理现象的分析。在我看来，塞金的理念就像先驱在荒野上发出的呼唤，它可能会给学校和整个教育理念带来变革，我被这项工作的重要性深深打动。

那时，我已经被大学录取，攻读哲学专业。我正在学习实验心理学的课程，这些课程最近才被引进到都灵、那不勒斯和罗马的大学。同时，我还在小学开展一些教育人类学的研究，并利用这个机会研究正常儿童的教育方法。后来，这些研究支持我在罗马大学教授教育人类学。

这些经历就是我为以后的工作所做的准备。我已经熟悉了当时的科学问题，对治疗精神疾病的医学特别感兴趣。我意识到，科学的教育不是建立在对受教育者的研究和测量的基础上，而是建立在某种可以改变他们的持续治疗的基础上。但是，其他人却没有意识到这一点。

伊塔在教育中采用科学实验的方法，但他测量孩子的听力只是为了让那些部分失聪的人逐渐恢复听觉。在“阿韦龙野孩”的案例中，他使用的方法与后来实验心理学创始人所设计的方法非常类似。以往，人们会认为这样的孩子智力低下，又聋又哑。伊塔的做法成功地使一个看似脱离社会的人重新回归社会生活。事实上，伊塔在这个不幸的孩子身上的做法非常成功，让他学会如何倾听和理解别人说的话，学会如何阅读。同样地，塞金使用的分析方法与费希纳的方法也有相似之处，但应用更加广泛。塞金的方法不仅研究了巴黎精神病院的数百名智力缺陷儿童的现状，而且让这些儿童能够开展一定的工作并能接受智力和艺术教育。

对我自己而言，通过简单的个体研究，使用科学仪器和智力测试，已经让被普通学校排除在外的智力缺陷儿童可以和正常儿童竞争。他们已经发生了如此大的变化，以至于他们受到社会中聪明的、受过教育群体的质疑。因此，科学教育是一种即使以科学为基础，也能改变和完善个人的教育。科学教育是以客观研究为基础的，应该也能够改造正常儿童。但是我们该怎么做呢？我们要做的是把正常儿童提高到正常水平之上，让他们变得更好。教育学的目标不但是“观察”儿童，而且是“改造”儿童。

因此，我得出的结论是：我们不仅要观察，而且还要改造我们的教育对象。观察过程中产生了新的心理学理论，但它并没有让学校或学生发生改变。心理学虽然补充了一些新的知识，但由于没有改变教育方法，学校还是保持了原来的状态。如果我们要按照科学的思路采用新的教育方法，就应该彻底改变学校及其教育，从而产生一种新的教育形式。

我们对智力缺陷儿童进行科学教育的关键是，普通教育方法在智力缺陷儿童的身上没有效果，他们不能执行教师的指令。因此，我们必须使用不同的教育方法来适应不同儿童的能力水平。这种类型的教育实验研究，试图发现每个儿童的潜力，为唤醒他的潜力提供途径和动机。这样，儿童就会在此基础上继续使用和挖掘我们提供的方法，通过适当的练习协调自身的发展。教师第一次面对听力障碍或智力缺陷的儿童时，就像面对一个新生儿一样无助。只有实验科学才能为不幸的人们指明一种新的教育方向。

我想尝试一下塞金在6岁儿童身上成功运用的各种方法。那时，儿童第一次走进学校，没有接受过任何训练和教育。但是，由于习惯和偏见的束缚，我从未想过要把这些方法应用到学龄前儿童身上。后来，我们的尝试也纯属偶然。然而，在学龄前儿童身上使用为智力缺陷儿童使用的教育方法，似乎是合乎逻辑的。人们普遍认为，幼儿的心智还没有达到足够的成熟，无法接受正常的指导或教育。

如果考虑到年龄不同，我们就不可能将智力缺陷儿童与正常儿童进行比较。虽然智力缺陷儿童的智力水平看似接近比他们小几岁的正常儿童，但是发育异常的儿童与发育时间不足的儿童即幼童之间没有什么可比性。尽管这样的比较没有考虑到两个群体本质上的差异，但也不是完全没有逻辑的。

幼童的肌肉运动还没有获得明确的协调性。他们走路不稳，不能完成生活中的日常动作，如穿袜子、系扣子、系鞋带、戴手套等。他们的感觉器官还没有完全发育成熟，如双眼的聚焦功能还不完善。他们的语言很原始，表现出明显的缺陷。他们的注意力难以集中、情绪反复无常等，都是这一阶段的年龄特征。

婴儿心理学的研究中，普雷耶对语言的病理缺陷和儿童发展过程中的正常缺陷进行了广泛的比较。智力缺陷儿童的心理训练中被证明有效的方法，对所有儿童都有一定的帮助，从而为所有正常儿童提供一种有效的指导方法。

人们身上许多永久性的缺陷，如语言缺陷，都是在儿童时期形成的。在他们生命中最重要的时期，也就是 3 ~ 6 岁时，我们却忽视了对他们的照顾，而这个时期正是他们主要身心功能形成和稳定的重要时期。但是，在智力和性格塑造时期，通过科学的教育方法促进人的发展，这样的想法很伟大，但是并没有引起我的兴趣。人们也普遍对这种“心理发现”感兴趣，但是对科学教育方法毫无兴趣。

很多科学发现都有偶然性，如电流的发现。事实上，机会是一种特殊的境遇，几乎总是会带来灵感的火花。这样一种特殊的境遇，提示人们发现新事物，唤醒人们的直觉和兴趣，为科学的进步开辟一条崭新的道路。

我自己的研究经历也充满了偶然性的乐趣，除了带来研究惯性和偏见之外，还提供了一种特殊的境遇，促使我发现新的儿童教育方法，发现如何将社会生活和情感完美统一起来。

正常儿童科学教育的发展过程

1906 年年底，我在米兰被选为科学教育和实验心理学国际展览会的评委，应罗马优秀建筑协会总干事之邀，在该协会管辖的公寓里组建幼儿学校。他有一个伟大的想法，就是改造挤满了难民和不幸的人的落后建筑，如罗马的圣洛伦索。那里生活了 3 万多人，有失业的劳工、乞丐、妓女和刚从监狱释放的罪犯，他们拥挤且混乱地生活在一起。经济危机让该地区所有的建筑活动中断，那些人就住进了尚未完工的房子里。

工程师塔拉莫提出一个大胆的想法，他想买下这些尚未完工的建筑，然后逐步完善，使它们适合人们居住。他还有另外一项令人钦佩的计划，即把所有学龄前儿童（3 ~ 6 岁）都聚集在一个类似“家庭学校”的地方。

建筑协会在罗马有超过 400 个场地，每座公寓建一所学校的项目才有了发展的可能。在圣洛伦索地区，协会管辖 58 栋建筑，理事们想在这些公寓里开办 16 所学校。

1907 年 1 月，第一所学校在一座大型公寓里建成。这所特殊的学校被命名为“儿童之家”，于 1907 年 1 月 6 日正式开学。当时我 37 岁，被委托规划学校的发展方向。我意识到了这样一个机构在社会和教育方面的重要性，我坚持的理念在当时看来是对其辉煌未来的一个夸大设想；但是，在今天，许多人开始明白，我当时的设想是可以实现的。

在意大利，1 月 6 日是儿童节，那年的 1 月 6 日，50 多个孩子第一次聚在一起。有趣的是，这些孩子与那些正常上学前班的孩子不同，他们胆小、笨拙，难以完成一些简单的任务。他们牢牢抓住前面一个人的罩衫，排着队往前走。每个孩子眼中都饱含泪水，对一切都感到害怕，害怕在场的漂亮女士，也害怕圣诞树和树上挂着的物件。他们不收礼物，不吃糖果，也不回答问题，就像一群初入社会的小野人。当然。他们没有像“阿韦龙野孩”那样和动物生活在森林里，而是迷失在文明社会之外的文化荒野里。在场的女士们看到这一触目惊心的场景后，说教育好这些孩子需要有奇迹，希望一两年后再看看他们变成了什么样子。

我被邀请发言，由于无法详细介绍这项工作的组织和效果，只做了一般性的工作介绍。最后我总结补充道：“也许‘儿童之家’可以成为一处新的耶路撒冷，如果它将新的思想散布在世人之中，就可以给教育带来新的光明。”但是，当地的报纸批评这些话言过其实。

这就是我在“儿童之家”的两年里开展教育工作的意义，是人们依据新方法教育孩子的一系列实验的结果。这仅仅应用了塞金在幼儿学校使用的教学技巧，任何看过他作品的人都能看出来。诚然，这两年工作的理论基础可以追溯到法国大革命时期，以及塞金和伊塔毕生的努力成果。在塞金的英文著作出版 30 年后，我继承了他的思想，还继承了他从伊塔那里延续而来的新鲜感和热情。伊塔是塞金的老师，在塞金的悉心照料下安然离世。

10 年来，我对这些杰出人物的思想进行了实验，并对他们的工作进行研究。可以这样说，我10年的学习历程是以伊塔和塞金40年的工作为基础的。因此，在这场只有两年的短暂实验开始之前，我们已经积极准备了50年，而他们的英雄生涯却是在相对默默无闻的情况下度过的。从伊塔到我自己，三代医生不断传承，通过自身的努力在精神病学的道路上迈出新的一步。

第一次教育实验的外在因素即第一次成功的原因分析

第一所“儿童之家”建立的环境一定是非常有利的，因为最初几年里取得的惊人效果是后来很难复制的。这就是我们有必要分析影响这项事业成败的各种因素的原因。首先，我们必须在家庭中营造出一种和平、幸福、亲密的感觉，这种感觉之前不为人们所了解。此外，人们也经历了一种“道德选择”。他们穷困且诚实，但没有什么工作能力，只能靠打零工过日子，当搬运工、洗衣工，或是在花开的时候在田里采摘紫罗兰等。他们生活在一群粗野、堕落的人中间，住在这些破败的公寓里的人无一例外都是文盲。

孩子们在一个共同的乐园里一起学习。由于父母自身没什么文化，他们没能从家里接受教育，也没有机会在普通学校里接受教育。第一所“儿童之家”的负责人并不是真正的教师，而是一个只受过很少教育的妇女，她曾做过佣人，曾在田里劳动。她没有任何教育经验，没有任何官方资质，也没有受过学校的督导。

白天，孩子们被外出工作的父母留在家里。这些情况似乎对学校不利，但事实证明这是一种教育的必要条件。父母营造了一种中立的教育氛围，学校的工作就不会受到阻碍，会以真正科学的方式开展。这种不受任何阻碍的自由，很大程度上促成了教育实验的圆满结果。因此，“儿童之家”是一座心理实验室，不受任何偏见的影响。

这里发生了一些令人惊讶的事情，如“孩子们在书写和阅读过程中的意外表现”“自发的纪律”和“自由的生活”，激起了人们的好奇心，引发了全世界的关注。这群毛毛糙糙、蓬头垢面的孩子，吸引了来自世界各地特别是美国的游客，仿佛这里是一个教育的圣地。科学家、国务大臣和贵族也都会到圣洛伦索参观，渴望近距离地观察这些神奇的孩子。以此为中心，后来的“儿童之家”开始遍布世界各地。

1 月 6 日，第一所“儿童之家”成立。4 月 7 日，另一所“儿童之家”在美国建筑协会修复的建筑中成立。1908 年 10 月 18 日，米兰的乌曼尼塔利亚成立了“儿童之家”。乌曼尼塔利亚有意大利最大的社会组织，由犹太社会主义者建立，以服务普通民众。这里有供工人使用的板房，也是一个政治宣传中心。当时，在这里工作的有一位沉默严肃的记者，后来在全世界声名狼藉，他就是贝尼托·墨索里尼。乌曼尼塔利亚为我们的工作做出了巨大贡献，致力于创造“儿童之家”使用的科学材料。

后来，优秀建筑协会在罗马各地的公寓里开办了学校。这时，中产阶级也产生了为自己的儿子和女儿建一所“儿童之家”的愿望。后来，英国驻罗马大使为贵族建立了一所“儿童之家”，接收社会精英阶层的孩子。

西西里岛墨西拿发生灾难性的地震，人们在废墟中发现了大约 60 名儿童。这些孩子被带到位于朱斯蒂街的“儿童之家”，这是在圣母玛利亚方济会的修女的指导下建立起来的。当时，他们刚刚经历了可怕的灾难，处于一种受惊吓的状态。后来，他们在这里发生了惊人的改变，这所“儿童之家”也因此而出名。这里甚至成为美国作家多萝西·坎菲尔德·费希尔的《蒙台梭利女士》等作品的灵感来源。

弗朗凯蒂男爵夫妇赞助了首个教师培训项目。项目最初的目标是为意大利乡村学校培养教师，但是最终来自欧洲 9 个不同国家的教师注册并参加了第一届培训会。这自然带动其他地区开设了更多的“儿童之家”。1913 年，第一次世界大战前夕，在美国的倡议下，罗马举办了第一次国际培训班。欧洲、美洲、非洲和印度的学员参加了这次活动。这就是儿童科学教育的起源，并对教育产生了深远的影响。

尽管偏见和战争给我们的工作带来了困难，但是，“儿童之家”还是在全世界范围内迅速发展。第二次世界大战期间，“儿童之家”

的数量在印度成倍增长。这一发展历程表明，同样的教育会为了适应环境而发生改造，最终适用于社会各阶层和世界各国，适用于来自幸福的家庭的儿童，也适用于那些在地震或类似灾难中受到惊吓的儿童。在我们的时代，儿童教育已经被视为一种动力，可以给被黑暗吞噬的人们带来新的希望。

“儿童之家”有双重重要性。一方面，它有很重要的社会意义，因为它是“公寓里的学校”。另一方面，它也有很重要的教育意义，它的成功取决于将我从经验中学到的方法加以应用。“儿童之家”可以为文明进步做出贡献，这是值得称道的。事实上，它已经解决了许多社会和教育问题。虽然它曾经看起来像是乌托邦，但它确实帮助人们改变了家庭，直接触及社会生活的重要方面和人的内心。

第三章

“儿童之家”的教育方法

我意识到有一所儿童学校在我管理之下时，我决定对这里的教育进行科学的研究，开辟一条新的道路。其他人或多或少把儿童研究和教育混为一谈，将对儿童的研究称为“科学教育”，尽管学校本身没有受到这种研究的影响。恰恰相反，我希望引入的新型教育是建立在客观研究的基础上的，希望这种研究能够真正地“改造学校”，对学生产生即时的影响，激励他们开始新的生活。

如果“科学”仅限于进一步了解儿童，而不试图使他们摆脱在学校和整个教育系统中出现的问题，就不可能成为真正的“科学教育”。如果从事研究的人只局限于提出“新的问题”，我们也无法相信科学教育正在向前发展。真正的科学教育要指出普通学校存在的困难和危险，无论这些困难和危险以前是未知的或本就是整个教育系统的一部分，我们都应该努力给出问题的答案。

卫生学和教育实验的工作目标是发现迄今未知的问题，但它并不是一种新的教学体系。由于学校工作的特殊性，心理学本身无法发现支配儿童发展的自然特征及其心理规律。这使学生们产生一种疲惫或防御的态度，不能表达自然属于他们的创造力。心理生理学的奠基人冯特也不得不承认“孩子的心理是未知的”。

我的工作原则是与他人的研究保持一定的联系，但也要保持个人研究的独立性。冯特的格言是我们要坚持的重要原则——“实验心理学的所有方法都可以归结为一种，即仔细记录和观察”。处理儿童的问题时，我们还要重视另一个要素——研究他们的成长。在这里，我也遵循了一些基本的成长规律，但是不会根据孩子的年龄对他的活动提出任何具体的要求。

身体发育

我从一开始就很关注儿童的身体发育，会根据人类学原理对其进行研究和测量。但是，我简化了测量过程，采用了一种更简单的方法来记录数据，也试图让儿童对这个过程感兴趣。家长会定期收到儿童的测量数据，同时根据儿童的年龄算出正常的平均尺寸。这样做的结果是，家长可以有科学的参考，关注儿童的身体发育。

我们用一台机器测量儿童的身高，刻度从 50 厘米到 150 厘米不等。测量平台上放着一个 30 厘米高的可移动的小凳子，这样儿童可以测量坐着时的身高，起始刻度从凳子的高度开始。我建议这台机器做成双刻度的，一边是儿童站着时的身高，另一边是坐着时的身高。两根水平杆可以在沟槽中独立地上下滑动至儿童的头顶，这样的便捷之处，一是可以同时测量两个儿童的身高，二是不会因取放凳子或计算不同刻度差浪费时间。在这台仪器的帮助下，我们在每月同一天都会测量儿童站立和坐着时的身高，尽可能准确地评估儿童的成长进程，并为我的研究提供便利。

我们还在浴室旁边的更衣室里放了一台体重秤，每周测量儿童的体重。每个儿童出生的时候是星期几，就在每周的那一天洗澡前脱光衣服称重。这样，50 个儿童被分配在一个星期的不同的日子里洗澡和称体重，每天安排 5 ~ 7 个儿童。实际上，每个儿童每周洗一次澡操作起来会有很多困难，有必要对这种方法进行改进。但是，我们还是设计了每周洗澡称重的计划，也明确表明要保证这一计划执行过程中的规范性。

我认为，教师完成这些生理测量就够了，因为只有指标与学校的工作有直接的关系。其他的测量应该由儿科医生来完成，或者至少由专门从事这一领域的医生来做。但是话说回来，我也参与过医生的这些测量工作。医生的工作必然是十分复杂的，为了协助他们的工作，我还制作了表格，用于记录儿童的成长信息，如下图所示。

9月				
	第一周体重	第二周体重	第三周体重	第四周体重
周一				
周二				
周三				
……				
每一页对应一个月				
姓名：		年龄：		
父亲姓名：		母亲姓名：		
遗传病史：		个人病史：		
入学日期：				

我使用的表格十分简单，因为我希望医生和教师可以更多地依据客观需要来指导他们的观察，认真确定哪些数据需要测量，以便以适当的方式对儿童进行研究。我还建议每年对儿童进行以下指标的测量，即头围和直径、胸围、身高、体重和颅骨发育情况，以及其他可能由环境或人类学研究进展揭示的细节。医生应在儿童出生后一周或至少一个月内进行测量，如果可能的话应在出生当天进行。遵循这样的原则，医生可以定期进行测量，丝毫不会感到工作负担过重。每到儿童的生日，教师应通知医生前来测量。

这种物理测量也有教育价值。儿童养成了有条理的习惯，习惯自己动手。（这里我要插一句，儿童喜欢被测量。教师一说“身高”，他会立马开心地脱下鞋子，跑到量具前，摆出完美的姿势，教师只需把水平杆放低，写下结果即可。）

<table>
<tr><td rowspan="6"></td><td>站立的身高</td><td></td></tr>
<tr><td>体重</td><td></td></tr>
<tr><td>胸围</td><td></td></tr>
<tr><td>坐着的身高</td><td></td></tr>
<tr><td>身高指数</td><td></td></tr>
<tr><td>体重指数</td><td></td></tr>
<tr><td rowspan="4">头部测量</td><td>周长</td><td></td></tr>
<tr><td>前后直径</td><td></td></tr>
<tr><td>横面直径</td><td></td></tr>
<tr><td>颅骨发育</td><td></td></tr>
<tr><td colspan="3">体格：
肌肉结实度：
皮肤颜色：
头发颜色：</td></tr>
<tr><td colspan="3">备注：</td></tr>
</table>

医生除了用卡尺和胶带等普通仪器测量外，还会记录儿童皮肤的色素沉淀、肌肉力量、淋巴腺状况、血液供应等。他还注意到结构性的缺陷和偶尔的病理状况，如佝偻病、小儿麻痹症、眼部缺陷等，这些都必须详细记录下来。这样客观的研究能帮助医生发现问题，告知父母，以备不时之需。

此外，医生还会进行常规的健康检查，排查湿疹、耳部感染、结膜炎、发烧、胃部不适等问题。与“儿童之家”合作的医务室会对这些疾病进行治疗，实时和持续地关注儿童的健康状态。我在建筑协会“儿童之家”的工作中得出结论，常规诊所的病历不适合学校使用。一般来说，儿童的家庭如果没有问题，我就会鼓励教师与母亲交谈，了解儿童的生活环境，如父母的教育情况、生活习惯、收入、开支等，以便能按照勒普莱的方式勾勒出一幅家庭肖像。但我相信，只有当教师与学生住在同一地区时，这样的计划才是切实可行的。

无论如何，医生的意见经由教师传递给母亲是非常有利的，不管这是对某一个孩子还是对所有孩子的健康来说，都是如此。除了这些建议，教师也可以就个别孩子的教育提出自己的建议，但我不会在这一点上赘述，因为这是“儿童之家”给健康卫生和社会生活带来的影响。

环　　境

教师在观察中遵循的基础原则只有一个：儿童必须能够自由地表达自己，揭示那些在他们自发行动的环境中不被隐藏或压抑的需要和态度。观察者显然需要一定的外部条件，必须接受训练才能看到和认清客观事实。儿童也需要一个能够自由表现的环境。在我看来，后者最为重要，因为这与儿童活动直接相关，而教师还没有认识到这一点。因此，我开始改造学校的设备，使之适应儿童的体型，满足他们灵活走动的需要。

我做的桌子形状各异，结实且轻巧，两个 4 岁的儿童可以很容易搬动。椅子有木头做的，也有稻草做的，同样也很轻便。这些椅子不是按照成人椅子的样式做的缩小版，而是与儿童的身体比例相称。除此之外，我还订购了一些木制的小扶手椅、柳条制成的椅子、供一名儿童坐的小方桌，以及大小和形状各异的桌子。桌子上面铺着台布，摆上花瓶，插满鲜花或植物。洗手台很矮，三四岁的儿童也可以使用，白色的台子上还放着肥皂、刷子和毛巾，便于儿童洗手。有些房间只用一块简单的门帘隔开，有些房间则装上了门，每扇门都有不同的钥匙。橱柜很矮，设计简单，安全锁在儿童伸手可及的范围内，便于他们开关，或取用和放回物体。橱柜狭长的顶部摆放着各种容器，里面养了鱼或盛放各种装饰品。墙上到处都是黑板和画，画上描绘的是令人愉快的家庭场景、动物或花卉之类的自然景物，或者是历史和宗教图片。画挂得很低，儿童也可以够得着，可以每天更换。

我们将拉斐尔的《椅子上的圣母》挂在墙上，它代表着“儿童之家”的象征和喻义。事实上，“儿童之家”不仅代表了社会的进步，也代表了人类的进步，与提高母亲地位、女性地位和呵护后代等理念一致。拉斐尔理想中的圣母玛利亚和孩子的形象甜蜜且美好。这是意大利最伟大的艺术家的作品，如果有一天“儿童之家”遍布世界各地，拉斐尔的画也将在全世界展示了他的祖国文化。

儿童还无法理解这幅画的象征意义，但他们从其中看到了比其他母亲、父亲、祖父母和婴儿的画像中更伟大的意义，他们怀着单纯的虔诚将它记在心中。环境的作用就是如此。

实际观察

我们的讨论可以从墨守成规者的反对意见开始。他们认为儿童四处走动时，会把桌椅弄翻，带来噪声和混乱。但这其实是一种偏见。他们还认为，应该用襁褓把新生儿裹起来，应该把学走路的孩子放在学步车里，学校里的课桌应该是稳固的像钉在地板上一样。所有这一切都是基于这样一种信念，即儿童应在固定的环境中成长，教育应将儿童固定在一个特定位置。

轻便的桌椅和扶手椅允许儿童选择最方便的位置。他可以让自己坐得舒服一些，而不是固定在位子上。这种外在追求，其实是追求内心自由和更高级的教育的手段。如果儿童笨拙的动作使椅子哗啦一声倒在地上，显然证明他的行动不协调，不应该发出那么大的动静。这样，儿童就有了自我纠正的方向，就会受到积极的引导，在行动中学会保持椅子和桌子在原地不动且不要发出声响。这样，我们才可以说儿童已经学会了如何行动。此外，在旧的教育制度下，情况正好相反。儿童的安静和静止被认为是有教养的表现。但安静和静止实际上会使孩子很难学会轻松优雅地活动。结果是，当他周围没有桌子时，也会打翻一些轻的东西。

但是，在我们的学校里，儿童学会了如何举止放松、行动自如，这对在其他地方的活动也很有帮助。虽然他还是个孩子，但他已经学会了在不同的场合轻松自由地活动。

在米兰的“儿童之家”，教师在一扇窗户旁边搭了一个长长的架子，上面放着盛放有绘画工具的金属容器（这些材料将在后面讨论）。但是，窗台太窄了，儿童取用起来很不方便，经常会掉一些到地板上，绘画工具四处掉落，发出很大的噪声。教师决定把架子换一下，但木匠迟迟没来。与此同时，儿童学会了小心翼翼地取用这些物品，不会再四处掉落。儿童学会了取用物品的技巧，弥补了物品存放的不足。因此，外部物体的简陋或不完美，有助于儿童活动能力和灵巧性的发展。

所有这一切都是合乎逻辑且很容易理解的，现在也被实验阐明和证明，对所有人来说，这就像克里斯托弗·哥伦布的蛋一样显而易见。

纪律与自由

传统学校的拥护者的另一个反对意见是纪律与自由之争。在一个儿童可以自由走动的班级里，怎样才能做到纪律严明呢？

我们的教育体系中，纪律的定义显然有所不同，我们寻求的纪律是积极的。我们不认为儿童像哑巴一样安静，像瘫痪者一样一动不动，才会受到训练。这样的儿童不是受到了纪律约束，而是被磨灭了天性。我们主张，当儿童成为自己的主人时，才能够控制自我；当他必须遵循生活规则时，就是有纪律的。这种积极的纪律的概念不容易理解，也不容易实现。但是，它确实体现了一种崇高的教育原则，与绝对的、不加商量的强制教育截然不同。

教师必须具备一种特殊的技能，才能引导儿童走上这条纪律之路。儿童应该终身遵循这种纪律，并不断完善自己。正如儿时，当他学会如何行动而不是固定在一个地方时，不是在为上学做准备，而是为一种井然有序的生活做准备。因此，他习惯了一种应用范围不局限于学校而是延伸到整个社会生活的纪律。儿童的自由应该以其所属团体的利益为边界，形式应该包括我们所说的良好的教养和行为。因此，我们应该防止儿童做任何可能冒犯或伤害他人的事，或是不礼貌、不得体的事。但是，任何有益的行为，儿童都可以表达出来，教师对此行为不仅要允许，还应支持。这是至关重要的。教师通过科学训练，不仅要获得观察自然现象的能力，而且要培养观察自然现象的兴趣。

在我们的教育体系中，教师行为更多处于被动地位而非主导地位，支撑这种被动性的应该是由一种对科学的好奇心带来的焦虑和对希望观察到的现象的尊重。教师必须理解并欣赏自己作为观察者的地位。每所学校的教师都应该具备这样的态度，儿童才能在这里第一次发现自己的精神生活。儿童刚刚开始自主活动时，我们无法知道扼制这种自发性的后果，甚至可能会扼杀生命的活力。儿童在童年时代所展现出来的智慧的光辉，就像黎明时分的太阳或刚开始绽放的花朵的生命力，我们应当带着一种崇敬感来看待它。

教育只有帮助儿童向生活敞开心扉，才能真正有效。为了达到这一目的，我们不应该压抑儿童的自发活动，或强迫他按照别人的意愿行事——这才是至关重要的。但是，我们当然也不应该允许他沉溺于无用或有害的活动，我们必须阻止和制止儿童参与这些活动。

学校纪律的难题

为了推行我们的教育计划，我通常不得不起用普通学校里习惯传统教学方法的教师。这让我看到了新旧教育体系的本质区别。即使是很聪明的教师，即使她已经理解了这一教育的原理，也很难把它付诸实践。她无法理解自己看似被动的角色，就像一个天文学家坐在望远镜前，看着行星运转。如果我们想要洞悉它的秘密，预测它的活动，就必须不加干涉地观察和理解。她曾认为抑制学生的活动是她的任务，很好地学习了新的教育方法，她不再让自己成为这个房间里唯一能自由活动的人。最初，她无法让教室里安静有序时，会沮丧地环顾四周，仿佛在请求世界原谅她，并呼吁在场的人证明她的无能为力。后来，她被告知最初的混乱是不可避免的，除了观察什么都不要做时，她开始怀疑，既然自己不能履行教师的任务，那是否应该递交辞呈。最后，当她意识到自己有责任区分哪些行为应该被阻止，哪些行为应该被观察时，她感到自己的力不从心，开始问自己是否有能力完成这样的任务。

事实上，一位没有做好准备的教师会在很长一段时间里感到无助和困惑。但是，如果一位教师的科学知识越渊博，实践经验越丰富，就会越快欣赏到生命展现的奇迹，兴趣也就会越强烈。

诺塔里的小说《我的百万富翁叔叔》中，对维持纪律的传统方法做了精彩的描述。故事里的叔叔显然是一个被宠坏了的孩子，他的恶作剧遍布全城。迫不得已，他被送到一所学校里。在这里，福福（叔叔的名字）初识漂亮的福菲塔时，注意到她饿了，没有东西吃。他第一次表现出善意的行动，第一次体验到情感：

他环顾四周，又望向她，默默地拿起他的午餐篮子，放在她的腿上。然后他离开她几步远之外，莫名地垂下头，哭了起来。

叔叔也不明白为什么自己的情绪会突然爆发。可能是因为他第一次看到一双温柔的眼睛里充满了泪水，情绪因此激动起来。与此同时，他自己也不好意思再吃东西了，因为身边还有一个饿着肚子的人。

他既不知道如何表达自己的感情，也不知道该以什么样的借口把篮子递给她，他已经完全被这颗小小心灵的第一次悸动征服了。

福菲塔一头雾水，立刻跑到他跟前，温柔地把他遮在脸上的胳膊肘拉开。

她低声说："别哭，福福。"福福又伤心又羞愧，但是看到她带着慈爱的关切，好像在和她的布娃娃说话。

然后她吻了他一下，叔叔又一次屈服于内心的激动，伸出双臂搂住她的脖子。他不假思索地噘起嘴唇吻了吻她的脸颊，还带着隐隐的啜泣。然后，他长叹一声，用衣袖擦了眼睛和鼻子，恢复了平静。

突然，刺耳的声音从球场的远处传来："喂，喂，里面的两个人，快点出来！里面的两个人！"学监在远处喊叫，用一种盲目的残忍镇压了一个叛逆者心中第一次温柔的悸动。她的反应就像是看到两个孩子打架，认为每个孩子都必须服从于她，这又激起了叔叔心中的叛逆。

这件事说明了年轻的教师最初的行为是多么草率。他们带着不满的情绪抑制孩子们的一切活动，不加观察和识别，让孩子们几乎处于一种安静的状态。例如，有个小女孩把同伴们聚在一起，然后自己在他们中间转来转去，兴高采烈地挥舞着双手。教师立刻跑过去，制止她并让她安静下来。但是，我看到的是她假装自己是其他孩子的教师或母亲，用夸张的手势教他们干活，扮演一个领导者的样子。另一个小男孩，经常做出一些尴尬的动作，被认为行为有些异常。有一天，小男孩用心地挪动小桌子，但其他人立刻冲过去制止，因为他制造出了噪声。但实际上，他的行为有明确的目标，显示出他内心的渴望，这样的行为理应受到他人的尊重。在这之后，每当他移动桌子上的东西时，都会变得小心翼翼。

有时还会发生这样的情况，教师在更换箱子里用过的物品时，儿童会走近并拿起那些物品，明显是想模仿她。教师的第一反应是把他送回到座位，并像往常一样告诫他："别管这些东西，回到你的座位上去。"然而，儿童的行为确实表达了他想要提供帮助的愿望。毫无疑问，他会成功地完成这些秩序感的练习。还有一次，孩子们吵吵闹闹地围在一盆水旁，水面上漂浮着很多玩具。我在远处饶有兴趣地观察一个不到两岁半的小家伙的举动，他被人群挡在后面，因为强烈的好奇心而变得激动。他走到人群中，试图用小手把其他孩子推开，意识到自己没有力气给自己开出一条路来后，他停下来环顾四周，稚嫩的脸上的表情非常有趣。如果我有照相机，就能捕捉到这个表情。他瞥见了一把小椅子，显然是想把椅子搬到人群后面，然后爬上去。于是，他带着一脸希望朝椅子走去。说时迟那时快，教师残忍地拉他到怀里（或者像她想的那样温柔地抱过来），把他举过其他孩子的头顶，说："可怜的小孩，你也来看一看。"当然，孩子看到了那些玩具在水里漂来漂去，但他并没有体验到那种通过自己的努力克服障碍的快乐。看到那些东西对他来说不是全部的目的，更重要的是通过自己的智慧和努力发展自己的内在力量。教师阻碍了孩子的自主学习，还没有给孩子其他的补偿。他马上就要体验到胜利的快感了，却发现自己被一双大手高高地举起来，愈发显得自己很无能。他脸上那种使我很感兴趣的焦虑、希望和喜悦的表情都消失了，取而代之的是一种明知别人会替他完成任务时才有的麻木。

教师对观察感到厌烦时，就会让孩子们自由活动。我看到一些孩子把脚放在课桌上，手指插在鼻子里，教师也不去纠正。我看到一些孩子对同伴推推搡搡，在同伴的脸上画上夸张的表情，教师却毫不在意。然后，我必须耐心地介入，让教师明白指导孩子们的必要性，消除孩子们不应该出现的行为，帮助孩子们清楚地辨别是非。

这是建立纪律性的必要起点，也是教师最艰难的时刻。孩子们要想主动遵守纪律，首先要学会的是区分对错；教师的职责是防止孩子们就像传统的纪律观念那样，将善与恶、活跃与静止混淆在一起。我们的目标是训练孩子们的活动能力、工作能力、正确做事的能力，而不是静止或被动。在我看来，孩子们都能在教师眼里以一种有益的、聪明的、自由的方式活动，而不做任何粗鲁或无礼的事情时，他们就是有纪律的。

普通学校的做法是，孩子们排成一行，给每人安排一个位置，并希望他们保持安静，遵守既定的秩序，这可以是集体生活的一种练习。毕竟在日常生活中，人们在听音乐会或讲座时，也不得不安静地坐在一起。我们知道，这种场合下，成人也需要做出不小的牺牲。因此，在适当的场合，我们可以要求孩子们讲秩序，但重要的是要让他们理解秩序的概念，从而学习和理解集体活动的准则。

他们有了这个概念之后，站立、说话、行动就不会像以前那样不假思索，而是出于他们的真实意图。换句话说，他们打破熟悉的安静状态，是为了从事某种自主活动，因为他们知道某些行为是被禁止的，所以他们被迫学会正确与错误之分。从这种有序的状态开始，孩子们的日常活动变得更加完美和协调，学会了反省自我。

我们为教师准备的书能激励她采取行动。如果她想成为一名教育专家，这便是能读到和学到的唯一资料，书中观察和记录了儿童从最初的混乱动作过渡到自发协调动作的全过程。儿童起初的混乱无序说明他尚未反思和选择，而后来的协调说明他在某种程度上做出了选择。

如果我们遵循这个过程，就会看到每个儿童都会表现出自我，个体差异也会越发明显。有些儿童故步自封，无动于衷，浑浑噩噩。相反，有些儿童会站起来大声喊叫、攻击他人、打翻各种各样的物体。最后，还有一些儿童的目标是完成确定的动作，如把椅子摆放在一边并想要坐上去，或者移动桌子，再或者欣赏图片。儿童的表现说明他们或是智力迟钝，或是生病了，再或者是心理发展滞后，甚至说明他们原本是聪明的，最终也能适应周围的环境，表现出他们的品味、倾向、专注力以及忍耐力。

独 立 性

观察儿童的自由活动时，我们不能采用观察植物和昆虫的方法。儿童天生固有的弱点和社会身份，束缚着他的活动。一个以自由为基础的教育体系，其目的应该是帮助儿童获得自由，具体目标应该是使儿童摆脱那些限制其自然表现的束缚。当儿童沿着这条道路前进时，他将以更清晰和更真实的方式自由地显现自己，从而展示自己的本性。这就是为什么儿童最初的教育应该以引导其独立行动为目标。

如果个体不是独立的，他就不可能是自由的。因此，为了获得这种独立，从幼年时期，个体积极的自由表现就应该得到引导。从断奶开始，儿童就应该沿着独立之路前进，虽然这条路可能存在危险。断奶意味着什么？儿童从母亲的怀抱独立，离开了营养来源，将面临百余种不同食物的选择。这就等于说，他的生活资料成倍增加了，他可以做出自由选择，而不再像之前那样只能选择一种食物。

然而，断奶之后的儿童依然依赖他人，不会走路和洗澡，不能用明确的语言提出要求。3 岁的时候，儿童虽然还在一定程度上受制于他人，但已经在很大程度上获得了独立和自由。我们还没有真正理解独立的重要性，因为我们生活的社会仍然具有奴役性。社会上只要还存在仆人，就不能培养出真正独立的思想，正如奴隶制盛行的时候，自由的思想是模糊的。不是仆人依赖我们，而是我们依赖他们。社会道德标准没有普遍降低，我们就不能容忍这种极端的认知错误。我们常常认为我们是独立的，没有人命令我们，而是我们命令别人。但是，主人需要仆人的侍奉，本身就表明了他的无能。瘫痪者因体弱不能站立，君主因社会习俗而无法独立，实际上都处于同样的境况。

接受奴役观念的民族，认为一个人在任何事情上都能得到他人的服务而不是帮助。这是一种内心的优越感，认为奴性是一种本能。事实上，我们很乐意为他人服务，这是向他人展示礼貌、善良和仁慈的重要方式。但实际上，在某种意义上，一个人接受服务而不是给予帮助，其实是被剥夺了独立性。相反，他作为人的尊严应该使他认识到："我不希望有人为我服务，因为我不是无能的人，但我们既然是社会人，就应该互相帮助。"这种认识普遍被人接受，人们才能真正感到自由。

儿童教育要产生效果，就必须帮助他们走上独立的道路，引导他们完成那些可以独立完成的活动，使他们不会因为自己的无能而成为他人的负担。我们必须要帮助他们学会独立走路、跑步、上下楼梯、捡起掉落的东西、穿衣脱衣、洗漱，清楚地表达自己的需要，努力满足自己的愿望。所有这些都是独立教育的一部分。

我们以旧的方式服务孩子，其负面后果等同于直接做一些会扼杀他们有益的、自发的行动的事情。这样的情况下，我们认为孩子就像木偶，给他们洗澡，喂他们吃东西，就好像他们是洋娃娃一样。我们从没有停下来想一想，一个不会独立行动的孩子该怎样学会行动，因为大自然已经给予他学习这些的一切手段。我们的首要责任是帮助他做有益的事。母亲喂孩子时，如果不花些力气教他怎样用勺子或怎样将饭送到嘴里，或者不让他看看大人是怎么吃东西的，那她就不是一个好母亲。母亲把孩子当作傀儡，侵犯了他的尊严，认为他本质上就是一个需要被托付给她照顾的人。每个人都知道，教孩子如何吃饭、洗澡、穿衣要比直接替他完成这些事情需要付出更多的时间和耐心。

前者是教育家的做法，后者是低一级的仆人的做法。后者的服务虽然容易，但很危险，会给正在展开的生活道路上设置障碍，甚至关闭生活道路的出口。除这些直接后果之外，这样的服务对儿童的未来还有其他更为严重的后果。儿童如果有许多仆人，就会变得越来越依赖他人，最终成为他人的附庸。他的肌肉会因为缺乏活动而变得虚弱，最终失去工作能力。这样的人不需要劳动，而只需要提出需求，大脑最终也会变得虚弱和萎缩。我们正是用这些懒惰的恶习污染了儿童的心灵。

如果有一天，一个始终被服侍的儿童脑海中灵光一闪，想要重新获得独立，也会发现自己很难真正独立起来。富有的父母在教育孩子过程中，尤其需要注意这一点。

越是无用的帮助，就越会阻碍自然力量的发展

儿童过度地接受他人的服务，不仅会无端地浪费生命，还会带来一种无助的状态，甚至发展为一种异常反应，类似于歇斯底里或癫痫的发作，行为完全不受控。这种缺乏自我控制的状态会发展为一种类似绝望的状态，常常伴随着愤怒与懒惰。

让我们想象一下，一位熟练而谨慎的工作者，不仅能完美地完成自己的工作，而且能在商店里给人提出建议，能平静地处理工作中出现的一切问题。他在工作中是一个老好人，哪怕别人生气了，他也总是满脸笑容。然而一旦回到家里，妻子没有按时做好晚饭，他就会暴跳如雷。看到这一点，我们也不会感到惊讶。在家里，他很容易生气，有经验服侍和照顾他的人是妻子。这样的表现告诉我们，一个人在他可以掌控的场合是怎样的平静，在他被服侍的场合是怎样的专横。如果他能自己学会做饭，他的行为或许会变得完美。也就是说，一个独立的人，需要将精力放在自己的行动上，增强和完善自我。一个人如果想要在未来变得更加强大，就必须拥有独立和自由。

对儿童的奖惩

我们只需要恰当地运用奖惩原则，就能看到儿童所有的行为表现都有序起来。因此，有的孩子在认知上会优于大多数被视为无助和无能的孩子，内心有一种全新的尊严感。这些孩子对征服自我感兴趣，对外部的小诱惑漠不关心，而这些小诱惑是过去较低认知水平的他无法抗拒的。

过去我也一直被一种传统教育中最荒谬的教育方式迷惑。我和其他人一样，认为有必要通过某种外在的奖励来鼓励孩子，去迎合他的低级情感，如贪食、虚荣或自恋，以培养他的工作能力，养成他平静的性格。当我得知一个自我教育的孩子真的会放弃这些低级的本能时，我很惊讶。然后，我敦促教师不再对孩子们进行不恰当的普通奖惩，而只是在工作中温和地指导他们。我必须承认，这样的转变让我有了惊喜的发现。

但是，对于一位教师来说，没有什么比放弃旧习和偏见更困难的事情了。有一位教师特别想改进我的教学方法，于是趁我不在的时候，使用了她惯常的教学方法。有一天，我意外地来到她的课堂时，看到一个聪明的孩子胸前戴着一个巨大的银色的希腊十字架，上面系着一条漂亮的白丝带，而另一个孩子坐在房间中间的扶手椅上。

后来，我才知道第一个孩子得到了奖赏，第二个孩子正在接受惩罚。至少在我在场的时候，教师不会去打扰孩子，所以一切都是我看到的样子。我静静地看着，戴着十字架的孩子在小桌子和教师的桌子之间来回跑，忙碌而专注地做着自己的事。他多次从那个坐在扶手椅里的男孩子面前走过，十字架碰巧掉在椅子前。第二个孩子捡了起来，仔细地看了看，然后对它的主人说："你看到你的东西掉了吗？"第一个孩子转过身来，漠不关心地看着十字架，脸上的表情似乎在说"别打断我"，嘴上说："这跟我有什么关系？"第二个孩子平静地问："这对你不重要吗？"又接着说："如果那样的话，我就戴上了。"第一个孩子回答说："是的，是的，你戴吧！"语气好像在说"别烦我！"第二个孩子慢慢地把十字架戴在胸前，仔细地看了看，然后伸出双臂，放松地坐在椅子上。这个小插曲就这样结束了。十字架可以让被惩罚的人感到满足，但不能让主动工作的孩子感到满足。

有一天，一位女士在我的带领下去另一所"儿童之家"参观，她对孩子们的表现赞不绝口。最后，她打开一个盒子，从里面拿出许多闪闪发光的小铜牌，上面还系着红丝带。她说："老师，我要把这些奖牌挂在最聪明、表现最好的孩子的胸前。"既然我没有义务用我的教育方法指导她，就只好保持沉默，让老师拿走了盒子。一个 4 岁的男孩，静静地坐在第一排，皱着眉头抗议了几句："这不适合男孩子！不适合男孩子！"这件事提供了一个多好的启示！尽管没有人提示，但这个小家伙已经知道他会是受奖赏的人之一，他不想被这个奖品冒犯。他不知道如何为自己辩护，只能借助男孩不适合红丝带这一理由。

就惩罚而言，我们经常遇到一些孩子，他们会打扰别人，不听教师的教导。医生给他们做了检查，结果往往是一切正常。然后，我们在教室的角落里放了一张小桌子，把这类孩子安置在那里，让他坐在扶手椅上。小伙伴可以看到他，并把他想要的东西拿给他。这种隔离总能使孩子平静下来，他会从那个位置望出去，观察所有同伴的行为，这本身就是一门实践课。渐渐地，他意识到和其他人在一起的好处，渴望跟小伙伴们有同样的表现。

我们就用这样的方式管教那些看起来很叛逆的孩子。大多数情况下，隔离的孩子是会得到特殊照顾的，好像他生病了或很无助。每当走进教室，我都会径直走到他面前，像对待婴儿一样跟他说话。然后，我再转向其他人，关注他们的工作，就好像他们是大人一样。我不知道被隔离的孩子心里在想什么，但可以肯定的是，他的转变是真实和持久的。他为自己的工作和行为感到骄傲，对教师和我都抱有一种温柔的情感。

发展的自由

从生物学的观点来看，幼儿教育中的自由概念是对他们的身心发展最有利的条件。对生命怀有深切敬意的教师在进行有趣的观察时，应该尊重儿童生命的逐渐扩展。儿童的生命不是抽象的，每个人的存在都是独特的。个体的存在只是一种简单的生物现象；教育就是正常生命扩展所需要的积极支持，应该向儿童全面开放，因为他们会一个接一个地被他人看到。儿童有一个成长的身体和一个成长的心灵，身心发展有一个相同的源头，那就是生命。我们不应侵蚀或扼杀儿童的神秘潜力，而应等待它们相继表现出来。

在生命现象中，环境当然是次要的。环境对人的影响可以是改变、帮助、摧毁，但永远不能是创造。儿童的成长的源泉在于内在，不是因为他被喂养，不是因为他在呼吸，不是因为他生活在适宜的气候条件下，而是因为他的生命潜能得到了实现，因为饱满的生命种子正在按照它的天然命运发展。成人吃饭、呼吸、经历冷热，但是他已经不再成长。青春期的到来，不是因为孩子变得爱笑、喜欢跳舞和体育运动、食欲见长，而是因为这是一种生理现象。生命会让个体长大，显示个性，并不断完善，但它也是有限度的，受不可逾越的法则支配。

因此，我们说儿童应该拥有自由，并不意味着鼓励他们去做一些无谓的事情，而是为了让他们从无序的状态中解脱出来。我们认为自由就是把他们的生命从妨碍其正常发展的障碍中解放出来。儿童总是受到伟大使命的驱使，那就是长大成人。但是儿童并不知道自己的使命和需要，成人也远远不能理解他们，所以家庭和学校里就会设置许多条件阻碍他们生命的扩展。儿童的自由在于尽可能地消除这些障碍，深入研究儿童早期的秘密，真正地帮助他们。

成人对儿童的真正需要给予更大的关心和更密切的注意，是客观的要求。实际上，这一要求的结果是营造一个合适的环境，使儿童可以追求有趣的目标，引导他将精力分配到有序的活动中去，并认真执行。

在上面描述的快乐的环境中，所有的物体都依据儿童的需求布置，允许儿童使用它们以达到一个确定的目标。例如，一些简单的模型可以让儿童学会如何扣扣子、系鞋带、把东西钩住或系在一起，还有供儿童洗手用的盆子、扫地用的扫帚、擦家具的抹布、擦鞋或洗衣服的各种刷子。所有这些物体都要求儿童去做一些事情，去完成一项真正的任务，并实现一个实际的目标。例如，铺好地毯，用完后卷起来；铺上桌布，饭后仔细叠好、放好；布置好餐桌，好好吃饭，然后把盘子洗净；把每个物品都放在柜子里合适的位置。儿童需要一定的耐心执行任务，需要一定的责任感完成任务。因此，儿童完成这些任务不仅需要不断提高技能，还需要逐步完善性格。

我刚才描述的这些活动被称为“实践生活中的练习”，因为儿童在家里过着实际的生活，以一种虔诚和认真的态度完成常规的家务，变得平静和有尊严。除了在“实际生活”中使用的各种物品外，还有许多能够逐渐发展和完善儿童智力的物品，用于感官教育，学习字母、数字、阅读、书写和算术等。这些物品被称为“发展的材料”，以区别于实际生活中使用的物品。

我们谈到的“环境”，是指儿童可以自由选择和使用的物品的总和，也就是说，根据儿童的需要和倾向而使用的一切。起初，教师只是帮助他了解不同事物之间的关系，并教他准确地使用每一种物品，营造一种积极有序的生活环境。后来，教师会让他自由选择和完成他的工作。一般来说，儿童在特定的时刻会有不同的欲望，一个人忙于一件事，而另一个人忙于另一件事，互不干扰。就这样，他们过着一种令人羡慕的、充满活力的社会生活。儿童在平静的喜悦中独自解决各种社会生活问题，而这些问题正是在他们自由且多样的活动中不断呈现出来的。教育的影响扩散到整个环境中，儿童和教师都在其中扮演着自己的角色。

第四章

自 然 教 育

伊塔在他的经典著作《阿韦龙野孩的初步发育》中，讲述了一个戏剧般的教育故事，具体描述了如何驱散一个智力落后儿童的心理阴霾，把他从野蛮状态中拯救出来。

阿韦龙野孩是一个在自然环境中长大的弃婴。在森林里，猎人打伤了他，以为他已经死了。后来，他痊愈后，在森林里赤身裸体自由生活了许多年。最终，猎人发现了他，把他带到巴黎，过上一种文明生活。

这个孩子被发现时还不会说话，一直沉默。他小小的身体上有多处伤痕，说明他曾遭遇过野兽袭击，也曾从高处坠落。皮内尔对他的心理诊断结果为智力落后，无法接受智力训练。然而，这个男孩身上发生的转变证明了科学教育的一大进步。伊塔身为一名医生，也对哲学很感兴趣。他专门研究聋哑人的身心缺陷，在帮助近乎失聪的人恢复听力方面取得了一定成功，并将这种方法应用在野孩身上。他认为，野孩的缺陷与其说是生理功能紊乱，不如说是因为缺乏教育。他赞同爱尔维修的理论："没有劳动，人就什么都不是。"他相信教育可以完成很多事情，反对法国大革命前卢梭的理念“人的一切都是选择的结果”，即教育对人是有害的。

伊塔的第一个结论是，野孩通过他的行为证明爱尔维修的说法是正确的。之后，伊塔受皮内尔的影响，相信野孩不可能发展出智力，他的哲学理论让位给通过实践实验进行的令人钦佩的教育尝试。

伊塔把野孩的教育分为两个阶段。起初，他设法让他适应普通的社会生活。然后，他试图教给他思想。这个被人抛弃的孩子从大自然中找到了幸福，几乎成为吸引他的大自然的一部分，以雨、雪、风暴和无边的风景为乐，因为这些都是他幻想、陪伴和爱的对象。文明的生活意味着放弃这些自然的东西，但它确实有利于人类的进步。伊塔在书中生动地描述了他为这个野孩重归文明所做的努力。现在，这个孩子被关爱包围，需求也在成倍增加。伊塔是个耐心的研究者，对学生的自主行为有着敏锐的观察力。他的耐心和自律，可以从下面的描述中看出来，这对准备在教学中使用实验方法的教师是一种鼓舞。

如果有人在房间里观察这个男孩，就会看到他不停地、单调地来回走动，眼睛总是盯着窗外的空地。如果突然起了一阵风，太阳破云而出照亮了天空，男孩就会放声大笑，欣喜若狂。有时，这种欢乐会变成一种愤怒。他扭动胳膊，握紧拳头，怒目圆睁，咬牙切齿，威胁任何靠近他的人。

一天早晨，雪下得很大。男孩一觉醒来，高兴得大叫一声，跳下床跑到窗前。然后，他跑到门口，不耐烦地踱来踱去，最后冲进花园。他纵情欢乐，尖声喊叫，在雪地里打滚，捧起一把雪，迫不及待地送进嘴里。

但是，当他被大自然的壮观景象震惊时，并不总是表现出如此活泼、欣喜的样子。有时候，他似乎带有一种平静的悔恨和忧郁。例如，天气不好时，大家都会离开花园，男孩就会选择这个时间走出去，绕着花园转几圈，然后坐在喷泉边上。

我花了整整几个小时的时间，颇有兴趣地观察他站立的姿态，注意到他那张毫无表情的脸上逐渐浮现出悲伤和忧郁的表情，注意到他的眼睛注视着水面，不时地往水面上扔几片枯叶。

夜晚，当满月的月光照进房间时，他几乎总会醒来，走向窗户。大部分时间，他会一动不动地待在那儿，探出头去看月光下的风景，沉浸在一种对美的沉思中。这种沉思静谧而沉静，会以一声长长的叹息结束，就像一声哀叹一样消逝。

据书中描述，男孩不会正常走路，只会跑。伊塔还记录了，他带着男孩在巴黎的街道上散步时，最初如何追着他跑，而不是强制让他行走。伊塔对野孩的处理方式，为我们提供了一系列宝贵的教育原则，这些原则可以推广并应用到所有儿童的教育中。我们还特别注意到，他用渐进而温和的方式向孩子介绍社会生活方式，先让自己适应学生，而不是等待学生适应自己。他会让新的生活看上去很有吸引力，以唤起男孩的注意，而不是以一种痛苦和压迫的方式强加给孩子。

我相信没有任何一篇文章能如此鲜明地展现自然生活和社会生活的对比，清楚地说明社会生活是由放弃和限制构成的。想想书中描述的跑步如何变成有节奏的走路，尖叫如何变成日常说话的语调，这就足以说明问题。

然而，在当今时代，在现代社会的环境下，儿童的生活远离自然，很少有机会与自然亲密接触或直接体验自然生活。在很长一段时间里，人们认为大自然对儿童的教育只有心理上的影响，对大自然的奇迹、花、植物、动物、风景、风和光做出合理的反应。

后来，人们试图通过给儿童一小块地耕种，引发他对大自然的兴趣。但是，在儿童教育中，生活在大自然中的概念是最近才出现的。事实上，孩子需要在自然中生活，而不是简单地了解自然。最重要的是，如果可能的话，把孩子从城市人造生活的与世隔绝的束缚中解放出来。今天，儿童卫生学有助于儿童体育教育的发展，鼓励儿童到公园的露天环境玩耍，让他们接触阳光和海水。儿童可以穿上简单轻便的衣服，穿着凉鞋或光着脚走路，这是让儿童从城市生活的过度负担中解脱出来的一些尝试。经验表明，在现代疗养院，治疗儿童结核病和佝偻病的主要方法就是让他们接触大自然，让他们在露天睡觉，在阳光下生活。我们反思这一点时，应该清楚的是，正常的、强壮的孩子不仅不应该抵制与大自然的接触，而且还会从中受益匪浅。

但是人们仍然有太多的偏见。我们心甘情愿地放弃了自由，爱上了禁锢我们的牢笼，并把它传递给下一代。渐渐地，我们对大自然的看法只限于种花或饲养家畜，因为家畜会为我们提供食物，帮助我们劳动或保护我们的安全。这样的做法只会使我们的心灵萎缩，充满矛盾。我们甚至会将看到真正的动物的快乐和接近一个注定要牺牲自己养活我们的可怜动物的快乐混淆在一起。我们也会欣赏那些被关在笼子里的鸟儿的羽毛和歌声，对大自然产生一种朦胧的爱。我们甚至认为一盘海沙会对儿童了解自然有很大的帮助，以为有了这样的沙子就有了海洋教育。我们被囚禁在这样一个混乱的世界里，难怪会得出一些荒谬的结论。

实际上，大多数人都害怕自然。他们像害怕天地一样害怕空气和太阳。他们像害怕藏身在草地里的蛇一样害怕夜晚的霜冻。他们怕雨，也怕火。文明社会的人是一群心甘情愿的囚徒，如果有人警告他，为了身体健康，要享受自然，他就会带着胆怯照做，双眼时刻警惕任何危险。我们可以讨论在露天睡觉，暴露在风雨中，不顾太阳暴晒在水里泡个澡，但并不总是会付诸实践。

谁不会因为怕风大而跑去关门？谁不会在睡觉前关上窗户，尤其是在冬天或下雨的时候？在野外走很长的路，不论晴天还是雨天，仅仅依靠大自然提供的庇护，人们都会认为这是一件很危险的事，需要英雄般的魄力。人们会说，我们确实应该习惯付出这样的努力，但是没有人会真正采取行动。所以，人们该如何习惯这样的活动呢？也许小孩子天性热爱自然。不，儿童是最应该受到保护的。即使是对运动充满热情的英国人，也不希望自己的孩子被自然的风和雨折磨。即使儿童长大了一些，即使天气很好，护士也会用婴儿车把他们推到阴凉的地方，不让他们长时间走路，也不让他们随意活动。体育运动会成为最强大和最勇敢的年轻人之间的真正战斗，而这些年轻人正是要响应号召与敌人作战的人。

我们现在经常说：给儿童多一些自由；多鼓励他们；让他们在下雨的时候跑到外面去；让他们脱下鞋子蹚水玩；让他们光着脚在被露水打湿的草地上奔跑；一棵树的树荫刚好适合睡觉时，就让他们安静地休息；清晨的太阳叫醒他们时，任由他们像昼出夜伏的生物一样欢呼和大笑。但是，我们扪心自问，我们担心的从来不是这些。我们担心的是，怎样不让儿童在太阳升起后还继续睡觉，怎样教会他们不要脱鞋或在草地上撒欢。由于各种限制，儿童的心理不断堕落，被困住他的牢笼激怒，杀死昆虫或弱小无辜的动物。我们把这些看作自然而然的事，却没有注意到他的心灵已经与自然疏远。我们只是要求孩子适应他的牢笼，不要给我们带来任何麻烦。但是，即使是年龄很小的孩子，能量也比我们想象得要大，他必须自由地活动以展示自己。

在城市里，儿童刚走一小段路就会说累了，会让我们以为他力量不够。但是，他的疲惫来自他所处环境的非天然属性，来自他的倦怠，来自他笨拙的衣着，来自他那双穿着皮鞋的小脚踩硬邦邦的人行道上时的痛苦，来自周围行人的沉默、冷漠、面无表情带来的沮丧。他可能会参加俱乐部活动，可能会穿上令人艳羡的衣服，但这些对他来说什么都不是。他只会感到被束缚，懒惰，想要被拖着往前走。

但是，儿童与大自然接触时，会展现出自己的力量。正常的孩子，如果身体强壮、营养充足，即使不到 2 岁，也能走完几英里。在阳光下，他们会不知疲倦地爬上长长的陡坡。我记得一个 6 岁左右的孩子有一次失踪了好几个小时，竟然是独自爬上一座山，心想如果爬到山顶，就能看到山的另一面。他并不觉得累，但会因为没有找到想要的东西而大失所望。我曾经认识一对夫妇，孩子才 2 岁。他们想去一个遥远的海滩，需要轮流抱着孩子走，担心这一路会很累。然而，父母没有把他抱在怀里时，孩子会兴致勃勃地自己走，每天都是如此。孩子会停下来摘一朵小花，或坐下来看一头毛驴在草地上从容地吃草，神情严肃，若有所思，与这个弱小而又幸运的动物共度片刻。父母没有选择抱着孩子走，而是跟孩子一起解决问题。我们常说只有诗人和孩子才能感受到涓涓细流淌过卵石的独特魅力，孩子看到这样的情景还会开心地笑，想停下来用手摸一摸溪流，好像爱抚一样。

我建议你试一下抱着一个还没有学会走路的孩子，走在乡间小路上，自己面向广阔而美丽的风景，而让孩子背对着风景！孩子也会转过身来欣赏美景，即使他还不会自己站起来，还不能说话让你停下来。你有没有见过小孩子为一只从鸟巢里掉下来的小鸟的尸体而悲伤肃立，或来回奔波着关切地询问和报告发生了什么事？虽然他们很快就会“堕落”到偷鸟蛋的地步。

像其他事物一样，儿童对自然的感受会在锻炼中增长。我们当然不会用迂腐的描述或劝诫的方式来与一个被关在房间里的无精打采、百无聊赖的孩子交流，残忍地对待动物是他生活的一部分，他已经习惯于看到或听到这样的事情。但是，家人故意杀死的第一只鸽子，几乎是每个儿童心中的阴影。我们必须治愈那些不堪设想的创伤和折磨着这些可爱的孩子的精神疾病，他们是所处的人造环境的受害者。

自然在教育中的地位

学校教育能让儿童的注意力集中在一些特殊事物上，这些事物能准确反映它在多大程度上激发了儿童内心对自然的感觉，或者唤起他内心潜在的或失落的情感。不仅在这些活动中，在其他活动中也如此，学校的作用就是为他提供有趣的信息和行为的动机。儿童比任何人都更适合成为自然的观察者，当然他也需要可以用来工作的材料。

关 心 他 人

儿童对生命有一种焦灼的关注，满足这种本能会使他们充满了喜悦。因此，他们很容易对照顾动植物尤其是动物感兴趣。对儿童来说，没有什么能唤醒他们的远见卓识，因为他们总是活在当下，仅此而已，从不考虑明天。他们知道动物需要他们，也知道不浇水植物就会枯死，他们就用“爱”作为新的桥梁，把逝去的今天与明天的时光联结在一起。

儿童会连续多天小心翼翼地把食物和水放在孵蛋的母鸡身旁，他们在观察自己的劳动成果，而我们应该观察这时候的他们。他们看到母鸡长时间用翅膀覆盖着的蛋里孵出了娇嫩的小鸡，由此表现出温情和热情。出于对弱者给予更多帮助的愿望，他们收集稻草、棉线或者一缕缕的棉絮，为屋顶下或花园里树上的鸟儿准备筑巢的材料，听着小鸟发出唧唧声表示感谢。

儿童耐心地观察昆虫的蜕变和雌性动物对后代的照料，这些常常引起他们和惊奇和兴趣。有一次，他们被蝌蚪成长经历过程中的变化震撼，甚至可以描述出蝌蚪整个发育过程，像一个小小科学家一样报告青蛙生命的各个阶段。

儿童也会被植物吸引。“儿童之家”没有可以耕种的土地，所以，他们把花盆都摆在露台周围，一直记着用小喷壶给植物浇水。一天早上，我发现他们在地板上围坐一圈，中间是一朵美丽的红玫瑰，所有人的表情都沉默而安详，沉浸在幸福的沉思之中。

还有一次，一个小女孩兴奋地从阳台上往下看。母亲和教师都知道她从小就喜欢植物和花园，但现在她被更多的东西吸引了。她告诉母亲："下面的花园里，有一些可以吃的东西。"那是一个果园，母亲并不觉得果园有什么特别之处，但它却让她的小女儿兴奋异常。

对花园的偏见

我们对自然也存在偏见，这似乎很难理解。我们对花的看法太具象征意义，还试图塑造儿童的反应，而不是跟随儿童的引导以理解他们真正的品味和需求。这就是为什么即使在花园里，儿童也被迫模仿成人劳动时候的样子。他们发现，把一粒种子种在地里，等着一棵小苗长出来，需要花费太长的时间，而且这个任务对他们来说也太简单了。他们想做点大事，恨不得劳动成果直接就是成熟的果实。

儿童确实喜欢花，但他们需要做的不仅是待在花丛里，观察五颜六色的花朵。他们发现，最大的乐趣不在于外在美的吸引，而在于行动、了解、探索。

最爱的工作

我们与那些自由的儿童接触的经历，使我们得出了许多不同于以往的结论。

对儿童来说，最愉快的工作不是播种而是收获。我们都知道，收获的重要性不亚于播种，甚至可以这样说，正是收获加强了人们对播种的兴趣。收获越多，就越能体会到播种的神秘魅力。

收获谷物或葡萄是最美妙的经历之一。收割麦田，把麦子捆成捆，用鲜艳的彩带扎起来，这些都是最受欢迎的活动，可以成为农场节日的庆祝活动之一。照料葡萄藤，清洗葡萄，把葡萄放进漂亮的篮子里，准备各种各样的盛宴，同样受欢迎。

果园也提供类似的工作效果。即使是年龄很小的孩子，也喜欢收集橄榄，搜集掉落的果实放在篮子里，寻找藏在葡萄藤叶子下的草莓和芳香的紫罗兰。

从这些体验中，儿童开始对大规模的播种产生兴趣。例如，麦田播种需要各种各样的操作，大人要在地上犁出沟壑，儿童要把谷种堆起来。然后，儿童可以把种子装进小篮子，沿着犁沟种下。植物柔弱但又强大的生命力，给儿童的眼睛和心灵带来了极大的愉悦。均匀的平行线构成的图案，似乎强调了植物生长的仪式感。生命的宏伟似乎来自各个元素的集合，单独的元素本身并没有什么吸引力。金黄的麦秆在风中摇曳，长到儿童肩膀的高度，等待着收获的来临。虽然我们那一小块耕地是为了做面包而播种的，但我们仍然能够得出这样的结论：乡村生活比哲学和花卉的象征意义更适合儿童。

种花也有实际的教育价值。儿童的活动包括寻找、辨别和收集不同气味的植物。分辨和寻找相似的气味而不是花朵，这是一项严格的练习，能为儿童带来发现的满足感。

当然，鲜花也很有趣，但是采集鲜花与采集从鲜花中生长出来的果实相比，少了一些与自然接触的机会。花儿似乎在召唤昆虫而不是人类来帮助它们完成繁衍的使命。实际上，儿童常常在欣赏鲜花的过程中满足了精神需求，但是很快就会起身去寻找要做的事情，因为正是活动让他们的天性如蓓蕾一样绽放。

简　单　性

儿童的工作必须具有一定的多样性。他们不需要知道为何播种或收割，就能产生对这些活动的兴趣。他们很乐意采取一些简单的行动，有的可以立即达到目的，有的需要付出特别的努力。例如，他们会很乐意地拔掉路上或犁沟里的杂草，清扫枯叶，或捡起一根老树枝。总之，儿童需要一块可以耕种的土地，一个可以经历全新的体验和困难任务的场所，使其具备成功走向新世界的活力。

我们的一些照片显示，儿童在牛群和羊群中无所畏惧地行走；还有一些照片显示，他们筛土，用手推车运东西，或者堆起一大堆树枝。但是，有些劳动由于缺乏适当的环境而不可行，诸如温室环境、水生植物的制水设备、池塘的防虫网等。我们选择的工作强度，一般不会超出儿童的能力范围。

我们的花园

我们观察儿童能够自由表达其需要的条件，得出的另一个结论是，将田地或花园限制在他们的精神需要范围内。然而，人们普遍认同的理念却与此相反，即给儿童一个无限的空间，这种理念几乎完全是出于对儿童身体活动的考虑。然而，儿童行动的敏捷程度似乎圈定了活动范围的界限。具体地说，我们假定儿童的活动范围是跑道，会发现他们活动的范围要比我们想象的小得多。即使在一个大的场地里，儿童也总是在某个地方、某个角落或某个狭窄的地方奔跑和玩耍。所有的生物都倾向于为自己找到一个地方，并让自己保持在那个界限之内。

同样的标准也适用于心理活动，我们必须在空间或任何东西的过度和不足之间找到一个边界。儿童不喜欢所谓的操场，因为那里对他来说太小了，只有本身就不够强大的儿童才属于那里。儿童并不在乎某样东西是否属于他，他想要的恰恰是一种满足感。

他应该能够照看尽可能多的植物，尽可能多地去记住它们，这样他才能真正地去了解它们。

对我们来说，花园里有太多的植物和鲜花，是一个充满未知的地方，这些未知对我们来说是陌生的。在花园里，肺可以很好地呼吸，但心灵不会受到影响。小小的花坛不能满足我们，它的内容太少，不足以满足我们与自然接触的精神渴求。因此，我们的心理边界就由花园里的植物来界定，那里的每一株植物对我们来说都是珍贵的，帮助我们支持内在的自我。

判断儿童活动范围的标准引起了人们极大的兴趣。在许多国家，人们试图按照字面的解释，建造一个符合儿童内心需要的花园。如今，修建花园的计划与修建“儿童之家”的计划是并行的[①]。

① 玛利亚·蒙台梭利博士通过实践，对儿童自然教育作了进一步的阐述。这里不单单考虑了为满足孩子的兴趣和活动准备大量的活动和材料。值得注意的是，这包括了很多动植物的形态和分类，为孩子们进一步学习生理学做好准备。此外，学校还精心准备了水族馆和蔬菜地，这是每所学校都应该有的设施。这些研究方法让孩子们对自然产生了自发和有目的的探索，并有了一些自己的发现。这些活动满足了孩子们锻炼感官和行动能力的需要，并为基础教育的长远发展奠定了基础。它为满足年龄较大的孩子的兴趣提供了一种实践形式，不必勉强他们理解那些已经不感兴趣的思想和术语。儿童在年幼时欣然而热情的学习活动，为后来人生阶段打下基础，然后在这些基础上满足自己更高的兴趣。——英译本译者注

第五章

运 动 教 育

红色的人和白色的人

我认为有一点应该向教师们澄清一下，那就是人体的植物性和神经性的区别。前者与血液循环系统有关，后者与神经系统有关。

神经系统可分为交感神经系统和中枢神经系统，交感神经系统在很大程度上控制着身体的机能，与情绪有着密切的关系，而中枢神经系统有无数的分支，它使感觉器官与外部世界相连，并使肌肉服从意志的控制。情感和意志的存在表明，交感神经系统既从属于中枢神经系统，又依赖于中枢神经系统。任何对教育感兴趣的人都必须重视这一点。

目前我们特别关心的是两种不同的系统，一种是血液循环系统，以心脏为中心，通过微小的毛细血管系统扩散到身体表面。另一种是神经系统，它以大脑为中心，有无数的分支，最后到达身体内各个微小的神经末梢。

众所周知，毛细血管和神经末梢在体内随处可见，它们提供血液，并保持所有组织的活力。我们可以回忆一下，无论身体的哪个部位被扎了一下，不论是身体外部还是内部，都会出血和疼痛。这样，我们就知道了毛细血管和外周神经系统的分布。如果我们能通过某种方式，从人体上移除一个完整的血液循环系统和一个完整的神经系统，就能重现躯体的所有细节。首先，“红色”的人属于植物性生命，躯体通过各种途径从环境中吸取生存所需的食物、氧气等养料，也有排泄废物的器官。其次，“白色”的人与从外部环境获得印象的感觉器官和执行动作的肌肉系统有关。尽管这两种“人”截然不同，在功能上也有明显的区别（一个是身体的物质化，另一个是精神的物质化），但它们如此紧密地联系在一起，有机体的任何功能都离不开它们的相互合作。心脏跳动并带动血液循环，因为它与神经系统相连，而神经和神经中枢的功能则依赖于血液的供给。

肌肉是人体的重要组成部分，它们附着在骨骼上，并利用骨骼的支撑作用，对神经系统和血液循环系统起着保护作用。正是通过肌肉，个体才能采取行动，表达思想。微小的感觉器官可能被比作接受心灵发展所必需的信息的毛孔，但生命的实际运作则取决于肌肉。意志通过这些奇妙的运动工具来实现它的愿望。心灵必须拥有所有这些表达方式，并通过这些方式，将观念转变为行动，让情感在工作中得以实现。肌肉要完成如此重要的目标，必须通过复杂的操作才能实现。它们同时有助于血液循环，帮助心脏实现其功能。所有这些都是肌肉作为运动器官，与其他生物产生联系的必然结果。

然而，确实有些人，特别是儿童，被迫过着毫无生机的生活，他们开展的活动被人为地从与之保持联系的器官分离。这些器官不仅包括大脑，还包括肌肉和感觉器官。这将导致身体机能退化，因为植物神经系统也是个人存在的一部分。在教育领域，这启发人们追求积极的生活，即增强体育锻炼，平衡营养结构，恢复身体健康。人体营养不足时，其特点是缺乏活力和体质虚弱，新陈代谢降低，由此导致对疾病的抵抗力减弱。因此，与生命活动密切相关的肌肉系统已经退化到一定程度，仅仅是帮助血液在艰难而复杂的循环过程加速流动。因此，我们用来表达思想的器官，也只是帮助血液循环而已。

这种功能的逆转显然不能使人恢复正常的活动状态。这种冷漠导致了功能性障碍，人们还试图用一个错误弥补另一个错误，这就导致了对人类智力和道德生活的持续性损害。因为人们的活动过分强调纯粹的体力活动，所以游戏、体育和类似的活动消耗了更多的能量。

关节脱臼会带来疼痛、痛苦和身体畸形。但是，当骨头固定好后，肢体就会恢复正常功能，所有痛苦就会消失。教师错就错在让学生的感官和肌肉处于闲置状态，而让他们的思想处于胡思乱想的游荡之中。然而，肌肉、神经和感官构成一个整体。如果要纠正这种功能上的错乱，就必须激活与精神生活有关的器官。脑力劳动应该伴随着对真实和美好事物的欣赏，而这种欣赏将产生活力、激活思想，并在人们应该互相帮助的外部世界留下他们的痕迹。肌肉活动应该总是服务于人或是人的思想，而不应该卑躬屈膝地让自己成为人类所谓的“植物性”或“肉体生活”的奴仆。

我们可以注意到，工作是一种为心灵服务的身体锻炼。个体的工作间接地促进其血液循环和呼吸。因此，健康问题也是工作问题。健康和正常的生活通常是通过适当的饮食和户外工作来获得的，让大脑的高级功能有更多的自由发挥空间。

纪律和体操

在普通学校，“体操”一词是指一种集体活动，其目的是使全班同学统一地锻炼肌肉。还有一种更正式的体操形式，与杂技类似。

人们发现，学生长时间坐在木制课桌前，在课堂上保持固定的姿势，而不同类型的活动有助于打破肌肉动作的惯性。因此，体操是在弥补强加给学生的限制带来的影响。教师强加给学生的行为和反应是旧体制的典型代表，体操则是教师为被动的、遵守纪律的学生采取的补救措施。现代教育的趋势是允许体操有更多样的变化。例如，我们从英国人那里借用了露天体操的形式，并引进了达尔克罗兹开创的节奏体操。这些活动更具有人道主义精神，给了儿童一个从僵硬的姿势中放松肌肉、发展天性的机会。但是，所有这些做法都是对被错误理解的生命的补救措施而已，对生命本身没有任何改变个性的影响。它们就像一种娱乐，不属于日常生活的范畴。

我们的教育方法中最重要的实际方法之一是将肌肉训练引入儿童的生活，使之与他们的日常活动密切相关。因此，运动教育成为儿童性格教育的重要组成部分。

每个人都承认儿童必须不断地活动，尤其是在童年时期，这种对运动的需求是难以遏制的。但随着抑制力的发展，儿童学会协调抑制力与运动冲动之间的关系，发展出使冲动服从意志的手段，运动需求就明显减少了。因此，儿童越成熟，他的行动就越顺从意志；如果受到外界意志的压力，他就越能反抗。但是，运动始终是与外界维持关系的基础，因为正是这种运动能力，使人类乃至整个动物界与植物界区分开来。因此，运动是生活的重要组成部分，教育不能减少或抑制运动。相反，它应该允许儿童的能量正常发展，并帮助他更好地发挥能量的益处。

大自然是教儿童如何行动的向导。这一点几乎无须证明。婴儿的动作像木偶一样是僵硬笨拙的。3 岁的儿童总爱多动，到处乱跑，触摸一切。9 岁的儿童已经学会走路，不再需要四肢着地在地上爬或抓住遇到的一切支撑着走路。这些转变是自发的，不受任何教育的影响。与之相关的是身体比例的变化，即躯干的长度和下肢的长度之间比例的变化。新生儿从头顶到腹股沟的长度约占身高的68%，意味着腿长是身高的32%，而成人的躯干和腿部的长度大约相等。这种比例上的变化是成长的一部分。3岁的儿童入学时，腿长占身高的38%，相比躯干的生长，腿长的比例大大超过成人。7岁的儿童，腿长占身高的57%。然而，在青春期后，儿童的躯干的长度增加，直到达到正常成人的比例。

这样一个关于成长的基本因素足以使我们了解到，儿童对运动的需求有着非凡的意愿。为了帮助他们充分发挥潜力，我们必须观察他们的自发运动，只要注意一些基本事实就够了。儿童用他们的小短腿站立着，努力保持平衡，用跑步掩盖行走的困难。他们需要休息时，就会躺在地上，翘起双腿。但是，婴儿仰卧时，双脚和双手都会伸向空中并相互靠拢，几乎是一种天然的姿势。3～5岁的儿童趴在地上，下肢常常翘起，靠胳膊肘支撑起上半身。儿童还找到了一种不同于坐在椅子上休息的姿势，他们坐在地上，将重心放在交叉的双腿上或其中一条腿上，平稳地支撑着身体。儿童需要不时地休息，这会打断他们的连续活动。我们在儿童房间里准备了小地毯，这通常会卷起来放在房间的某个地方。他们如果想坐在地板上而不是小桌旁，就必须先拿一块小地毯铺在地板上，然后在上面活动。成人不会要求他们改变姿势，而儿童也会平静地顺从自然的需求。

工作和体操

我们只需要简单想一想就会明白，实践生活提供了丰富的锻炼，而我们的生活环境正是完善一个人运动能力的场所。这与生产新东西的体力劳动是不同的。相反，我们不断地根据智力需求移动物体，而我们的智力预见了所要达到的目标。卷起地毯，擦鞋、清洗水槽、擦地板、摆桌子，打开和关上箱子、门窗，整理房间，把椅子摆放整齐，拉开窗帘，搬家具，等等。这些都是全身参与的锻炼，完美地呈现一个又一个动作。儿童通过惯常的工作而不是普通的体操，学习如何移动双手和手臂，增强肌肉的力量。然而，实际生活中的练习不能被看作一种简单的体操，它们是“工作”。但是，这项工作令人有焕然一新的感受，而且不会觉得累，因为人们对自己的一举一动都很感兴趣。

这是一种自然的活动，因为人在活动时应该有某种目标。肌肉应该始终为智力服务，从而保持其功能与人的性格的统一。如果一个人头脑聪明、肌肉灵活，那么他存在的意义就在于智力活动中，正如多数生物存在的意义在于行使适当的功能。因此，我们必须为在这个环境中的儿童提供开展活动的手段。然而，我们必须记住的是，“儿童之家”面向 3 ~ 6 岁年龄不等的儿童开放，他们像家人一样生活在一起，完成不同的工作。

我们为儿童提供了一些适用于实际生活的物品。这些物品不是用于科学研究，而是供儿童在家里使用，只不过之前是看家里人使用。在“儿童之家”，这些物品的尺寸特别适合儿童使用。物品的数量不是由教学方法决定的，而是取决于学校现有的资源，特别是取决于儿童每天在学校待的时间长短。如果学校附带一个花园，清扫、除草或采摘等，都会成为儿童工作的一部分。如果学校日程安排足够丰富，晚餐也会成为工作的一部分，包括布置餐桌、端饭、吃饭、洗碗、收拾厨具等。在所有实际生活的锻炼中，这是最困难，同时也是最精细、最有趣的工作。

工　作

儿童来到“儿童之家”，脱下外套和帽子，挂在墙上的衣帽钩上。衣帽钩的位置很低，3 岁的儿童也能轻易够到。洗脸盆的位置也很低，高度还不到成人的膝盖位置，还配有小块肥皂、小毛巾、清理指甲的小刷子，这些都在儿童够得着的范围。如果没有专门的洗手台，也至少会在一张矮桌上放一个脸盆，旁边放着一个小水罐或盛水的容器。除此之外，我们还会在旁边准备一个盒子，或在墙上挂几个袋子，里面装着儿童小手可以握住的衣服刷子。如果可能的话，小桌子上应该还会有一面镜子，位置也很低，只能照到成人的脚和膝盖之间的位置。儿童可以坐着照照镜子，用桌上的梳子理顺因摘下帽子或在街上吹了风而弄乱了的头发。接着，儿童穿上围裙和罩衫，准备好进入房间。

如果教室不够整洁，儿童就有工作要做了。他们会扔掉花瓶里枯萎的花，或者换掉花瓶里的水。墙上的钩子上挂着各种颜色的抹布和一个色彩鲜艳的羽毛掸子，儿童会选择最适合的工具开始清洁工作。如果桌子上有污渍，他们就用肥皂和水清洗掉。如果水洒在了地板上，他们会立即擦干净。如果面包屑或枯叶掉在地上，他们就用小扫帚打扫干净。白色的毛巾洁白如雪，绿色簸箕上装饰着红色斑点，用起来让人心情愉悦。扫帚的颜色很漂亮，还有闪闪发光的漆面手柄，吸引儿童来使用。只要一有机会，儿童就会完成这些工作，从上午到下午，没有固定的时间。他们不时地检查周围，巡视他们的“家”。如果椅子放错了地方，打乱了房间的布局，我们可以肯定，哪怕年龄最小的孩子也会注意到这些杂乱的细节。儿童在 3 岁之前做的最复杂和最具挑战性的工作就是整理家具和摆放物品，也是活动量最大的工作。

召　唤

的确，有些时候是教师在监督儿童做事，但是也有很多时候是事情在“召唤”不同年龄的儿童去做。物品华丽的光泽、色彩和美感都是吸引他们的注意并鼓励他们行动的“召唤”，这样的号召力是任何教师都不具备的。它们发出声音：“带我走吧，让我安然无恙回到原来的位置上吧！”儿童的活动是对这种邀请的回应，既满足了自身活动的需求，也唤醒了自身的能量。这种能量的觉醒使他们能更容易完成一些更复杂的事情，即发展智力。然而，很多时候，不止一个声音在呼唤他们，或者给他们一些复杂的任务。重要的工作，如摆好餐具，清洗餐具等，需要获得一个有组织的群体的关注，而不是一个人的关注，这需要长期的训练和准备。

能　力

我们总是试图根据儿童年龄来估计他们的工作能力，或者凭借儿童只有在他人帮助之下才能完成某件事而认定其不具备完成该任务的能力，这些观点都是错误的。教师应该敞开胸怀，不应因为对儿童缺乏信心而打击他。即使是最小的儿童也渴望做些事情，而且比那些年长的儿童更渴望发挥自己的能力。因此，好教师总会寻到一些方法，让最小的儿童也能做出贡献。2 岁半的小家伙可以端着面包，4 岁半的儿童则可以端起一盆热汤。儿童不会因为工作的重要性不同而懊恼，只要能尽其所能地完成某项工作，看到自己在所处的环境中能发挥自身的能力，他们就会感到满足。

对儿童来说，最有价值的事就是为每个人提供更多的工作机会。就像预言中说的那样，他们有一种内在的抱负，渴望充分发挥他们的才能。当他们成功做到这一点时，就会引起许多人的敬佩。儿童被邀请共进晚餐时，会很高兴，不仅是因为可以有东西吃，还因为这是锻炼他们的内在力量的好机会（如等待同伴或一起祈祷）。他们不会浪费时间，而且很清楚如何利用自己的机会。你会看到一个穿着白色围裙的小侍者，小心翼翼地把桌布铺在桌上，站在桌子前认真思考最佳的座位方案。你还会看到一个小女孩微笑着往玻璃杯里倒水，小心翼翼地不让水壶碰到玻璃杯的边缘，也不让水洒在桌布上。你会看到一群小小的服务生拿来一摞盘子，放在不同的座位上。儿童在工作中获得的满足感，给了他们一种优雅和安逸的感觉，这与音乐带给他们的感受类似。

精　确　性

与这些儿童相处一段时间后，人们都会注意到精确性是使儿童成功地完成实践活动的特殊秘密，即行为执行过程中的准确程度。与其说儿童对往杯子里倒水感兴趣，倒不如说他们对倒水动作的精确性感兴趣——不仅要把水从瓶子里倒出来，还不能碰到杯子边缘，也不能把水洒在桌布上。如果儿童必须记住肥皂的位置，以及毛巾必须挂在哪里，那么洗手这件事就会变得有趣。

儿童的动作本身是不完善的，但当儿童试图完善动作时，这一动作的价值就提升了。例如，儿童洗手不再仅仅是为了使双手变得干净，而是为了能够完美地完成洗手的动作。这时，洗手的价值，不仅在于清洁，也在于使儿童掌握更多的动作技巧，并使他们表现得更有教养。儿童体验到的快乐不仅来自通过活动达成特定的目标，还来自在活动细节中为自己开辟的全新的锻炼机会。换言之，我们应该优先考虑实践活动中的教育，它是教育过程的一种外部激励，促使儿童组织和优化自己的行为。

敏 感 期

儿童正处于对活动非常感兴趣的年龄阶段，而且似乎急于学习如何完成某项活动。他们所处的人生阶段，正是必须主宰自己行为的阶段。从生理学上讲，他们的肌肉和神经正在经历一个学习如何协调工作的时期。成功地度过这一时期对于个体的最终完善至关重要，良好的开端对儿童的未来发展也是至关重要的。在这一阶段，教师付出最少的努力完成在儿童内心播下种子，从而在将来获得巨大的收获。因为，她正在教的是一群对学习“如饥似渴”的儿童。

教师以这种方式开展教学时会有一种感觉，与其说是在教学，不如说是在赠与，是在做慈善。她在一群儿童中播下特定年龄所需的种子时，就像给饥饿的人喂食，觉得自己正在做一件极具慈善价值的工作。后来，儿童会忽视动作的准确性，对发展肌肉协调性的兴趣也会下降。儿童的思想继续发展，不再拥有之前那样的渴望。他的思想必将沿着一条既定的道路前进，这条道路既独立于自己的意志，也独立于教师的意志。后来，他会坚持不懈地努力做好某些事情，支持他的不再像以前一样是爱好，而是责任感。到那时，他必须在自己的内心产生一种新的工作态度，即使是年龄最小的儿童也有可能学会分析自身的动作。

动作分析

每一个复杂的行为都包含一系列截然不同的动作。分析动作的意义就在于重新认识和准确地执行这些独立的、截然不同的动作。例如，穿衣、脱衣是高度复杂的行为，除非在特殊场合，否则成人也不能完美地完成这样的动作。这类行为的难度在于各种动作同时进行，各种原本应该接连进行的动作经常混作一团。类似于长单词的发音，有时不同的音节以一种令人费解的方式连在一起。人们的发音出了问题，是因为没有分析组成单词发音的每一个发音。漏读或混淆与语速的快慢无关，有的人的发音可以又快又清晰，但读错单词的人有时说话会很慢。因此，这不是语速的问题，而是准确性的问题。

通常，人们的许多动作是不精确的。因为缺乏相关的动作教育，所以尽管我们可能没有注意到，但动作的不精确性成为一个内在特征，始终伴随着我们。例如，我们可以回想一下给夹克系扣子时，手把纽扣按进了扣眼后，会把拇指插入扣眼，并从另一侧捏住扣子，而我们并没有意识到自己已经把纽扣按进了扣眼。我们首先要做的是把夹克衫的两侧衣襟放在一起，然后把纽扣调整到扣眼的位置，让它穿过去，然后把衣襟拉直。事实上，这就是仆人给主人或裁缝给顾客穿衣时的操作，这样衣服就能完好无损地保存很长一段时间。但是，如果我们以错误的方式系扣子，三四次后衣服就会变形。类似的事情还有，我们随意地插入钥匙，把转动钥匙和拉门这两个连续的动作混在一起，就会破坏锁的结构。我们经常用插入门上的钥匙把门拉开，但是钥匙不是用来拉开门的，门把手才是。相似地，我们粗暴地翻页，会毁掉一本好书。我们滥用外部事物，动作粗暴而笨拙，会破坏身体的和谐。

动作效率

动作的分析和效率紧密联系，即完美达到目的且没有多余的动作。这是审美和艺术的源泉。但这不仅是审美和艺术的问题，也是每一项重要行为都要遵循的普遍原则。笨拙的行为通常是因为被与目标不相关的动作拖累。试想一下，如果一个人在马车还没停下来，或者还没把脚跨向门口时，就把车门打开了，那么他就无意识地做了两三个无用的动作。这样的做法本身也是鲁莽的表现。但是，就下车而言，这些动作本身都是必要的。

我们要把这些事情教给儿童，看似很复杂和困难的事情，但是在某一个发展时期，儿童对动作有着浓厚的兴趣。在童年时期，一个人的肌肉和神经对动作做出反应并且已经成了习惯，预示着他在未来生活中会成为一个有教养的人。

固定框架

我们通过固定框架，为儿童提供动作分析。这些框架是木制的，每个框架都有两块可以系在一起的长布条，提供了不同类型的固定方式，如纽扣、挂钩、鞋带、缎带、扣环等。这些物品都是穿戴过程中要用到的。首先，这两块布的位置必须一前一后，以便让连接布条的扣件彼此相对。扣件可能是孔眼、丝带、纽扣、缎带等，提供了足够多样和复杂的操作，以使儿童对连续的动作进行分解，并逐一完成。例如，他必须用一只手将纽扣斜插进扣眼，而另一只手按住扣眼使纽扣穿过。然后，他把纽扣从扣眼中穿过，并将布条展平。教师准确地告诉他该怎么做之后，他就会不停地扣扣子、解扣子，直到掌握了动作的速度和灵活性。

其他方式

类似活动的示例有：锁上或打开抽屉或门的过程中，要区分握住钥匙、插入钥匙、转动钥匙、拉出抽屉或打开门的一系列动作；正确地打开一本书，轻轻地一页一页地翻页；从椅子上站起来，再坐下；搬运各种东西，停下来，然后放下；走动时避开障碍物，不要撞到人或家具。所有这些都是“儿童之家”常用的锻炼方法。

除此之外，我们还引入了一系列与礼仪或社交有关的行为。例如，互相问候、捡起和归还他人掉落的物品，避免在他人面前穿过，给别人让路，等等。

路线

每一项复杂的活动都有一种单一的思想贯穿其中，而这一思想必须被视为解决任何一般性问题的关键。完善不同类型的活动，还有一个关键秘密，那就是平衡。因此，我们设计了一种方法帮助儿童保持平衡，同时完善他们最基本的动作，即行走。

我们用粉笔或更耐用的油漆在地板上画出长椭圆形的路线。然后，由一位儿童展示如何在线路上行走，他会把脚完全放在线上面，也就是将脚的中线踩在线上。首先，我们要教儿童如何把脚准确地放在线上，让脚跟和脚趾都压在线上。儿童以这种姿势向前移动时，会有一种即将摔倒的感觉，他必须努力保持平衡。儿童开始自信地行走时，就需要克服另一个困难，即走路时如何让后脚尖碰到前脚跟。这个练习不仅要求儿童努力保持平衡，而且要求他密切注意将脚放在规定的位置上。这满足了儿童在木板或窄条上行走的本能，也就解释了儿童对这个练习产生强烈兴趣的原因，以及我们在学校里使用这一练习的理由。

教师弹奏钢琴、小提琴或小风琴，不是为了让孩子们跟着音乐的节奏走，而是通过激活动作来帮助他们。

同步练习

今天，在我们的学校里，作为标准设备的一部分，会有一个架子，上面挂着许多不同的小旗。儿童会被这些颜色鲜艳的小旗吸引，喜欢把它们拿在手里。一旦儿童克服了在路线上行走的初步难题并学会了保持平衡后，他们就会高举一面小旗。如果他们没有注意控制手臂，举着小旗的手臂就会逐渐垂下来。因此，他们不仅要注意脚下的路线，还要注意手里的小旗。

接下来的练习难度更大，需要儿童不断加强对动作的控制。我们准备了一排玻璃杯，里面装满了有颜色的水。儿童端着玻璃杯走路时，必须让杯子直立，才能避免水洒出来。儿童通过同样的意志努力，正确地走在路线上，并控制手臂的动作。儿童沿着这条线往前走时，还必须携带铃铛，一旦他们走神，铃铛就会发出声音，因此他们必须保持专注。

在这个阶段，儿童常常是自信且大胆的，对克服更大的困难感兴趣，热情地参加各种活动，一点一点地掌握所有的动作。我曾看到有儿童保护手里的一摞积木不掉下来，还有儿童头顶篮子小心翼翼地四处走动。

安静与沉默

另一种完全不同的控制的运动方式，是让儿童尽可能地创造出一种绝对的安静状态。这种安静不是要求儿童静坐不言而获得的半沉默状态，而是逐渐获得的完全静止状态。它包括不发出任何声音，不引起一点噪声，如动作的声音或沉重的呼吸。绝对的沉默状态与完全的静止状态类似。我们会在感官练习中讨论什么是沉默，进一步讨论各种动作的分析和协调，这里只是简单地提一下。

开 放 道 路

练习的最终目的是完善个人动作，但可以采取的方式有很多。一个在通向完美的道路上不断前进的人，能够完成很多事，自身活动的不断完善也会带来一些实际的结果。

儿童通过长时间的反复练习，最终成为自己行为的主人，并被他从事的愉快与有趣的活动鼓舞。这样，他就是一个健康快乐的人，拥有冷静和自律的品质。他还将以自然的方式获得许多实用的技能，当他的身体适应了音乐的节奏，就为完成体操做好了准备。音乐对他来说不再是一种简单的刺激，而是成为他行动的内在指导，使他的动作顺应音乐的节奏。

现在，我们来考虑一些完全不同的事情。儿童即将进入一个神圣的领域，在那里人们必须保持沉默和安静。他们积极地关注每一根神经纤维的活动，站着、坐着、走路不发出一点声音，或移动椅子而不打扰身边的宁静。所有这一切是在适应一个庄严肃穆的氛围。儿童的举止优雅完美，能够帮助他们走上有助于自身进步的道路。

自由生活

征服自我的人最终也获得了自由，因为他们摆脱了无序和无意识，而这些倾向必然使儿童受到成人的严苛而持续的控制。他们可以兴高采烈地走进花园，而不会破坏小路或花朵，也不会在草地上乱跑，总之，他们没有任何不当的行为，表现得优雅自如，这是耐心和努力锻炼的必然结果。在某种程度上，他们是“自我控制的”，而不受他人控制的，因而他们是自由的。

有人对我们的教育方法进行理论研究后，得到的结论往往与他之前的看法相反——“儿童可以随心所欲完成任何想做的事情”。然后，他们开始为“儿童之家”那些自由的儿童感到担心，因为那些儿童不得不以某种方式试图让自己的小小身体保持静止，像侍者一样耐心地等待他人，分析自己的每一个动作的路线。但是，只有与这些儿童直接接触后，他们才会了解到，儿童愿意做出这些牺牲。并且，他们还会相信，成长中的儿童最基本的需要就是顺应这个成熟的过程。

现　实

保持平衡和分析动作的练习，有助于儿童完善动作。这些练习迫使儿童使用平衡器官，使他关注自己的每一个动作。实际生活中的练习，使儿童注意到他的日常动作。这两者相辅相成——分析动作有助于产生综合和实际的结果，反之亦然。

熟能生巧，这就是为什么我们将练习与日常活动联系在一起。如果儿童没有为就餐者布置餐桌，不用刷子清洁，不清理地毯，不洗净擦干盘子和杯子，他就永远不会获得可靠的能力。如果儿童的社交没有以适当的教育为基础，他就永远也不会达到那种优雅自然的状态。这就像是，即使是最光滑、最圆润的球体在平滑的表面上滚动，最终也会因为摩擦力停下来。所以，即使一个人知道他应该做什么，也必须不断奋斗，防止自己陷入懒惰的深渊，从而导致他在追求完美的道路上止步不前。个人的修养如果不能以某种方式在日常生活中表现出来，那么修养再高又有什么用?日常生活没有提供太多放松的机会，而后天习得的技能又会对人产生影响。粗枝大叶和粗心大意就像杂草生长在干旱的岩石上一样，从其本质来看，似乎也是对它们的一种保护。

行动安排

人们通常不太了解的是两种教育制度的区别：一种是教育儿童如何行动且在实际行动中享有自由，另一种是将成人的意志和力量强加于儿童，从而指导其所有行动。那些赞同传统教育观念的人认为，我们捍卫的儿童的自由是在没有他人权力和意志干涉的情况下维持下去的，因为我们剥夺了成人意志对儿童的特别监督。但是，事实上，我们并没有采用这种简单化的态度。我们的教育不是消极被动的，也不是对儿童的剥夺，而是在改变、加强和完善。

新的教育理念认为，儿童的一切都必须得到教导，一切都必须与生活相联系。但是，这并不意味着儿童需要学习生活的每一细节，要受到我们的压制或指导。儿童不仅学会了如何保持沉默，而且学会了应该在什么时候保持沉默。儿童不仅学会了各种各样的问候，而且还学会了跟其他儿童、母亲、父亲、陌生人、受人尊敬的老人等不同的人打招呼。换言之，他必须根据时间和情境运用所学的知识，这种行为的整合是儿童能做的最大努力。儿童意识到，运用所学知识是他的任务和责任。这样，他就能从危险中解脱出来了。否则，他就是在让成人对他的行为负责，而使自己的意识处于一种无所事事的休眠状态。新的教育体系不仅是为个人行为的发展提供手段，还是在给予儿童自主安排自身行为的自由。

这是让儿童成为一个虽然年龄小但富有思想且勤奋的人的原因，他在内心中秘密地做出决定，选择与之前预期完全不同的事情，或者以慷慨的冲动或完美的行为迅速完成内心的计划。他用这样的方式锻炼自己，凭借智慧选择一条道路，然后带着惊人的自信沿路前行。

儿童内心有一种谦虚的情感，只有当成人没有用建议、劝告、命令或质疑干涉他时，这种情感才能表达出来。我们应该让他自由地发挥自身的潜力，他也会以行动告诉我们，他总是能做得比现在更好。他会一丝不苟地按照完美的秩序完成每一项活动，就像小孩子（大约2岁的孩子）知道如何将物体放在适当的位置一样，从而产生一种自豪感。

每当学校有重要参观时，他不仅知道如何问候客人，也知道如何适当地表达问候。每当坐在教室或教堂里时，他会按照适当的顺序完成学过的动作，增长知识和力量。每当喝完了一碗汤，如果他知道如何让自己的行为更得体时，他就会暂时抑制自己再要第二碗的冲动；他会锻炼耐性，直到服务员开始第二轮盛饭，邀请已经喝完汤的孩子再盛一碗。担任服务工作的儿童也一样急于把每件事都做好，并且是按照适当的顺序做好。不论是作为餐桌上的客人、侍者、艺术家还是学生，只有自觉地按照规则去完成恰当的事情，他们的内心才会产生一种满足。

体操和游戏

我们应该如何看待户外体操和游戏呢？它们都是消耗过剩的能量（也就是尚未消耗的能量）的一种方式。儿童在日常工作还没有消耗完的力量，就应该自由地加以利用。这与仅仅把体操和游戏本身看作体育锻炼或一种应对惰性的活动是完全不同的。

今天，很多人在谈论体育运动的德育优势，不仅因为它消耗了被压抑的能量，而这些能量会危害儿童应始终保持的平衡，更是因为有组织的游戏要求儿童精确地使用物体、集中注意力、控制动作，这才是最重要的。而且，游戏会带来一种竞争感，并激发参与者的竞争意识。与漫无目的的玩耍相比，这代表了道德的进步。

但是，现实的需要同样具有优势。例如，精确地使用物体，集中注意力，以及通过运动达到的最终完美。然而，道德目标是不同的，因为这些练习不是由竞争感或成就感引起的，而是出于儿童对环境的热爱。儿童通过工作实践，发展出一种真正的“社会性”，因为他们的工作是在生活的社区中进行的，不必考虑是为了自身利益还是为了集体利益。事实上，他们以同样的热情纠正错误，不论是他们自己犯错还是他人犯错，而不是停下来去寻找犯错的人并要求其改正。

我们所有人，不仅是儿童，都应该通过工作来锻炼肌肉，并选择将这种活动作为消耗精力的最主要和最自然的方式。工作使人成为独立的个体，建立人与社会的联结，而社会又是由人的劳动联系在一起的。迄今为止，任何人都无法夸口说他在体育运动中的获益与辛辛纳图斯在田间劳作中的获益是一样的；任何一个年轻的运动员也都无法说他在活动中获得的道德上的益处，与一个年轻的修道士在初期的以获得内心平和的日常劳动中获得的道德上的益处是一样的。

选择的自由

现在，我们可以看看学校，看看我们的教育原理的实践过程。我们在研究的基础上确定用于感官训练的教育材料，也是教育环境的一部分。教师遵循经验建立的规范，根据儿童的年龄和学习材料的难度，逐步地提供教育材料。

但是，教师向儿童展示这些材料只是第一步，只是将这些材料介绍给他们。接下来，重要的活动才刚刚开始。儿童被各种各样的事物吸引时，会从已经认识的或面前呈现的材料中做出自由的选择。教学材料已经为他们准备好了，儿童只要伸手去拿就行了。他们可以把选中的东西带到任何想去的地方，桌子上、窗户旁、黑暗的角落或地板上铺开的一块漂亮的小地毯上，他们可以随意地反复使用。

儿童选择某一材料的原因是什么？这不是模仿，因为每样物体只有一个，同一时间里只有一个人能用。因此，这不是模仿行为，它甚至可以通过儿童使用材料的方式表现出来。他如此专注于手头的事情，沉浸在工作中，以至于对周围发生的事熟视无睹，同样的练习重复了数十次。这一现象证明了儿童注意力的集中以及内在的发展。

儿童不能通过模仿集中注意力。事实上，模仿使我们与外部世界联系在一起。但在这里，我们看到的是一种截然相反的现象，即儿童退出外部世界，与内心的秘密世界紧密联系。他们对学习或实现外在目标不感兴趣。这种活动与物体的摆放无关，因为这些物体总会被放回到原来的位置。因此，这种活动完全是内在的，与儿童当前的需要和年龄特点有关。事实上，成人永远不会对这些简单的东西产生如此大的兴趣，以至于把它们取出、放回几十次并在这个过程中乐此不疲，更不会有一个成人的内在能力强大到心无旁骛地专注于正在做的事情。教师与儿童的心理状态完全不同，教师可能完全不受这种现象的影响。因此，我们面临一种真实内心世界的启示。外部的刺激，如一些重大灾难，可以启迪心灵。但是在这里，我们发现自己看到的只是一个纯粹而简单的成长现象。

当我们观察年龄较小的儿童的行为时，这一事实就变得更加明显了。他们有时会表现出类似的活动，尽管仅限于运动领域，包括把物体从一个地方搬到另一个地方。直到后来，儿童才开始喜欢摆弄一些很明显的东西，如摆桌子、往碗柜里放东西等。因此，儿童的行为有一个形成阶段，在此期间，行为没有外部表现或应用。我们发现，儿童在学习说话的过程中也存在类似的情况，他们会长时间重复声音、音节或单词，而不是真的在说话，更不用说把这些单词应用到外部物体上。这种现象在心理发展中如此常见，因此引起了人们极大的兴趣。这意味着儿童可以自由选择想要的东西。我们越是能够消除儿童和他们无意识里渴望的目标之间的障碍，对儿童的发展就越有利。

每一个外部物体，尤其是每一种脆弱而隐蔽的生命冲动的外部活动，哪怕冲动仍然是未知的，它仍然会成为儿童的向导。因此，教师可能成为儿童发展的主要障碍，因为她的活动与儿童的活动相比，具有更清晰的意识和更高的活力。教师向儿童展示了感官刺激材料并教他们如何使用之后，应设法远离儿童的环境。驱使儿童发展的动力来自儿童自身，而不是教师。

第六章

发展的材料

我们用来锻炼儿童感官的材料有它们自己的发展历史。它们一部分来自伊塔和塞金在教育智力缺陷和智力障碍儿童时使用的材料，一部分来自心理测试中使用的材料，还有一部分来自我之前在自己的实验中设计的材料。通过儿童对各种物品的反应、使用的方式和频率以及从这些物品中获得的益处，逐渐建立起筛选材料的可靠标准，以便学校引进、改造、淘汰材料。关于不同物体的所有属性的选择，如颜色、大小、形状等，均取决于经验。我们在本书中没有讨论这一时期的工作，那么在这里稍做解释。

为了防止人们误解，驳斥那些在我们的教育方法广为人知之后遭受的批评，我们当然有必要说明一下感官训练的目的。训练和磨砺感官具有明显的教育优势，即扩大了感知领域并为智力发展提供了更加坚实的基础。智慧的人通过接触和探索周围环境，建立起实践理念的宝库。没有这些理念，智力就会在抽象的操作中丧失精确性和灵感。诚然，某些工作对各种感官的使用要求非常精确。然而，感官的训练和完善，即使只是许多人一生中一个短暂的成就，那也是极有价值的，因为正是在这个发展时期，儿童的基本思想和智力习惯得以形成。

这种感官训练还有另一方面的重要意义：在过去的几年里，2 岁半或 3 岁的孩子来到“儿童之家”后，身体和精神力量逐步发展，发生了很大变化。而且，儿童在没有任何外部帮助或指导的情况下，就已经取得了这一成就，其重要性不言而喻。偶然性和必然性交织在一起，在他的潜意识中创造出一份模糊但分量极重的财富。

儿童的知识不断累积，逐渐发展出意志，在头脑中建立起某种秩序性和清晰性并区分偶然性和必然性，就变得十分必要。此时的儿童已经准备好重新发现自身所处的环境和他对环境的内在印象。为了满足这一需要，他应该有一个确切的科学指导，如我们提供的材料和练习。这样的儿童就像是一个在毫不知情的情况下继承了宝藏的人，急于在专业人员的帮助下对宝藏进行评估、分类，以便他能在直接和绝对的控制下拥有这些宝藏。

如果有人质疑精准的感官在生活中的持久价值，显然是质疑这是不是一种永久的习得。一般来说，精确性是我们的教育方法如此强调感官训练的原因，而持久性同样重要，实际上这才是主要动机。我们和我们的追随者的经验只是证实了这一信念。总之，我们会描述感官材料以及利用其进行的练习在检测和纠正感官功能缺陷方面所给予的巨大帮助。

感官材料是由一系列物体组成的，并根据它们的物理属性分组，如颜色、形状、大小、声音、质地、重量、温度等。例如，我们有展示音调的铃铛、呈现不同色调的平板、形状相同但尺寸不同的物体、尺寸相同但重量不同的物体或具有不同形状的物体等。每一组物体都具有相同的属性，但在该属性上的表现程度不同。因此，不同对象之间存在规则且渐进的差异，还有可能符合一定的数学规律。然而，规则是可以修改的，由儿童的心理决定。经验告诉我们，只有儿童真正感兴趣的、可以自由选择的并经常使用的材料，才适合儿童的教育。

每一组物体，不管它们是发出不同的声音还是代表不同的颜色，都是分等级的，所以会有一个最大值和一个最小值，决定两个极端值。或者更恰当地说，极端值是由儿童对它们的使用决定的。两个极端值清楚地展示了一组物体的差异，决定了一组物体可以实现的属性上的最显著的对比。两个极端值之间的鲜明对比，使物体之间的差异显而易见，一下子就引起了儿童的兴趣。

分离出材料的单一属性

任何我们想要用于感官教育的物体都必须呈现多种不同的属性，如重量、质地、颜色、形状、大小等。我们该如何从众多的属性中分离出单一属性，从而将注意力集中在它上面呢？这是通过一组物体的属性差异来实现的，不同物体之间除了某一属性的变化外，其他属性都是相同的。例如，区分不同颜色的物体仅有颜色不同，材质、大小和尺寸都必须完全相同。或者，区分不同音调的物体，外观必须完全相同，如一组铃铛样的物体安装在统一支架上，大小和形状相同，但用小木槌敲击时会发出不同的声音。声音成为唯一的感官差异。

这也说明了一个事实，儿童的小乐器通常是一种玩具，并不能真正锻炼音乐家那样的乐感。音乐教育材料由一组长短不一的管或杆制作排列而成，外观就像一个管风琴。儿童判断声音的唯一依据是耳朵，眼睛只起到辅助作用。这一方法精确地显示了声音之间的差异，引起了儿童的兴趣。

心理学研究表明，如果要展示某种单一的属性，就必须尽可能地把相应的感官隔离开来。热或冷的物体可以锻炼人们的触觉，如果一个人被安置在一个黑暗寂静的房间里，隔绝了视觉或声音的干扰，触觉就会更加敏锐。因此，这里可能存在一种双重的分离，一种是主体的隔离，与周围环境产生其他感官印象分离，另一种是材料的分离，根据单一属性进行系统的分级。

这一练习的完美之处在于尽可能消除所有的干扰因素，使儿童进行内在和外在分析，帮助他梳理思路。儿童天生就是一个对周围环境的热心探索者，因为他还没有时间或方法准确地了解它们。儿童用手探索各种形状或用耳朵倾听各种声音时，会自然地闭上眼睛或蒙住眼睛以挡住光线，从而觉察到细微的差异。

所有事物的基本属性

除了上面提到的多种属性之外，我们还增加了许多其他的属性。这些属性不涉及某一特定的感官对象，而是尽可能扩展到儿童周围的一切事物上。具体如下。

（1）误差控制。我们应尽一切努力确保提供给儿童的材料包含对错误的控制。这方面的一个典型例子是固体插件，它由木质底座和圆柱体组成。木制底座上有多个孔，可插入不同的圆柱体。圆柱体从粗到细，从短到高，从小到大，各不相同。木质底座上的孔正好与圆柱体一一对应，因此圆柱体的位置不能放错。如果底座上有一个孔被剩下了，就说明前面有一个孔放错了。系扣子也是如此，如果前面有一颗忘了扣，或者扣错了，最后就会多出来一个。在使用其他材料时，如三组不同的积木，儿童对比大小、颜色等属性，再加上已经习惯于发现问题所在，因而总能发现错在哪里。

儿童通过对材料的错误控制，锻炼理性、批判力和辨别力。即使这些差异对感官来说不重要，也不明显，儿童也会习惯性地纠正错误。但是，儿童纠正错误的能力不是来自训练感官和养成习惯的物体，而是来自整个环境的设计。房间里的一切，从家具到学习材料，都是不容忽视的提示。

鲜艳的颜色和光亮的表面会暴露出污渍。轻巧的家具被掀翻在地或拖来拖去，噪声说明儿童的动作依然笨拙和不完美。整个环境就变成了随时处于警戒状态的指导员或哨兵。每个儿童都听从他的警告，仿佛面前的教师不存在一样。

（2）美学。这些物品的另一个特点是它们很有吸引力。儿童周围的一切事物都突出了颜色、亮度和比例等属性。不但是感官材料，而且整个环境都已经准备就绪，足以吸引儿童的注意力，就像自然界中五颜六色的花朵吸引昆虫采食隐藏的花蜜一样。

干净闪亮的桌子说："小心点使用我。"装饰着小花的扫帚说："别让我闲着。"干净的脸盆说："把你的小手放到这儿来，清洗用的小刷子和小肥皂都准备好了。"银色的纽扣缝在绿色的布条上，积木是红色的，色板有63种不同的颜色，漂亮的彩色字母放在适当的盒子里……所有这些都会吸引儿童的注意力。

儿童会在特定的时刻，被当时最需要的东西吸引。同样的道理，在开阔的田野中，所有花朵的花瓣都在用颜色和香味召唤其他生物，但每只昆虫都会选择为之生存的花朵。

（3）活动。这种材料的另一个特点是，必须适合儿童的活动。它们吸引儿童兴趣的原因与其说是事物本身的属性，倒不如是它们为儿童提供的活动机会。

这就等于说，事物本身有趣是不够的。如果要引起儿童的兴趣，事物就必须适合儿童的活动。例如，物体必须是可以移动的，儿童就可以移动双手而不是物体。儿童乐于制造和拆开某物，多次取出和放回某物，并长时间持续这一过程。一个非常漂亮的玩具，一张迷人的图画，一个精彩的故事，无疑能激起儿童的兴趣。但是，如果他只是简单地看、听或触摸而不敢移动，那么他的兴趣就是肤浅的，很快就会转移。这就是环境如此布局的原因，以使其符合儿童的活动需要。物体的漂亮外观，只能在短时间内吸引儿童的注意力，而事实是，每一个物体都可以在移动状态下使用，这样环境的吸引力就会无穷无尽。

（4）限制。最后，所有应用于儿童教育的材料还有另一个共同的属性。迄今为止，人们还不太了解这一原则，但这也是很重要的一点，即限制材料的数量。我们应该认识到，这一原则是明确且合乎逻辑的。正常儿童不需要外界刺激唤醒他或让他接触外部世界。他已经觉醒了，并且已经和周围环境产生了千丝万缕的联系。相反，他需要做的是在外界带给他的众多感觉所造成的混乱中找到秩序。他不像一个智力缺陷的儿童那样在精神世界中沉睡，而是成为对新世界的热心探险者。作为一名探险者，他要做的是找到一条路（一条笔直而有限的路），引导他实现目标，防止他漫无目的地游荡。然后，他将自己限制在有限范围内的事物之中，为他内心的混乱带来秩序。这一秩序为他的探索提供了光明，为他的研究指明了方向。最初放弃的探索者，最终会成为一个开放的人，每一步都有新的发现，并从内心的满足中获得力量而前进。

这类证据当然会改变许多人固有的观念，即儿童获得的益处与掌握的教育材料的数量成正比。人们普遍认为，儿童拥有的玩具越多，获得的益处也就越多，发展也应该是最好的，但这种看法实际上是错误的。相反，周围那些纷乱的东西只会加剧他头脑中的混乱，并进一步让他感到挫败。为了让儿童的头脑清晰起来，我们应该帮助他理解周围的无数事物，为他提供多少帮助也应该由他的需要来决定，但同时也能使他安全地沿着艰难的发展道路前进。

第七章

练　　习

教师如何授课

儿童最初开始进行感官训练时，接受的是教师的单独授课。教师小心翼翼地接近已经准备好要接受训练的儿童，坐在他旁边，拿起一件他可能会感兴趣的物品。教师已经受过简单的实验训练，做好了授课的准备。她希望儿童的反应是：在内在动力的驱使下使用提供给他的材料。我们在这里要提醒大家，如果某一物品满足了儿童的内在需求，并能使儿童感到满意，那么它将刺激儿童进行长时间的活动，掌握它的使用方法并反复使用。

这一课程的第一个特点是，语言并不总是必要的。通常，我们要做的就是向儿童展示如何使用物体。教师不得不讲解时，只需告诉儿童如何用这些材料促进他的成长和发展。教师的指导语应当简短一些，最好是用最少的词语来发出任务指令。教师要特别注意精简和挑选用词，语言越简洁，指导过程就越完美。

课程的第二个特点是简洁，应该只包含绝对的真理。即使第一个特点中已经包含了避免空话这一点，那么第二个特点也有必要重申一下。教师在课程中使用的语言应该是最简练的，最具真理性的。

课程的第三个特点是客观性。这意味着教师要处于一种忘我的状态，让儿童的注意力完全集中在物体上。大多数情况下，课程内容应该包括对物体的解释以及如何使用物体的指导。教师会注意到儿童是否对物体感兴趣、如何表现兴趣以及兴趣的持续时间等，从不勉强儿童对她提供的东西感兴趣。如果教师以简洁、直接和真实的方式对物体做出解释，儿童依然理解不了，那么教师就应该注意两点：一是不应该坚持重复这一内容；二是避免让儿童认为自己犯了错误或听不懂，因为这可能会在很长一段时间内抑制儿童的活动冲动，而这种冲动正是儿童进步的基础。

我们可以想象一下这样的场景，教师想向孩子展示红色和蓝色的区别。如果她想把儿童的注意力吸引到物体上，就会说："看，注意这里！"如果她想教儿童颜色的名字，给他看红色的物体时会说"这是红色"，说到"红色"一词时，她会提高声音，放慢语速，给他看另一种颜色时会说："这是蓝色。"为了检验儿童是否理解，她会说："给我红色，给我蓝色。"假设儿童犯了错，教师既不会重复相同的内容，也不会坚持讲下去，而是笑着把物体收起来。

普通教师通常惊讶于课程如此简单，会说："任何人都能做到。”事实上，他们根本做不到，就像哥伦布的蛋的故事那样。在实践中评估儿童的行为是很难的，对那些接受过传统方法培训的教师来说，情况更是如此，他们会用大量无用的语言和错误的信息使儿童不知所措。

以刚才提到的情况为例，普通教师试图把颜色教给一组学生时，想要所有的学生都跟着她的节奏走，但也许不是所有的学生都愿意这样做。她可能会以这样的方式开始一节课：“孩子们，你能猜出我手里有什么吗？”她非常清楚他们是猜不出来的，不过是以故弄玄虚的方式引起他们的注意力。然后，她可能会问：“孩子们，你们有没有抬头看过天空？你们有没有看过夜晚的天空群星闪耀的样子？没有吗？那看看我的围裙，你们知道它是什么颜色的吗？你们觉得它的颜色跟天空一样吗？好吧，现在来看看我手里的颜色。它和天空或围裙一样，是蓝色的。看看你的周围，还有其他蓝色的东西吗？你知道樱桃的颜色吗？你知道燃烧的煤块的颜色吗？”诸如此类。所有的学生在被提问弄得一头雾水后，头脑中会被天空、围裙、樱桃等概念淹没，因此很难找到这节课的主题——蓝色和红色两种颜色的区别。儿童的大脑无法做出选择，尤其是在他无法理解前面冗长的论述的情况下。

有一次在数学课上，教师要教学生学会二加三等于五。为此，她使用了一种棋盘结构，可以把小球放入相应的孔中。两个球可以放在棋盘的上面一行，三个球在棋盘的第二行，五个球在最下面一行。我不记得那堂课是如何进行的，只记得教师在最上面一行的旁边放了一个纸做的跳舞娃娃。娃娃穿着一件蓝色的裙子，教师不时地用班上一个孩子的名字喊它："这是玛丽蒂玛。"然后，在中间一行的旁边放了另一个跳舞娃娃，叫作"吉吉诺"。我不知道教师是怎么讲解的，但她和娃娃们聊了很久，来回摆弄。如果我对娃娃们的记忆比对加法的记忆还深刻，那学生脑子里又能记得什么呢？如果他们不能通过这种方式学会二加三等于五，还得花很大的精力在集中注意力上，毕竟他们已经看着教师和娃娃们聊了那么久。

在另一节课上，教师想演示噪声和乐音之间的区别。她先给孩子们讲了一个长长的故事，突然被另一位教师大声的敲门声打断。教师喊道："这是什么声音？发生了什么事？他们做了什么？怎么回事，孩子们？我没了头绪，没法继续讲故事了。我什么都不记得了，只好随它去吧。你知道发生了什么事吗？你听到了吗？你明白了吗？那是噪声！太吵了！我宁愿把这个孩子抱在怀里。"说着，她抱起裹在毯子里的曼陀林。"亲爱的宝贝，我宁愿和你一起玩。你看见他了吗？你看到我抱在怀里的这个孩子了吗？"一个学生大声喊："那不是个孩子！"其他人也附和："那是曼陀林。"教师回答说："不，不，这是一个婴儿，一个真正的婴儿。你想让我证明吗？嘘，安静点！他好像在哭，是不是在喊爸爸和妈妈？"她摸了摸毯子下面的曼陀林琴弦，接着说："你听到了吗？

你听到他做了什么吗？他在哭诉还是哭泣？”一些学生说：“那是曼陀林，是你拨了琴弦。”教师回答说：“保持安静，仔细听。”她打开曼陀林，轻轻地拨动琴弦，说道：“那是音乐声！”

我们无法想象儿童会因为这样一节课理解到，教师的意图竟然是表现出噪声和乐音之间的区别。儿童会认为教师是想开玩笑，只是因为一声噪声而失去了头绪，把曼陀林和婴儿混淆了，看上去相当愚蠢。在儿童心目中，印象更深刻的是教师的个人形象，而不是课程目标。

我们很难找到一个按照传统和简单的方法备课和上课的教师。有一次，在我详细描述了这个问题之后，请一位教师用插件来讲解正方形和三角形的区别。教师要做的就是把木制的正方形和三角形放到相应的空白区域里，让儿童用手指描画出插件的轮廓，然后说：“这是一个正方形，这是一个三角形。”教师还会让儿童描画插件的边缘说：“这是一条线，这是另一条线，还有两条，一共四条。现在，你用手指数一数有多少条线？数一数有多少个角？用你的手指摸一摸，按一下。角也有四个。仔细看看，这是一个正方形。”我纠正了教师的错误，指出她并不是在教学生识别形状，而是在给他灌输大小、角和数字的概念，完全不是应该要教的东西。但是，教师为自己辩护：“这两者没有什么区别。”但是情况并非如此，她一直在对物体进行几何和数学分析。儿童不知道怎么数到四，不知道边和角的数量，也不能掌握正方形的概念。这些概念都是抽象的，概念本身是不可见的，儿童看到的只是一块特定形状的木头。教师的讲解扰乱了儿童的思维，让他们难以跨越具象与抽象、物体形状与数学之间的深渊。

我对教师说，假如建筑师可以用两种方式向你展示一个以优美形状吸引你的穹顶：一种方式是，他指出周围环境的美以及穹顶与周围元素的和谐，让你绕着穹顶走一走，欣赏各部分的比例，了解环境的整体和谐；另一种方式是，他会计算窗户、宽檐或窄檐的数目，画一幅结构草图，说明建筑结构的稳定性，并教你计算结构的数学公式。在第一种情况下，你会直观看到穹顶的形状。在第二种情况下，你可能什么都听不懂，得到的不是对穹顶的印象，而是对建筑师的印象。而建筑师想象自己正在和另一位建筑师对话，而不是在和朋友进行愉快的旅行。

与此类似，我们与其对学生说“这是一个正方形”，还不如让他触摸这个正方形并注意它的轮廓，然后再对它进行进一步几何分析。我们认为，仅仅因为我们把图形和数学概念联系起来，就教孩子平面几何还为时过早。但是，儿童并不是不能学习简单的几何知识。事实上，儿童在生活中随处都可以看到正方形的窗户和桌子，他们的眼睛已经适应了周围的各种形状。因此，我们要把他们的注意力集中在某个特定的形状上，就必须使它清晰醒目、印象深刻。这就好像我们站在湖边，漫无目的地望向岸边。突然，一位艺术家走了过来，惊叹道：“在悬崖的阴影下，河岸构成了多么美丽的曲线啊！”于是，这一原本沉闷的景象在我们的眼前生动起来，就好像它被一缕阳光照亮了一样。我们体验着欣赏美景的乐趣，而以前我们并未充分感受到这种乐趣。这就是我们的使命：投下一道光芒，然后传递给儿童。

课堂带给儿童的感受，与孤独的旅人走在树荫下时的快乐和平静相似，他内心的思想在安静中漫游。突然，他被附近教堂的钟声唤醒。这时，他更加敏锐地感受那些原本已经拥有却从未意识到的幸福和宁静。这就是教师的首要职责：唤醒生命，任其自由发展。

然而，完成这样一项微妙的任务，是一门伟大的艺术，要求教师在适当的时间和适当的限度下进行干预。否则，教师在做的就是干扰或误导，而不是帮助一个正在苏醒的灵魂独立生活。这种艺术的发生必须伴随着科学的方法，因此我们的课程与心理学实验有很多相似之处。只要教师依次触动儿童的心灵，像使用魔杖一样唤醒和召唤他们，她就会征服这些孩子的内心。教师要让儿童意识到她的存在并听到她的声音，一个指令或一句话就够了。总有一天，教师会惊奇地发现所有儿童都像小羊羔一样顺从，不仅会迅速回应她的建议，还会耐心地等待。儿童把教师看作给予他们生命的人，本能地希望从教师那里获得更多。

这种几乎是通过魔法获得的集体纪律，正是人们纷纷前来参观“儿童之家”的原因。五六十个孩子，从2岁半到6岁，仅靠教师的一个指令，就会变得非常安静，让教室变得像沙漠一样寂静。如果教师用低沉的声音给孩子们一个温和的指令：“站起来。踮着脚尖走一分钟，然后安静地回到座位上。”他们就会整齐划一地起身完成动作，并尽可能地减少噪声。教师低声跟每一个孩子说话，每一个人都希望从教师的指导中获得些许光明和喜悦，就像虔诚的探索者一样专心而顺从地走自己的路。

在这里，我再次想起哥伦布的蛋的故事。如果音乐会的指挥想要获得乐团的高度和谐，每位乐手都必须让自己的演奏接近完美，准确地听从指挥棒无声的命令。在普通学校，我们也安排了一位负责人，协调不同的人单调甚至不和谐的旋律。同样的情况也发生在社会生活中，那些最完美的人往往是自律的，他们的行为不乖张、不残酷、不专制。

就儿童心理学而言，我们的偏见多于智慧。目前为止，我们一直想用棍棒控制儿童，而不是通过人性化的引导征服他们的内心。这就是为什么我们与儿童近在咫尺，却无法了解他们。但是，如果我们抛开试图诱导他们的伎俩，抛开我们为维持纪律而采取的暴力手段，他们就会向我们展示自己的另一面。他们的温柔和纯粹、对知识的热爱，使他们能够克服我们认为可能会阻碍他们的障碍。

利用感官材料开展练习——对比、识别和分级

感官材料的联系应该从对比不同刺激之间的差异开始，这样儿童就可以将刺激的特征迁移到相似的物体上。但是，感官材料的有些差异是细微和不易察觉的。例如，在识别触觉差异时，儿童将从对比两个物体的表面开始，一个是完全光滑的，另一个是非常粗糙的。识别不同物体的重量时，儿童首先拿起整个系列中最轻的木块，然后再拿起最重的木块。声音练习也是如此，儿童先识别声音序列中的两个极端。在颜色练习中，儿童则会首先选择最亮和对比度最高的颜色，如红色和黄色。在形状练习中，儿童会首先选择圆形和三角形，等等。

为了更全面地了解物体之间的差异，教师最好把相同的物体放在一起，再把与之形成强烈对比的物体放在一起。例如，两个同样响亮的声音和两个同样微弱的声音，两个黄色的相同物体和两个红色的相同物体。在对比中寻找相似性，通过相似性突出差异性，以一种显著的方式显示出物体属性的不同。

最后才是物体属性的分级练习，把一系列相似的物体混合在一起，按照某一属性的等级顺序进行排列。例如，一组颜色相同但边长相差半英寸（1 英寸约为 2.54 厘米）的立方体按顺序排列。类似地，一组黄色的物体，色调从亮到暗渐变。或者，一组长方体，其中一对边长相等，另一对边长有规律地递减。这些物体必须根

据它们在某一属性序列中的等级位置摆放。

触觉练习

虽然触觉遍布全身，但儿童的触觉练习仅限于指尖，特别是右手指尖。这种练习上的限制很有必要，一方面是出于实际的考虑，另一方面也兼顾了教育的有益作用。触觉会帮助儿童为正常生活做好准备，因为他在生活中经常会用到触觉。在我们的教育系统中，触觉练习也有重要作用。正如后文将要描述的那样，儿童用手进行的各种练习，间接地为之后的书写动作做好准备。

因此，我让儿童在水盆里用肥皂好好洗手，然后在旁边的温水盆里洗干净，再让他把手擦干，轻轻地摩擦。这就完成了准备工作。然后，我会教儿童如何触摸，也就是应该如何触摸物体的表面。为此，我必须抓住儿童的手指，极其轻柔地在物体表面上划过。这种教学方法的细节在于，儿童在触摸某物时要闭上眼睛，更好地感受触觉的差异，分辨出物体表面的变化。孩子们学得很快，看上去也很喜欢这个过程。确实如此，每当我们走进“儿童之家”时，他们就会跑上前来迎接我们，闭上眼睛，用手心轻轻地触摸我们的皮肤，或者触摸我们的衣服，尤其是丝绸或天鹅绒的饰物。他们的触觉得到了锻炼，不知疲倦地触摸物体（如绸缎）光滑的表面，也非常善于区分砂纸之间的差异。

触觉练习的材料包括：

（1） 一块长方形的厚木板，平分成两个相等的形状，一个表面覆盖着光滑的纸，另一个表面覆盖着粗糙的纸。

（2） 一块形状与之前相同的木板，表面用光滑和粗糙的纸条交替覆盖。

（3）一块形状与之前相同的木块，表面覆盖金刚砂和砂纸条，粗糙程度递减。

（4）一块形状与之前相同的木板，表面覆盖大小相同的纸条，光滑程度从羊皮纸到第一块木板上光滑的纸。

这些木板将触摸对象固定在同一位置上，使儿童能够轻轻触摸，并教他们如何系统地区分。他们闭上眼，依次触摸木板的不同区域，通过手臂的移动来区分差异。在许多感觉带来的运动中，刺激物是导致运动的手段之一。

我已经准备好了之后要用的活动材料，这些材料被分为不同的类别，每类材料对应特定的练习：① 不同光滑度的卡片；② 不同粗糙度的砂纸；③ 不同种类的面料。

我们通常先把同一类别的材料混合起来，有时两两成对排列，有时按系列排列。每一面料都选择一对材料，存放在一个特殊的盒子里，有天鹅绒、丝绸、羊毛、棉花、亚麻、针织物等。孩子们可以学习各种材料的名称。

以上练习都是蒙着眼睛进行的。

温度感觉

在温度的练习中，我使用的是卵形的小型金属容器，把每个容器中不同质量的水加热到 167°F（约为 75℃），然后用 69°F（约为 18℃）的冷水将容器加满。容器温度会随着水的冷却迅速发生变化，在温差控制上具有一定的准确性。因受热条件不同的材料，如木头、毛毡、玻璃、大理石和铁，可以用于更精细的锻炼。

重量感觉

重量感觉的教育会用到长方形的木板或木块，3/4 英寸长，1/2 英寸宽，1/8 英寸厚。材料分别为紫藤、胡桃和杉木，重量分别是 1 盎司（1 盎司约为 28.35 克）、3/4 盎司和 1/2 盎司，因此它们两两之间的重量差为 1/4 盎司。木块的表面经过打磨和抛光，非常光滑且依然保留了木材的本色。儿童看到颜色不同，就知道它们重量不同。最初，他会拿起两个木块在手里上下掂量，判断它们的重量。通过练习，他的手部动作几乎觉察不到。我们建议儿童闭着眼睛比较，他高兴地照做，对自己是不是猜对了很感兴趣。

我刚刚描述的方法提供了一种必要的技术手段，用于精确地判断不同物体的重量。如果要获得物体重量的真实感觉，就必须将它轻轻地放在皮肤上，并避免温度差异（这就是为什么所有材料都是木制的）。由于大气的阻力，手的上下移动会让重量受力发生变化。虽然这样的运动出自本能，但是如果我们想对物体的重量有更准确的估计，就应该尽可能地减少动作。这种方法能使人达到某种程度的精确性，这一过程本身就很有趣。

立体感觉的教育

儿童像盲人一样，通过指尖触摸物体的所有细节识别形状，这不是一种简单的触觉练习。事实上，“触觉”感知到的只有物体表面的光滑和粗糙。但是，当手和手臂在一个物体上移动时，触觉之外还加入了动觉。这种特殊的第六感觉，被称为肌肉感觉，即将对物体的印象储存在“肌肉记忆”中，从而能回忆起已经做过的动作。

我们可以在不触摸任何东西的情况下完成动作，记住并再现运动的方向和程度。这是肌肉感觉的结果。但是，当我们在移动中触摸某物时，触觉和肌肉感觉混淆在一起，便产生了心理学家所说的“立体感觉”。在这种情况下，我们不仅产生了完整的动作记忆，还产生了对外部物体的“知识”。这种知识与通过视觉获得的知识相结合，从而对物体产生更加精确的感知。这一点在幼童身上尤为明显，他们似乎更能准确地识别事物，尤其是他们触摸而不是看某一物体时，更容易记住它们。儿童的天性很早就揭露了这一事实，他们触摸看到的一切，从而获得周围环境中无数物体的双重印象（视觉和肌肉）。

但是，我们从经验中发现，这种触摸一切东西的习惯，远不只是对儿童看到的物体进行简单的验证。这种敏锐的肌肉感觉的外部表现，是儿童在生命中动作的协调性基本稳定下来的时期开始拥有的。因此，立体感觉不仅是对所见之物的一种验证，还是动作本身和生理结构的完善以及运动的协调，更是表达器官有效运行所必需的感觉。

事实上，几乎所有的感觉练习都伴随着动作，这一事实表明，即使儿童年龄很小，动觉也有突出的作用。这就是为什么要在我们的教育方法中广泛锻炼立体感觉。但这种感觉在学习中也很重要，因为动觉是绘画、写作等表达手段中的必要因素。由于这些感觉对实现教育目标最为有用，我们特别注意它在幼儿成长期的发展。

在教师的帮助下，我们在这类实验中取得了显著的成就，值得在这里一提。我们最初使用的材料是福禄贝尔的方块和积木。我们把儿童的注意力吸引到这两种物体上，为他们做简短的描述，以使他们专注于观察细节。然后，我们让他们通过感觉而不是视觉来区分物体的形状，把立方体放在右边，把长方体放在左边。最后，我们再把他们的眼睛蒙起来完成同样的操作。

几乎所有的儿童都能成功地完成练习，经过几次重复，不再出现错误。在这一游戏中，儿童的注意力可以维持很长一段时间，因为一共有24个方块需要练习。毫无疑问，儿童总是感受到鼓舞，因为他知道自己在被好奇的同伴关注着，一旦他犯了错就会受到嘲笑，相反，一旦自己成功完成任务就会产生一种成就感。

有一次，教师带着一个3岁的女孩来找我。她是班里年龄最小的孩子之一，总是习惯性地、完美地重复这个练习。我们让女孩舒舒服服地坐在桌子旁的扶手椅里，然后把24个方块混在一起，放在桌子上。我们提醒她注意方块的形状，把立方体放在右边，把长方体放在左边。当她被蒙住眼睛后，女孩开始完成我们教给她的练习，她用两只手同时随机拿起两个方块，摸了摸，然后把它们放在适当的位置。她有时同时拿起两个长方体，有时同时拿起两个立方体，有时右手拿着一个长方体，左手拿着一个立方体。在整个练习过程中，女孩必须区分两组方块并记住相应的摆放位置。对一个3岁的孩子来说，这是一项相当难的任务。但是，我注意到，她不仅能轻松地完成练习，而且不需要过多的感知就能区分它们。她同时拿起两个方块，动作轻柔且优雅。如果长方体在右手，立方体在左手，她就立即交换过来，然后才像我们教的那样，用手抚摸物体的形状，好像这是必要的步骤。但是，她已经通过简单的触摸辨认出物体的形状，也就是说，她拿起物体的那一刻就已经认出它们的形状。

经过一番思考，我意识到儿童的双手异常敏感。这种敏感性在三四岁儿童的身上很常见，但后来就消失了。我让其他儿童重复这个练习，认识到他们都是直接识别物体，然后再触摸物体的细节，即使在较年幼的儿童那里也是如此。因此，我们的教育方法为儿童提供了比较物体差异的美好体验，并使他们获得了惊人的判断力。

立体感觉的练习可以广泛地推广使用。这对儿童来说是一种极大的乐趣，因为立体感觉不是关心单一刺激（如热）的感觉，而是重建对熟悉物体的完整认知。儿童可以抚摸玩具士兵、弹珠、硬币，最终获得区分精细物体的能力，如区分鸟食和大米的差异。儿童为不用眼睛就能“看见”而自豪，他们兴奋地伸出手来：“这是我的眼睛，我可以用手看东西，不再需要眼睛了！”我常常回应他们：“好吧！那我们就不用眼睛了！眼睛看不见了，我们还能做什么？”这让他们爆发出更大的欢笑声。

儿童的表现超出了我们的预期，他们的进步也让我们出乎意料。有时，他们似乎是欣喜若狂，给我们留下深刻的印象。后来，儿童自主发现了“儿童之家”里最有趣的练习之一。在此之前，他们已经进行了一段时间的高难度的感觉练习，现在又回过头来，重新使用触摸材料，如固体插件、几何形状和三组积木。例如，他们取出三组立体插件，经常把三个容器和三个不同系列的圆柱体混合在一起，蒙上眼睛触摸圆柱体并放回相应的底座位置。或者，他们取出几何形状的积木，闭上眼睛，认真仔细地触摸积木的边缘，描画相应的轮廓。他们常常坐在地毯上，反复地抚摸那些不同长度的木棒，手指从上到下滑动，仿佛通过手臂的动作幅度判断长度。或者将搭建粉色高塔的积木堆在一起，然后蒙上眼睛搭出高塔。

因此，肌肉训练是对儿童教育内容的重复，如后文所述，再加上视觉，这样可以帮助儿童准确地理解各种物体的形状和大小。

味觉和嗅觉训练

我们也很想让感官练习极具吸引力，只能说相比心理测量学中常用的练习，我们的练习对儿童更合适和更可行，至少对年龄非常小的儿童来说是这样。

因此，我们进一步的尝试是组织感官游戏，让儿童能够自主练习。我们会让他们闻一闻新鲜紫罗兰和茉莉花的香味，5 月下旬时会采一些玫瑰放在花瓶里，或者在他们面前放一束紫罗兰，然后蒙住他们的眼睛说："现在要给你闻一闻花香，你猜是什么花？"儿童必须学会识别不同的花香，为了区分气味的强度，还会闻一朵花和一束花的区别。

我们认为借助环境来完成这项工作会更容易一些。首先，我们必须采集训练嗅觉的不同气味。嗅觉与视觉、听觉不同，转瞬即逝，很难保存。我们会喷洒一些香水使气味逐渐变得浓郁，在墙上挂着一些中国风的香包作为装饰，在花园里栽种鲜花和香草，使用散发着杏仁和薰衣草香味的香皂，总之，让不同的味道萦绕在儿童周围。后来，我们在花园里开辟了一小块地方种植香草，散发出来的香味吸引了他们的注意。我们发现，3 岁左右的儿童对寻找不同气味有着最浓厚的兴趣。更令我们惊讶的是，儿童给我们带回来一些我们都没种过的香草，坚持要我们闻一闻，我们发现它确实有一种淡淡的香味。

这块土地上种植的植物在颜色和外观上只有细微的差别，这有助于它们成为嗅觉练习的材料。因此，这里成为嗅觉“实验中心”。儿童的注意力被引导到某种系统的感官练习中去时，即使是嗅觉也会变得更加“敏锐”，从而成为探索环境的工具。

即使是年龄再小的儿童，也会选择或拒绝不同种类的食物。这一现象表明，嗅觉是饮食中味觉的天然辅助。儿童的嗅觉与饮食有着微妙的联系，值得我们特别关注。基于味觉是建立在辨别四种基本味道的能力上这一事实，我们得出结论，饮食过程是嗅觉练习的最佳时机。

儿童对区分不同的味道很感兴趣，并开始识别四种基本的味道。甜和咸令人愉悦，即使是苦也可以尝试一下，而酸，尤其是各种水果中的酸，则有不同程度上的区别。一旦人们认识了味道极具局限性，味觉和嗅觉的融合，就会让饮食过程中（如牛奶、新鲜或干面包、汤、水果等）的香味更加清晰。大脑还会努力分辨出舌头接触食物时的触觉（如黏性物质、油性物质和其他物质），从而区别于味觉和嗅觉。

较小的儿童在认真地探索大自然赋予植物的芳香，而 5 岁的儿童是最合适的实验对象。他们用舌头接触特定的苦、酸、甜和盐溶液，无形之中投身于这项研究，就好像参加了一场游戏。他们觉得漱口也很有意思，丝毫没有想到自己已经是成人主导的科学实验的研究对象。

第八章

视觉和听觉区别

材料：固体插件和木块

视觉感知物体的大小

我们使用的不同类别的材料，在不同维度的尺寸上存在差异：第一种材料只有一个维度的差异，即高度；第二种材料是在两个维度（平面）上的尺寸显示出差异；第三种材料涉及三个维度的差异。

固 体 插 件

这类材料包含四个原木制成的底座，尺寸和形状相同，长22英寸，高2英寸，宽3英寸。每一个底座都配有10个光滑的圆柱形插件，这些插件可以轻松插入底座上相应的孔中。每个圆柱体插件形状相同，尺寸大小遵循一定的变化规律，每组圆柱体看起来就像一套秤砣。

（1）第一个底座上，圆柱体的直径相同但高度不同。10 个圆柱体的高度从 3/16 英寸到 1 又 7/8 英寸不等，依次递增 3/16 英寸。

（2）第二个底座上，圆柱体高度相同，直径从 3/16 英寸到 1 又 7/8 英寸不等，依次递减 3/16 英寸。

（3）第三个底座上，圆柱体的高度和直径都逐渐减小，综合了前两组的变化规律。

这三组插件的练习过程是相同的：底座放在小桌子上，所有的圆柱体插件都被取出来混在一起。儿童要尝试将它们全部放在适当的位置。这个练习很基础，只用准备三张小桌子，桌面最好有凹槽，以防圆柱体会四处滑动。原则上，每个儿童每次只能使用一组插件，因此同时可以有三个儿童参与这项练习。儿童在圆柱体和底座的精确对应中，可以学会"控制误差"。

第一组插件的练习过程中，如果儿童操作有误，那么就会有一个圆柱体无法与孔对应，要么孔太深了，要么孔太浅了放不下。由此产生的可见或不可见的违规，提醒儿童检查自己在哪里犯了错。因此，儿童必须小心地把每个圆柱体放到该在的位置，并且反复检查，以便所有圆柱体各归其位。

第二组插件中圆柱体的高度相同但直径递减，因此操作错误更容易被暴露出来。如果儿童把某个圆柱体放进过大的孔里，当时没有注意到这一失误，而继续把剩下的圆柱体依次放进过大的孔里，前面的操作看上去完成得很好，但是最后一个圆柱体就会无法放进剩余的那个孔里。这个错误如此明显地呈现在儿童面前，立即摧毁了先前对于成功的幻想。儿童注意到这一明显的失误后，必须取出所有错误放置的圆柱体，并将它们放到正确的位置上。

现在我们来看一下第三种插件。圆柱体的变化是双重的，既有第二组那样的直径变化，也有第一组那样的高度变化。结果是，每个圆柱体，从最小的到最大的，形状相同，但尺寸不同。这组插件的练习与前两组一样提供了对错误的控制。

对儿童来说，这三组插件乍一看很难区分，彼此之间的差异很小。但是，儿童学会如何使用它们后，这三组插件就会引起儿童越来越多的兴趣。重复这一练习，自然会使儿童具有更强的辨别力，在观察时更敏锐，在操作时更加专注，反过来又激发了儿童发现和纠正错误的能力。所以，这一练习是通过感官练习完善儿童的性格，给予儿童持续而深远的练习。

木　块

我们有三组不同外观的木块，在一维、二维和三维上有大小的变化，分别是色彩鲜艳的木棒系列、长方体系列和立方体系列。

木棒系列是红色的，横截面为 3/4 英寸 × 3/4 英寸的方形，长度从 4 英寸到 40 英寸不等，依次递减 4 英寸。儿童要动用全身的力量操作这些长而笨重的木棒，必须来回搬运，并根据长度把它们排列在一起，摆成管风琴的样子。因此，他们得先在地板上铺一块足够大的地毯，在上面完成这个练习。他们把木棒摆成管风琴的样子之后，再把它们打乱，混合在一起，乐此不疲地反复摆弄。

长方体系列是深棕色的，所有的长方体都是等长的（7 又 1/2 英寸），但截面大小不同。最大的长方体底面边长为 3 又 3/4 英寸，最小的为 3/8 英寸。这些长方体从大到小依次排列，看起来像一个楼梯。儿童也可以在地毯上进行这项活动。

最后是粉色的立方体系列，边长从 3 又 3/4 英寸到 3/8 英寸不等。儿童先在地毯上放上最大的立方体，再在上面放上第二大的，依次类推，搭成一座塔，同样被反复地拆除重建。

肌肉记忆

儿童会想用手抓积木。但是，3 岁或 3 岁半的孩子很难用手抓住一个 3 又 3/4 英寸见方的立方体，7 又 1/2 英寸长的长方体对他来说也太重。因此，他们必须努力伸展手指，用力完成动作。儿童在用棕色长方体反复练习之后，手会自动调整为所需的精确动作，以便拿起 3 又 3/4 英寸、3 又 3/8 英寸、3 英寸、2 又 5/8 英寸、2 又 1/4 英寸、1 又 7/8 英寸、1 又 1/2 英寸、1 又 1/8 英寸、3/4 英寸或 3/8 英寸的长方体。换言之，儿童发展出一种肌肉记忆，以确定不同的空间位置。儿童使用粉色立方体反复练习，获得了进一步的锻炼。他们要将较小的方块放在较大的方块上，两者的中心处于同一位置，四周留下 3/16 英寸宽的边缘。为此，儿童的手和手臂必须执行预定的动作。最难放置的是最小的那个，边长仅为 3/8 英寸。我们可以从孩子在执行任务时的高度专注和努力中看出来，儿童的手臂必须非常稳定，才能将这个最小方块的中心对齐。

毫无疑问，在固体插件和木块的练习中，视觉获得了极大的锻炼。渐渐地，儿童开始识别到以前没有注意到的细节差异。此外，如果三组插件一起使用，三组圆柱体混合在一起，就是一个更复杂的记忆和推理练习。儿童必须先判断圆柱体所属的序列，从而回忆起容纳它的底座是哪一个——这就是这项练习的魅力所在。儿童会认真地将智慧运用在面前的任务中，并尽其所能完成这些令人愉悦的事情。

儿童的双眼在经过特殊的训练后，能够识别木块的大小，发现偶然性错误，如木棒的位置不对导致规则错乱，或较大的立方体被放在两个较小的方块之间导致塔身有凸起。不止这些错误，还有木块明亮的颜色，都会吸引儿童的注意力。

我们会发现，所有材料属性的设计都是为了吸引儿童用眼睛去关注，然后用手去纠正。

伴随着双眼的活动，儿童开始产生肢体活动，包括摆弄小物件，如从固体插件的底座上取走圆柱体，或搬运和摆放较大的木块。

因此，感官练习是通过目标明确的肢体活动完成的。这种活动，再加上之前双眼的观察，有助于儿童集中精力反复练习。

儿童可以在三组木块的差异序列中发现不同的数字关系。

木棒长度对应一组数字：1，2，3，4，5，6，7，8，9，10。

长方体长度相同，横截面不同，对应一组数字的平方：1^2、2^2、3^2、4^2、5^2、6^2、7^2、8^2、9^2、10^2。

立方体的大小不同，对应一组数字的立方：1^3、2^3、3^3、4^3、5^3、6^3、7^3、8^3、9^3、10^3。

实际上，儿童对这些数字关系只有感性的认识，但也经历了基本的数字训练，为数学学习奠定了基础。儿童发现，立方体的差异最大，练习是最容易的；木棒的差异最小，练习是最难的。儿童进入小学，开始学习算术和几何时，再次对幼年时期的学习材料感兴趣，将借助数字重新研究它们。

颜色练习

我们进行长时间的试验后，决定用以下材料帮助儿童识别颜色，即训练他们的色觉（如前所述，在智力缺陷儿童的教育中，我们使用了许多木制的圆形色板）。我们最终选定的材料是缠绕着彩色丝线的木板，木板末端有一个双面凸起，以防丝线碰到桌子或儿童的手。这样，丝线的颜色可以保持很长时间。

我们选择了 9 种颜色的丝线，分别是灰色（介于黑色和白色之间）、红色、橙色、黄色、绿色、蓝色、紫色、棕色和粉色。每种颜色都有 7 个不同的亮度等级，所以一共有 63 块彩色木板。

练习中，我们选择了颜色最亮的红色、蓝色和黄色，准备了两套。我们给儿童看其中一套的一种颜色，让他在另一套混合放置的材料中寻找与其匹配的，然后把它放在相同的颜色旁。这样，丝线就会按颜色配对，摆成两列。然后，我们逐渐增加色板的数量，直到看完全部 9 种颜色 18 个色板。我们一般会从最亮的色板开始，到最暗的色板结束。

接下来，我们给儿童看颜色相同但亮度不同的多块色板，如最亮的、最暗的和亮度居中的。儿童必须根据亮度将它们全部排列好。

我们把两种颜色（如红色和蓝色）不同亮度的所有色板全部混合起来。儿童必须先将两种颜色分开，然后根据其亮度进行排列。然后，我们继续挑选相似的颜色（如蓝色和紫色，黄色和橙色），将其混在一起，开始下一步练习。

在一所“儿童之家”里，我看到儿童以惊人的速度完成以下练习，取得了显著成功。教师向儿童展示同一颜色不同亮度的 3 块色板，让儿童认真记住这些颜色。然后，教师把桌上所有的色板混合在一起。儿童要迅速地从色板堆里挑选出某一颜色所有色板，并根据亮度进行排序，创建一条亮度渐变的色带。

在另一所“儿童之家”里，我见过儿童将一整盒63种颜色的色板全部倒在桌子上，花了很长时间把它们混合在一起。然后，他们根据每种颜色的不同亮度进行排序，从而在桌子上铺出一片亮度渐变的色谱。儿童以惊人的速度掌握了这项技能，3岁的儿童就能把一种颜色的不同亮度排列起来。

我们还可给儿童展示一种颜色，让他们去远处的桌子上选出相同颜色的所有色板并按亮度排列，以此测试儿童对颜色的记忆。他们成功地完成了这项练习，很少出现失误。5岁的儿童觉得最后这项练习很有趣，愉快地比较，并选出相同的颜色。

几何的感官认识

平面插件

木制插件及其发展历史可以追溯到塞金，他使用的形状有星形、长方形、正方形、三角形和圆形，每个形状都有独特的颜色，插件对应的凹槽都刻在同一块木板上。在为智力缺陷儿童开设的学校里，我以前辈杰出的工作成果为模板制作了新的插件。它们由两块平整的木板组成，上面一层雕刻为不同的形状，配上青铜旋钮，便于操作；下面一层雕刻出固定插件的凹槽，可以将把木制插件放在相应的位置。

我增加了插件的数量，并将颜色和形状两个属性分开。有不同颜色的圆形插件，也有相同颜色不同形状的插件。多次尝试后，我取消了单色的平面插件，因为这类材料无法提供误差控制。我保留了用来辨别形状的平面插件，但修改了用于固定插件的底座，每个插件都有自己的单独底座。正方形、长方形、圆形、三角形、梯形、椭圆形等插件都是明亮的蓝色，而用于固定插件的独立的方形底座大小相同，都是白色的。由于方形底座便于组合摆放，因此插件之间可以有不同的组合排列，每组插件的数量也可以自由增加。我还做了木制的容器或底盘，可以容纳六个方形底座，分成两行，每行三个。底盘里的插件从各自的底座上移开时，就会透出底盘的蓝色。因此，底盘和底座雕刻出的轮廓，在形状和颜色上与插件本身是相同的。

最初的练习中，我做的底盘是矩形的，大小与之前描述过的底座类似，底部是蓝色的，四周被 1/8 英寸长、1/4 英寸宽的凸起边框包围。底盘边缘用铰链连接了一个由一横两竖的 1/4 英寸厚的木条组成的木框，隔开 6 个相等的正方形。木框可以上下翻动，前面用一个小销钉固定。6 个独立的底座（长、宽均为 4 英寸，厚 1/4 英寸），完全覆盖了底盘的蓝色，并由其可以上下活动的木框固定在相应位置。这个底盘的优势在于，单独的底座可以更换组合不同的几何图形，活动的框架也保证了底座的固定性。

底座的内外边缘涂有白色釉质，插件涂成蓝色，跟底盘的颜色一样。我还将四个底座大小的方块涂成同样的蓝色，这样底盘中就不一定放上六种插件，而可以是一种、两种、三种、四种或五种。这是因为，第一次练习最好只呈现两三个对比鲜明的图形或者形状差异很大的图形，如圆形和正方形，或者圆形、正方形和等边三角形，以此设置各种组合。

然后，我做了一个有6只托盘的柜子，可以是纸制的，也可以是木制的。它的外观是一个盒子，就像律师使用的文件盒一样，6个托盘从上到下架起来。第一个托盘上放了4个插件，2个梯形和2个菱形；第二个托盘上有1个正方形插件和5个长方形插件，长方形的长度相同，但宽度递减；第三个托盘上是直径递减的6个圆形；第四个托盘上是6个三角形；第五个托盘上是边长数5到10边不等的多边形；第六个托盘上是各种形状的图形，如椭圆形、卵形和花卉图案（四个交叉的弧线）。

三组卡片的练习

我们开发了三组卡片的练习，将练习材料扩展为底座、各种插件和三组卡片，新增的卡片边长为5又1/2英寸。第一组卡片的做法是，用胶水将蓝色的纸制的几何图形与蓝色的插件对应地粘贴起来，卡片的大小和形状与插件相同。第二组卡片的做法是，用胶水将蓝色的几何图形和相应的插件粘贴起来，图片本身的厚度为 1/4 英寸。第三组卡片的做法是，用黑色的笔绘制图形的轮廓，显示插件的大小和形状。这一操作理念可以追溯到塞金的理论。

在插件练习中，我们会准备一个底盘，里面装有不同图形的插件。儿童取出这些插件，混合在一起放在桌子上，再放回相应的底座上。这一练习适合 3 岁以下的儿童，对他们有很大的吸引力。儿童不用花太多时间就能完成，重复练习不会超过五六次。事实上，儿童在这个练习上投入了大量精力，他们必须先学会识别物体的形状，并认真地对比。许多儿童尝试几次后才能成功地把插件放置在合适的位置。例如，他们刚开始会尝试把三角形放入梯形底座或长方形底座，或者他们会拿起一个长方形插件，对比长边和短边，多次尝试后才能成功地把它放在适当的位置。经过三四次尝试后，儿童很容易识别图形，并把插件放在合适的位置，自信的表情中带着对简单练习的冷漠和轻蔑。这个时候，儿童可以对各种形状进行系统的对比，从强烈对比的形状到比较类似的形状。儿童习惯了如何识别图形后，这个练习就变得简单了，无须任何尝试或努力，他们就能将插件放回各自的位置。

第一阶段是试错。儿童面对的是对比鲜明的图形，视觉与触觉的联合有助于他们识别这些图形。我让他们用右手的食指描画图形的轮廓和底座内侧的边缘，底座边缘与插件本身的形状一样。我有意让儿童养成这样的习惯，实际上也很容易做到，因为他们很喜欢触摸东西。有些儿童还不能通过观察来识别形状，需要通过用手触摸也就是通过必要的动作追随轮廓来识别形状。刚开始的时候，他们尝试把插件放到某一位置上，转动了各个方向却依旧不匹配时，就会感到担心。但是，只要触摸了插件和底座的轮廓后，就会成功。毫无疑问，动觉与视觉的联系，在建立形状感知和稳固记忆方面很有帮助。

固体插件中，对错误的控制是绝对的。因为特定的插件只能放在相应的凹槽内。因此，儿童可以独自练习，完善对各种形状的感知。

第一组卡片的练习。卡片上面的图形是画上去或用胶粘上去的，可以充当之前练习中的底座。这些卡片原本混合放在一起，儿童必须把它们排成一列（这让他们很开心），然后把插件放在相应的卡片上。儿童用双眼来观察和识别形状，并把插件准确地放在卡片上，完全遮住卡片上的图形。至此，儿童用双眼确定边界，用动作完成插件和卡片的匹配。进一步地，儿童必须把触摸物体轮廓当作一种简单的练习（儿童总是愿意这样做），养成这样的习惯。插件盖住卡片上的图形后，他们会用手指再次围着插件边缘绕一圈，好像是在用手指再次完成匹配。

第二组卡片的练习。儿童拿到一些卡片和插件，卡片上用蓝色的阴影画出图形，与插件的形状对应。

第三组卡片的练习。儿童拿到一些卡片，上面用黑色简单地勾勒出图形，相应的插件部分如前所述。

因此，儿童练习用双眼确定图形的轮廓，用手指动作勾勒出图形的轮廓。

听 觉 练 习

听觉练习使我们以一种特殊方式认识到人与动态环境之间的关系，而动态环境是唯一能够产生声音和噪声的环境。一切都静止的环境里，只有绝对的安静。因此，听觉是一种感觉，只能从物体运动中获得。听觉练习必须从安静开始，逐渐发展为对运动引起的声音和噪声的感知。稍后，我们将解释安静在我们的教育方法中的诸多重要性。

安静成为限制产生各种声音的运动的重要因素，也是促成集体努力的一种手段，因为环境中的一切或每一个人都必须保持安静。毫无疑问，我们让儿童安静下来，应该会引起他们的强烈兴趣，事实也的确如此。儿童追求安静，获得安静下来的方法，都会让他们高兴起来。

听觉练习也为我们提供了关于感官训练基本原理的清晰概念，当然还有更好的听觉能力。我们注意到比以前更轻的声音，说明听觉能力变强了，也就是更敏锐了。因此，感官练习会带来对细微刺激的觉察，感知到的事物越微小，感官能力就越强大。因此，感官练习本质上是帮助人们感知外界的微小刺激。

例如，伊塔已经很好地证明了，部分失聪的人可以接受训练，感知到比原本（也就是没有受过训练的情况下）更轻微的声音，在引导下逐渐感知正常听力者不经训练就能听到的普通声音。根据这一原则，伊塔使用一系列由强到弱的刺激，教会部分失聪的人如何听到他人的声音，从而学会如何说话。这样的方法治好了许多聋哑人。

感官练习的另一个原则是区分刺激物之间的差异。为了在这方面帮助更多的人，人们必须知道如何对不同的感觉进行分类，并注意到它们之间的等级差异。

首先，我们可以区分出声音和噪声，从最明显的差别开始，然后到那些几乎无法察觉的差别。其次，我们可以根据声音的来源来讨论不同声音的特征，如人说话的声音或乐器的声音。最后，我们可以分辨音阶的音调。

我们对声音进行总结，分为安静、人声、噪声和音乐声四类。

安静是单独的练习，对保持纪律有很大帮助。

对人声的语音分析与字母学习密切相关。

关于噪声的研究，我们使用的是现有的教育体系中一些相当简单和基本的材料，包括木盒子或纸板盒子。这些盒子是一个系列，敲击时会因盒子结构不同发出不同的声音。与其他感官材料一样，我们将这些盒子混合放一起，然后根据发出的声音，进行等级排序。

关于音乐声的联系，我们采用了安娜·麦克切罗尼制作的一系列铃铛，挂在同一个架子上。这些铃铛看似相同，但它们在小锤子的敲打下会发出不同的声音。因此，铃铛之间唯一可以察觉到的差别就是声音。

我们准备了两组相同的铃铛，每一个铃铛都可以自由移动。因此，它们就像其他用于感官练习的材料那样混合放在一起。第一个练习是把不同的铃铛挂在架子上，用小锤子逐一敲打，发出相同声音的两个铃铛就可以放在一起（这里不包括半音）。接下来，我们根据音调评估铃铛在音阶的位置。为此，教师将一组铃铛按顺序摆放，另外一组混放一起，然后将两组铃铛进行匹配。敲击第一组铃铛中的一个，然后敲击另一组铃铛选出相同的一个。因此，这里是根据预定的顺序对铃铛进行配对。

儿童的耳朵得到足够的训练后，能够识别和记住音阶上简单的声音序列，就可以按照音阶顺序排列铃铛。他们通过乐感的引导完成这一任务，甚至可以区分出半个音阶，无须外界的任何帮助。

与其他练习一样，一旦某种感觉被清晰地感知到，就会给感觉命名。就像儿童会认识到某一物体是光滑的、粗糙的、红色的或蓝色的一样，在这里，他学会如何准确地辨别音符后，就会掌握音符的名字。6 岁或 7 岁的儿童能达到的极限就是识别和命名单一的音符。

然后，我们在整个音阶序列中加入半音阶，儿童可以通过铃铛架来识别半音阶。半音阶在铃铛架上对应的位置是黑色而不是白色。换句话说，铃铛架就像钢琴的琴键一样，有黑有白。练习半音阶的方法是将它们放在整个音阶中的适当位置[①]。

我们也没有必要把乐感练习和音乐教育混为一谈。识别音阶的练习可以在没有接受过音乐教育情况下开展，这与声波的物理学研究有相似之处。感官练习为音乐教育提供了必要的基础，完成这类练习的儿童为进入音乐世界做了充分的准备，可以在这一领域取得更快的进步。

但是，我们没有必要坚持认为音乐本身会强化感官练习的成效，正如绘画研究不会训练人们对色彩的感知一样。然而，儿童的发展基础已经建立起来，这对于进一步的进展极为宝贵。

安 静 练 习

在普通学校里，人们总是认为教室里的安静是因为教师的命令。没有人思考过这个词的真正含义，也没有人意识到人们有必要保持静止，也就是说暂停活动实现片刻的安静。安静在于停下活动，而不像学校里通常做的那样喝止环境中令人忍无可忍的噪声。

在普通学校里，安静意味着停止喧哗和活动，消除混乱和嘈杂。

① 在铃铛练习中，同一练习的一个循环周期要完成 6 次或 7 次，最多的时候会重复 200 次。

然而，安静又可以被理解为一种超越普通事物的状态。这是一种需要付出努力和意志紧张的短暂状态，将内在心灵和外部活动的声音分离开来。

这是我们的学校达到的一种安静状态，是在一个有 40 多个 3 ~ 6 岁的儿童的教室里产生的深邃的安静。在童年时期活动看似是自然的和不可抗拒的，禁止他们活动的命令与抑制活动的个人意志无法结合在一起发挥作用。而在这里，那些习惯于我行我素地活动以寻求内心满足的儿童达到的安静状态，正是这两者结合的产物。儿童必须学会安静，因此，他们在我们的指导下安静地进行各种练习，极大地增强了自制力。

每当我变得安静时，我便将儿童的注意力吸引到自身。我安静地完成各种工作，安静地站着或坐着。我轻缓地呼吸，手指轻微地移动，几乎不会产生任何噪声。教室里的一切都是绝对安静的，这并不容易做到。我叫起一个学生，请他跟我完成相同的动作。他刚把一只脚移到更舒服的位置就发出了噪声；刚动了动胳膊，轻轻地拂过椅子扶手，就发出了声音；他的呼吸不像我那么平缓，不被人察觉。

我用简短而认真的话语打破了这种安静。儿童听着、看着，仍然沉迷在安静中，开始对从未注意到的事实产生兴趣。他们没有注意到周围有那么多声音，有那样一种所有东西都静止的绝对的安静。我就站在房间中央，但又好像不存在一样。每个人都努力模仿我，试图做同样的事。我注意到这儿或那儿有一只脚无意地移动。儿童的注意力被吸引到身体的每一个部位，因为他们渴望获得安静。他们在持续的努力中，产生了一种不同于表面上所说的沉寂的安静。生命似乎渐渐消逝，房间变得空空如也。然后，我们开始听到墙上时钟的嘀嗒声，随着安静变得越来越彻底，嘀嗒声似乎在逐渐增强。外面的院子以前似乎一直都很安静，现在却传来了不同的声音，有鸟鸣声，也有小孩走路的声音。儿童沉迷于这种安静，好像他们真的被征服了似的。教师说："你看，现在一切都很安静，好像这里一个人都没有。"

儿童安静到这种程度时，我就会关上窗户，让房间变暗，然后对他们说："现在你们听我小声喊你们的名字。"然后，我在隔壁房间里，隔着敞开的门低声说话，拉长音节，就像在呼唤山谷对面的某个人，让微弱的声音传到他们的心中，触动他们的心灵。每个被叫到名字的儿童都会默默地站起来，尽量不挪动椅子，踮着脚尖走路，不发出声音。不过，大家都会注意到他在绝对的安静中走过，从未打破教室里的安静，因为其他人都在保持安静。他会满脸兴奋地走到门口，开心地跳着，忍住大笑的冲动，或者抓着我的衣服，或者看着仍在焦急地等待着的安静的小伙伴。

儿童会把被叫到名字看作一种特权、礼物和奖赏。每个儿童都知道他会被叫到，顺序从房间里最安静的那个人开始。因此，每个人都努力通过安静的等待来赢得一次被叫到名字的机会。我曾见过一个3岁的小女孩试图阻止自己打喷嚏，并成功地做到了！她屏住呼吸，一直到赢了为止。儿童对这类游戏很着迷，专心的凝视和耐心的安静透露出他们对某种巨大快乐的期待。起初，我还不了解儿童的心理，准备了一些糖果和小玩具，并答应把它们送给那个被叫到的人。我认为，要让儿童付出努力，就得对他们有奖励。但是，我很快就不得不承认奖励是没有价值的。

儿童通过这些努力，体验到安静带来的喜悦，就像船只驶入港口。他们为每一件事感到高兴，为学到了新东西而高兴，为赢得胜利而高兴。这些都是他们应得的报酬。他们忘记了之前允诺的糖果，也不愿费事去拿那些奖励。于是，我放弃了那些无用的奖励。我惊奇地发现，儿童再次参与这些练习时的表现越来越完美，40多个3岁的儿童在我的召唤下走出房间，在整个过程中保持安静。然后，我意识到儿童也重视精神上的快乐和回报。在这样的练习后，他们似乎变得更爱我，更听话，也更乖巧温顺。我们与喧嚣的尘世隔绝，在一起共度了几分钟。在那段时间里，我满怀期待地呼唤着他们，他们在最深沉的安静中听到了呼唤的声音，那个在被召唤者听来最美好的声音。

以下是一个非常成功的安静练习的例子。有一天，我去一所“儿童之家”的路上，遇见一个女人抱着4个月大的女儿。按照罗马当地的习俗，婴儿会用襁褓裹得紧紧的，这种方式被称为蛹（茧）。这个安静的小女孩像个安静的天使，被我抱到教室里。

“儿童之家”的儿童像往常一样跑出来迎接我，用胳膊猛地抱住我的膝盖，几乎要把我扑倒在地。我对他们微笑，给他们看那个襁褓。他们兴奋地跳上跳下，眼睛里闪烁着喜悦的光芒，但会因为照顾我怀里的婴儿而不再触碰我。我在儿童的簇拥下走进房间，一起坐下来。我选择了一把高脚椅，而不是惯常用的小凳子，坐在他们的正前方。换言之，我怀着某种庄严的心情坐了下来，还是什么也没说。孩子们带着温柔和爱的混合感情看着婴儿。

紧接着，我告诉他们：“我给你们带来了一位小老师。”他们惊讶地看着我问：“小老师？”我接着说：“因为你们谁也不能像她那样安静。”所有儿童都在座位上坐直了身子。“你们谁也不能像她那样一动不动。”他们开始小心翼翼地调整双脚，以保持静止。我微笑着看向他们说：“是的，你们永远不会像她那样安静。你们会稍微动一下腿，她就不会。你们谁也不能像她那样。”孩子们变得严肃起来，几乎相信了小老师的表现更加优秀。其中一个孩子微笑着，似乎用眼神暗示婴儿的优秀表现都是因为有了襁褓的约束。“而且，你们谁也不能像她那样安静。”孩子们一片寂静。“你们不可能像她那样安静，因为……你听听她的呼吸多轻柔。你们可以踮起脚尖走过来看看。”有些孩子站起来，踮起脚尖慢慢地走着，伸出脑袋，盯着婴儿看。“没有人能像她那样安静地呼吸。”孩子们惊奇地看着婴儿，从来没有想到他们保持不动时也会发出声音，小婴儿的安静比那些大孩子的安静更深刻，他们几乎都要屏住呼吸了。我站起身说："我要悄悄地、安静地走了。"我踮着脚尖走开，一点声音也没有。"不管我走得多轻，你还是能听到我的声音。但是她，她跟着我走了，没有发出任何声音；是的，她要走了，一直都很安静。"孩子们笑了，但很感动。他们既懂得我话中的道理，也懂得我话中的幽默。我透过窗户把襁褓还给婴儿的母亲。

小女孩留下了她的魅力，这似乎占据了孩子们的心灵。大自然中没有什么比新生儿的无声呼吸更甜美的了。华兹华斯观察到的自然的静谧平和正在逐渐消失："那么平静和安静！水滴从悬浮的船桨落下。"甚至儿童也能感受到宁静的、新生的人类的静谧诗意①。

① 这种安静练习已经成为蒙台梭利教育法中最典型的案例，已被许多学校采用，并成功地传递了蒙台梭利的精神。正是通过她的影响，"静止的安静"甚至渗透到政治和社会秩序的公共表现中。

第九章

感官训练概论

我们描述了 3 ~ 6 岁正常儿童的感官训练的方法，当然，这些不能代表我们在教育领域的所有工作，但我相信它为有效的心理学研究开辟了一条全新的道路。

迄今为止，实验心理学一直致力于完善测量仪器，即确定刺激物的不同强度，但还没有认真地尝试用一种系统的方法训练个体的感官。然而，我认为心理测量更应该关注人的发展，而不是工具的发展。但是，撇开这些纯粹的科学问题不谈，我们可以说，感官训练是教育中最重要的问题。

事实上，我们的教育有双重目标，一个是生物性的，另一个是社会性的。生物性目标是帮助个体获得自然发展；社会性目标在于使个人为适应所处环境做好准备，这也包括工作能力的教育，即教个人如何利用他所处的环境。感官训练在这两方面都极为重要。

感官的发展实际上会先于高级智力的发展，3 ~ 6 岁即是它的形成期。因此，在这一时期，我们可以让儿童逐步适应外部刺激，以此发展他们的感官能力，就像我们应该在他们的语言全面发展之前帮助他们学会发音。幼儿教育应遵循这一原则，即促进儿童的自然发展。

教育的另一个意义是使个体适应外部环境，这在儿童发展的后期更为重要，因为感官能力密集发展的时期即将过去。生物性发展和社会性发展交织在一起，孰先孰后取决于个体所处的年龄阶段。

众所周知，3 ~ 6 岁阶段的发展特征是，生理发展迅速，心理发展起步。在这一时期，儿童的感官能力得到发展，注意力被指向所处的环境，受到环境的刺激而不是理性的吸引。因此，在这一时期，他应该有条不紊地处理外部刺激，合理地发展他的感官，为他的心理能量奠定基础。而且，通过感官教育，我们有可能发现并纠正一些实际存在的缺陷，否则这些缺陷会被人们忽视，或者只有严重到儿童无法适应周围的环境时（如失聪或者视力下降），问题才会暴露出来。因此，正是生理方面的教育，完善了儿童的感官，培养了投射与联想能力，直接为其心理发展铺平道路。个体对环境的适应，也受到教育的间接影响。如今，人们非常关心环境，正是因为他们必须最大限度地利用它的财富。

与古希腊时期一样，今天的艺术也是建立在对真理的观察之上。实证科学是通过观察取得进步的，十九世纪所有的发现及其实际应用，都为改变世界做出了巨大的贡献，都是沿着这条路前进的。因此，我们应该在即将成长起来的这一代人中建立实证科学的信念，这是现代文明的必要条件，也是人类持续进步不可或缺的手段。我们所处的这个时代，发现了 X 射线、物质放射性和通信技术，镭的发现更是带来了新的物质概念。感官训练能使人成为观察者，不仅能使人适应现代文明，还能使人应对生活的迫切需求。

到目前为止，我认为我们的教育体系在处理具体问题方面还缺少一些实践经验。我们应该从理论开始，在实践中加以实施。教育也总是通过理性的方法来研究教学，然后再付诸行动。在教学时，我们通常会谈论自己感兴趣的对象，并试图引导学生进行一些与之相关的任务。但是，学生常常发现，即使他理解了理论知识，也很难完成相应的任务，因为他所受的教育缺少一个最重要的因素——感官的完善。

举个例子，我们让厨师去买一些鲜鱼。厨师能理解指令并着手去做，但是如果他没有受过嗅觉和视觉的训练，就不能辨别鱼是否新鲜，也就无法完成任务。这样的不足在厨房里表现得更为明显。厨师能够阅读食谱，并完全按照规定的方法和时间烹饪，也知道如何操作。但是，当他需要通过嗅觉判断什么时候食材下锅，或通过视觉或味觉判断什么时候添加调料时，如果感官训练不够充分，他的表现就会一塌糊涂。他必须通过长期的练习来获得这种能力，而且这种对感官的后天训练，在成人身上往往不再起作用。

同样的道理也适用于体力劳动和手工艺术。人们必须通过反复练习掌握某项技能，这种学习就是感官的后天训练。例如，纺纱工必须学会如何利用触觉分辨纺线；织布工和刺绣工必须用敏锐的视觉区分产品的细节，特别是颜色的差异。还有一种情况是，一个人想要学习一门手艺，尤其是具有艺术性或精致性的手艺时，就必须锻炼他的感官和手部动作，而且这些动作是由精细的触觉辅助完成的。如果这种训练在儿童发展期结束之后才开始，就会很难完成。3 ~ 6 岁阶段，是培养特殊技能的关键时期，因为在这一时期，人们有一种完善感官和动作的天然倾向。

举个医学界的例子。医学生学习了脉搏的相关理论，然后走到病人床前，想要通过把脉识别病症。但是，如果手指不能识别脉搏的跳动，他之前的研究和现在的期望都会化为泡影。他缺乏辨别不同感官刺激的能力，而这对医生来说是非常必要的。同样的道理也适用于心跳检测，医学生可能在理论上知道如何操作，但在实践中却无法用耳朵分辨心跳声。同样的例子还有，如果医生对体温的判断不准确，那就需要使用温度计。感官无法识别脉搏、心跳、体温，本质上没什么区别。

众所周知，医生可能学识渊博、聪明睿智，但如果没有实践锻炼，就不能成为一名好医生。事实上，医生的实习经历也是一种感官训练，训练效果姗姗来迟且常常无效。在掌握了深奥的理论之后，医生发现自己不得不从事一项艰巨的工作，即学习识别不同疾病的症状，以便把这些理论付诸有效的实践。因此，他就像一个新手一样，通过触觉、敲击和倾听来识别器官的振动、音调、杂音等，以此形成医学诊断。认识和评估病症往往有很大的不确定性，这使得年轻医生深感沮丧，甚至一度怀疑自己能否担负起如此重大的职责。医学建立在感官能力的基础之上，但是学校培养医生的方式是学习经典理论，如果感官训练不足，那么知识的积累也是无效的。

有一天，我听说一位外科医生为母亲们做了一场颇受欢迎的讲座，内容是如何识别儿童佝偻病的早期症状。他想说服母亲们在疾病的早期阶段，就带走路不稳的孩子去看医生，因为那时候佝偻病还是可以治愈的。母亲们也深表认同，但是苦于自己无法识别早期的异常症状——她们缺乏识别轻微异常的感官训练。因此，医生的演讲效果就是徒劳的。

如果我们分析一下，就会发现几乎所有的食品造假行为，都与大众感官迟钝有关。工业造假是因为人们缺乏感官训练而滋生。诈骗之所以成功，是因为受害者太单纯。买方在选购商品时，特别依赖卖方的诚实或公司的诚信。这是因为他们缺乏自我判断的能力，也就是缺乏用感官辨别商品质量的能力。

简而言之，缺乏实践会让知识变得无用。这种实践应该包括感官训练。在现实生活中，每个人都需要具备从环境提供的刺激中获得准确知识的能力。但是，成人的感官训练常常很难开展，就像很难教他们成为钢琴家一样。如果我们想在以后通过教育来完善感官，并将其用于特定的技能中，那么必须在生命的发展期进行感官训练。因此，我们对儿童有条不紊地开展感官训练，通过教育为他将来的生活做好准备。

否则，我们就是把人和周围的环境隔离开来。事实上，通过知识教化一个人，实际上是在使他成为一个脱离实际生活的思想者。我们希望提供给儿童的是与实践生活有关的教育，不想把他们限制在某些活动中，而忽视了教育的基础是与外部世界的直接联系。哪怕是工作能力的训练，是为了让个体为利用所处的环境做好准备，它也必须弥补早期的一些显著不足。换句话说，人们完成了培养工作能力的教育后，也必须训练自己的感官，以便与周围的世界直接接触。

审美教育和道德教育也与感官训练密切相关。人们通过强化感官体验和发展评估各种刺激的最小差异的能力，改善自身的敏感性，并由此体验到乐趣。美存在于和谐之中，和谐意味着亲和力。如果人们要感知和谐，就必须对感官进行精细的训练。自然和艺术的和谐美感，是感官迟钝的人所无法领略到的。对他们来说，世界是狭隘而残酷的。周围的环境为我们提供了无尽的美感源泉，但是人类仍然在这个世界漫无目的地游荡，缺乏精细的感受，或者像野兽一样追逐强烈而尖锐的感觉带来的快乐，因为这些是他们唯一能够感受到的。粗鄙的享乐往往是恶习的根源。事实上，强烈的刺激不仅不会使感官变得敏锐，反而会使其迟钝，由此就会需要更强烈的刺激。

从心理学的角度来看，我们可以通过观察执行神经系统功能的反射弧的构成，看出感官训练的重要性。感官是心理发展所需的感知外部信息的器官，正如手是抓取身体发展所需物质的器官一样。手和感官都可以完美地执行更高级的任务，从而服务于更有价值的精神活动。任何真正的智力教育都应该提高这两种能力，而它们的提升潜能是无限的。

第十章

教　师

教师想要为这种特殊的教育做好准备，就必须清楚地记住以下原则。我们的教育不是用各种各样的事物使儿童了解它们的大小、形状和颜色，也不是训练儿童如何正确地使用这些材料，而是要求教师不断主动地向儿童提供信息，并迅速纠正每一个错误，直到他们记取教训。这才能使我们的教学材料相比其他人的教学材料（如福禄贝尔的材料）更加具有竞争性。

总之，我们可以说，教学材料并不是将一种新的方式教给“积极学习”的教师，帮助她改进教学。相反，我们的教育方法发生了根本性的变革。因为迄今为止，教学活动一直由教师主导，但在我们的教育体系中，教学活动的主体是儿童。

教育分为教师和环境两部分。“教学”型教师的定义被更复杂的元素组合取代，这种组合包含教师、不同的教育对象以及教育中的师生互动。

我们的教育方法和传统课程之间存在着深刻的区别。传统课堂中的一切事物都是为教师服务的，相反，我们教育体系中的事物是为儿童服务的。儿童可以根据自己的需要、爱好、兴趣，选择自己需要的事物，并与之互动。这样，这些事物就变成一种生长的手段。

尽管如此，教师仍有许多难以完成的任务。她的教学方式更注重合作，但也会变得更加谨慎、细致和灵活。她不需要很多语言，不需要过多的精力，也不需要非常严厉。但是，她必须能够进行审慎的观察，帮助儿童前进或者后退，根据儿童的需要进行交流或者保持沉默。她必须具有一定的自我警觉性，这是迄今为止任何教育体系都没有要求过的，而这一点的外在表现就是平静、耐心、仁慈和谦逊。因此，教师的主要要求不在于语言，而在于素养。

简言之，教师在学校的主要职责可以被描述为解释材料的使用，成为教学材料和儿童之间的主要联系纽带。这是一项难度适中的任务，但比传统学校里的任务要细致得多。在传统学校里，这些教学材料只是帮助儿童理解教师的意图，教师必须把想法传递给儿童，儿童只需全盘接受。

而在我们的学校里，教师只不过是给儿童提供便利和解释，让他们自由选择和使用物体，并积极主动完成工作。这就像是在体育馆里，教师和器械都是必需的，教师的任务是教学生使用双杠和秋千、举重等。但是，学生需要自己去操作这些器械，锻炼肌肉，增强力量和敏捷性等。体育教师不是讲师，而是教练。他不可能通过演讲体操理论让学生变得强壮，传统学校也不能增强儿童的性格。相反，我们学校里的教师只用给儿童提供指导，为他们提供锻炼心智的场所。儿童自然会成长得更强壮，发展出独特的个性，受到良好的纪律训练，获得内心的健康，这是解放心灵的直接而耀眼的产物。

教师必须进行两方面的学习。一方面，她必须很好地了解教师的工作原则和教学材料的功能,这些都是儿童发展的必要手段。从理论上讲，培养这样一位教师是一件很困难的事。她必须塑造自己，必须学习如何观察，如何保持冷静、耐心和谦卑，如何抑制自己的冲动，如何以细致的方式出色地完成任务。她更需要一个体育馆来锻炼心灵，而不是用一本书来提升智力。然而，她仍然可以轻松而清晰地了解自己职责的积极方面，即如何使儿童接触到引发其反应的事物。另一方面，她必须能够为特定的儿童选择适合的事物，并将其摆在他们面前，使他们能够理解并对其产生浓厚兴趣。

因此，教师必须熟悉这些材料，并经常将其储存在脑海中。她必须了解实验验证的教学材料，学习处理儿童问题的技巧，以便有效地指导儿童。所有这些都是教师培训工作的重要部分。她可以从理论上研究有利于指导儿童实践的原则，获得指导不同个体所需的督导见解。她不应该向儿童提供低于他们能力的材料，使他们感到厌烦，阻碍他们发展的劲头；她也不应该向儿童提供他们还理解不了的材料，挫败孩童时期的热情。

认识材料。教师要熟悉这些材料，不应该只是简单地观察，在书中研究它，或通过他人的解释来学习。确切地说，她必须长时间地在实际使用它，通过自身体验评估每一种材料对于儿童的难度和兴趣程度，试图解释儿童可以从中获得的印象，尽管这一点还不能做到完美。此外，如果教师有足够的耐心像儿童一样反复练习，就可以通过自身确定特定年龄的儿童具有的精力和耐力。为了达到这一最终目的，教师可以对材料进行评分，从而判断儿童是否具备在特定的发展阶段进行某种活动的能力。这将在练习顺序那一章中作进一步讨论。

维护秩序。教师除了让儿童接触材料外，还要让他们接触所处环境中的秩序。教师需要教给儿童一个规则，这一规则成为有组织的外部纪律的基础。这一过程看似非常简单，但足以保证工作的有序。

每件材料都必须有一个明确的存放位置，不用的时候就放在那里。儿童只能从这个地方取走材料，用完之后必须把它放回原处，恢复初始状态。

这意味着，儿童只要满足了自己的愿望，就不会放弃自己的工作。出于对环境和管理环境的规则的尊重，他们愿意将工作进行到底。儿童可能永远不会有机会亲自将材料传递给同伴，或者从另一个人那里接过材料了。这样，儿童从一开始就不存在任何竞争。某一材料没有被放回原地，那谁都用不到它。即使儿童迫切需要使用它，也只能耐心地等待同伴用完并把它放回原处。

完美。最后，教师要时刻注意，确保专心工作的儿童不被同伴打扰。教师作为心灵的“守护天使”，始终致力于提升儿童的能力，这是教师最庄严的职责之一。

给予指导。教师在指导儿童使用材料时，必须区分两个不同的阶段：第一个阶段里，她让儿童认识材料，并引导儿童使用材料；第二个阶段里，她进行干预，启发一个通过自身努力成功学会区分材料差异的儿童。有必要的话，她还可以了解到儿童获得了哪些新的知识，并教会他们描述感知的差异。

第十一章

教学技巧

第一步：启动

教育对象的隔离。教师给儿童上课或希望帮助儿童使用感官材料时，应该意识到，儿童的注意力必须与课程对象以外的一切事物隔离开来。因此，教师要注意清理桌子，只放上她想展示的材料。

具体的工作。教师在向儿童介绍材料时，应帮助他们学会使用这些材料。她可以亲自完成这样的练习，如取出固体插件的圆柱体，把它们混合在一起，然后通过反复试验把它们放回原位，或者她把要匹配颜色的色板混合在一起，从中挑选一个，且不能碰触丝线，然后把它放在匹配的色板旁边，等等。

唤起儿童的注意。教师向儿童提供材料时，不应该是冷漠的，而应该对自己正在做的事情表现出强烈的兴趣，并引起儿童的注意。

避免使用材料中的失误。如果教师发现材料的使用方式无法达到预期目的，也就是说不利于儿童智力的发展时，就不应该让儿童继续下去。如果儿童沉着冷静，脾气温和，她就可以亲切地中断与儿童的互动。但是，如果儿童行为不当，她就要用严肃的话语来制止，展现自己的权威，而不是针对吵闹和混乱进行惩罚。

事实上，在这种情况下，权威对一个一时失去控制的儿童来说是一种必要的支持，他正需要一个强有力的依靠，正如跌跌撞撞的人需要抓住什么东西以免摔倒一样。教师的工作或帮助就是向弱者伸出坚强而友善的援手。但是，儿童在工作时，就像一个内心平衡的人获得了所需的训练材料，就像一个努力使身体保持完美柔韧性的人拥有了一个健身房。

我们必须仔细区分儿童可能会犯的两种错误。一是材料本身控制的错误。尽管儿童非常愿意参与练习，但是还不能完美地完成练习，因为他还不太成熟，要么不能用感官区分各种刺激，要么不能很好地发展能力，所以他不能执行特定的动作。例如，他还没有分辨出圆柱体之间的区别，可能会在把它们放入孔中时犯错，或者类似地，在建造塔时把一个稍大的立方体放在一个较小的立方体上面，等等。这些错误是由材料本身控制的，不能被人忽视。儿童只有通过进一步的发展，通过长期和适当地使用这些材料提升能力，才能纠正这些错误。此类错误可能和我们在试错中学习时认识到的错误属于同一类。在某些外部手段的帮助下，儿童非常愿意克服这些错误。

二是由于教师疏忽或儿童故意造成的，如儿童像拉小车一样拖着固体插件玩，或者用色板搭建房子，或者踩在排列整齐的木杆上，或者把用来学习系纽扣的布料像围巾一样包在头上等。错误地使用材料会扰乱我们的教育，不能满足儿童需要的材料就会被彻底弃用，结果只能是浪费精力，阻碍儿童集中注意力，无法成长和发展。这与人体血液循环类似，如果你想保持健康甚至活着的话，血液就应该流过心脏。我们不能说儿童是在犯错中学习，他犯错越久，学习的可能性反而越小。正是在这样的情况下，教师带着权威介入，帮助这个濒临危险的幼小心灵，给予他时而温和、时而激情的帮助。

尊重有用的活动。儿童使用这些材料的方式是完全模仿教师的，或者是完全靠自我发现的，这显示了他在工作中的智慧。这两种方式都有利于儿童发展，教师会允许他继续重复练习，或是完成自己想做的实验，而不会随意打断他的努力。教师也只会纠正他的一些小错误，因为害怕他累到停下工作。

美好的结局。但是，儿童自发地放弃了一项练习，也就是说，当促使他使用这些材料的冲动已经耗尽时，如果需要的话，教师可以而且确实必须进行干预，以便让儿童把这些材料放回原处，让一切都保持完美状态。

第二步：上课

第二个阶段是教师介入，帮助儿童确定某些概念。儿童已经进行了多次练习，成功地区分了感官材料的差异，教师要做的是教给儿童确切的名称。这有助于儿童学会说话，这也是他们年幼时很容易学会的东西。在我们的教学体系中，教师最棘手的任务之一，就是教会儿童将术语牢记在心。教师在教这些词语时，发音要清晰正确，念出每个音节，但又不带浮夸做作的样子。

三阶段课程

塞金教育智力缺陷儿童时使用的方法，能帮助儿童建立物体与术语之间的联系，这一方法同样适用于正常儿童。我们的学校也采用了同样的做法，分为三个阶段。

第一阶段：感知觉与名词的联系

教师应先读出必要的名词和形容词，无须添加任何内容。教师的发音要清晰，声音要洪亮，以便儿童清楚地听到组成单词的各个发音。

例如，在第一次使用砂纸做感官练习时，教师让儿童抚摸一张光滑程度不同的卡片，她会说“这是光滑的”“这是粗糙的”。她用不同的声调重复这个单词，语调和发音始终非常清晰，“平滑，平滑，平滑”或“粗糙，粗糙，粗糙”。同样，教师会在感受到冷热时说“这是冷的”“这是热的”，还会补充“这是冰凉的”“这是温暖的”“这是滚烫的”，然后开始使用描述性词语，如“热”“更热”“不太热”等。

因为名词教学是在物体和名称之间建立联系，或者在实体与抽象概念之间建立联系，所以儿童应该同时认识物体和名称，也就是呈现物体时只能读物体的名称，而不是其他单词。

第二阶段：识别与名称相对应的物体

教师应该时常测试儿童，看她的教学是否达到目的。第一个测试是检验名词是否与记忆中的物体建立关联。因此，她必须在教学和测试之间留出必要的时间，通常是间隔几分钟。然后她会缓慢而清晰地念出已经教过的名词或形容词，“哪个是光滑的？”“哪个比较粗糙？”儿童用手指指向物体，教师就会知道它们之间已经建立起联系。提问阶段很重要，这才是真正的教育，有利于发展儿童的记忆和联想。教师看到儿童理解她的提问时，就会一遍又一遍地重复同一个问题：“哪个是光滑的？”“哪个比较粗糙？”

通过多次重复提问，教师多次重复的名词或形容词最终会被儿童记住。每次重复时，儿童都会指向答案所指的物体，重复练习与物体关联的单词，而这个单词是他正在学习以及在脑海中记下的。然而，如果教师一开始就注意到儿童不愿意关注她，在回答问题时出错或漫不经心，她就应该暂停上课，而不是纠正他并坚持练习。

实际上，教师为什么要纠正他呢？如果儿童不能成功地把名字和物体联系起来，那么他唯一该做的就是再次学习感官刺激和名字，也就是重复学习内容。但是，儿童犯错就说明在那个特定的时刻，他还没有准备好接受教师想要在他身上建立的心理联系。因此，他有必要选择另一个时间重新学习。如果我们执意纠正，还对他说“不，你错了，是这样……”那么，责备的话语给他留下的不好的印象，要比“平滑”“粗糙”之类的单词的印象更加深刻。它们会留在脑海里，阻碍他学习。相反，儿童犯错后暂停学习，会让他的认识完好无损，下一节课就可以在此基础上有效开展。

第三阶段：记住与物体相对应的名称

第三阶段是对第一阶段的快速验证。教师会问儿童：“这是什么样的？”如果他准备好了，就会用恰当的词语回答，如“平滑”或“粗糙”。因为这些词对儿童来说是陌生的，他常常不确定如何发音，所以，教师可以多鼓励孩子清楚地说出来“这是光滑的”“这是粗糙的”。如果儿童的语言功能有明显的缺陷，教师就应该认真关注，随后进行发音方面的纠正练习。

材料使用指南：固体插件

大小练习。儿童对三种固体插件有了长时间的操作经验，对它们的操作有了信心后，教师就会把所有高度相等的圆柱体放在桌子上。她分别拿出最大尺寸和最小尺寸的圆柱体说“这是最粗的”和“这是最细的”。然后，她把两个圆柱体并排放在一起，形成鲜明的对比，再捏住它们的把手，把底部相抵以显示直径的差异。紧接着，她又把它们并排竖着放在一起，显示高度的相等。与此同时，教师可以不停地重复“粗”“细”等词语。每一次，她还可以继续进行下一步的验证，说“给我最粗的”“给我最细的”。她应该进行词语测试：“这是什么？”在随后的课程中，教师把最大的和最小的圆柱体拿走，然后用剩下的最大的和最小的圆柱体重复练习，直到用完所有的插件。最后，她拿起其中一个说：“给我一个比这个粗一点的，一个比这个细一点的。”

教师以类似的方式进行第二组固体插件的练习。她把所有的插件都竖着放进一个足够宽的底座，分别介绍说“这是最高的”“这是最矮的”。然后，她把首尾两个拿出来放在一起，对比高度的差异，把两个插件底部相对，证明直径是相等的。教师就像第一个练习一样，从两端到中间，用完所有的插件。

第三组固体插件练习中，教师把所有的插件按照大小依次排列，指着第一个说“这是最大的”，指着最后一个说“这是最小的”。然后，她把这两个放在一起，展示它们在高度和直径上的差异。这个过程与前面两个练习类似。她用同样的方法进行木棒、长方体和立方体积木的练习。长方体有粗细之分，长度相等。木棒有长短之分，厚度相等。立方体有大小之分，边长各不相同。

形状练习。儿童可以准确地识别平面插图的形状后，教师就按照通常的方法，开始用两个不同的形状教授名称（如正方形和圆形）。教师不会教所有几何图形的名称，而只教一些主要的几何图形的名称，如正方形、圆形、长方形、三角形和椭圆形。特别是长方形和正方形的差异，长方形有的长而窄，有的宽而短，而正方形所有边长都相等但有大小之分，两者的差异很容易通过插件显示出来。例如，正方形无论以什么方式转动，总是会被放入底座中。但是，长方形如果方向不对就放不进去。儿童很容易完成这样的练习，为此，我在底盘内放置了一个正方形和多个长方形，长方形的长边与正方形边长相等，而另一边则按照五个梯度递减。

教师以类似的方式演示卵形、椭圆和圆之间的区别。圆形无论怎样转动，总会被放入底座中。如果将椭圆旋转 90°，就放不进底座，但它上下翻转 180° 则没有影响。此外，卵形上下倒置的话就放不进底座，必须使宽曲线一端放进底座较宽的一端，窄曲线一端放进较窄的一端。我建议，椭圆和卵形之间的区别应该晚一些再教给孩子，而且不是教给所有孩子，只能教给那些对形状有特殊兴趣的孩子,他们或许会频繁地选择这些形状进行提问。对其他孩子来说,这些差异会在更晚的时候自然地学会,如在小学。

儿童指南

教师的工作就是指导，指导儿童如何使用这些材料，如何学会确切的词语，如何协助和理顺他的工作，如何防止他浪费精力，如何消除偶然的干扰。因此，她为儿童提供了必要的帮助，促进智力以迅速和积极的方式获得增长。

教师作为儿童人生道路上的可靠向导，既不能催促他前进，也不能让他退缩。教师应保证这个宝贵的旅行者（孩子）走在正确的道路上，圆满地完成他的任务。如果教师想成为一个安全可靠的向导，就需要大量的练习。即使教师了解了儿童的成长的起始阶段和指导的原则，也依然常常无法判断儿童是否已经成熟，是否可以从这一阶段过渡到下一阶段。如果教师等待了太久才开始教授词语，儿童就得一直停留在区分事物的阶段。

有一次，我发现一个5岁的孩子只用了15天就熟悉了字母表，已经可以把整个单词拼下来。他能在黑板上书写，自由地画了一座房子和一张桌子，这表明他不仅是一个观察者，还掌握了“透视”的概念。在颜色感知练习中，他会把9种颜色的7种色调混合在一起，然后迅速地把63个不同颜色的色板分开，按照颜色和色调重新排列，铺满整张桌子，看起来就像是一幅有明有暗的图画。我做了一个实验，在窗户透过的光线下，给他看一张彩色卡片，告诉他牢牢记在心里。然后，我把他叫到另一张摆着不同色调的色板的桌子前，让他选择与刚才的卡片颜色相同的那个。他的误差并不明显，经常是挑对了颜色，但色调差了两度。可以说，他对颜色有着惊人的记忆力和辨别力，而且和其他孩子一样，非常乐于锻炼自己的色感。

我问他白色色板的名称时，他犹豫了几秒钟，迟疑地回答："白色。"即使没有教师的特别帮助，儿童本身就有这样的能力，在家里也能学到颜色的名字。教师告诉我，她注意到他很难记住颜色的名称，目前就只让他做感官练习，最好不要干预他的学习。显然，这个孩子的教育有点混乱，心理活动自发且随意。不管怎样，感官教育是思想、语言和感知的基础，是值得称赞的做法，不容忽视。教师应该避免多余的东西，但不应该忘记教给儿童必要的东西。

教师的两个主要错误是传达多余的东西和缺乏必要的东西。如果教师能在这两个极端之间找到平衡点，就达到了完美。教育要达到的目的是让儿童的自发活动有秩序地稳定下来。正如没有教师能赋予学生肢体的敏捷性，因为那是通过体育锻炼获得的，学生需要通过自己的努力来达到那种状态。同样地，儿童想要完善自身的感官，就必须从总体上加强自己的教育。

我们联想到，钢琴教师教学生如何控制肢体、写音符、识乐谱以及如何按琴键、调整手指姿势，然后让他独自练习。如果学生要成为一名钢琴家，就必须进行长时间耐心的练习，这将使他的手指灵活，肌肉协调，这些都是有成就的音乐家所具有的特点。因此，钢琴家必须重塑自己，而他在钢琴演奏方面的成就与天赋基础上的练习量成正比。然而，没有教师的指导，仅仅通过自己的练习，是无法成为钢琴家的。事实上，我们可以说，每一种教育都是如此，个人的成就不取决于教师做了什么，而取决于他自己做了什么。

我们把新的教育方法教给接受传统训练的人时，遇到的一个困难是，如何避免过度干预儿童，尤其是在担心儿童犯错而想要不断纠正时。在这样的情境下，教师都很同情儿童，几乎忍不住要伸出援手。当有人阻止教师这样做时，他们就会对这个小家伙说些同情的话。但是，儿童很快就露出了喜悦的表情，这说明他已经独自克服了困难。

正常儿童会多次重复练习，练习次数取决于个人。有些儿童在重复了五六次后就会厌烦，但有些儿童则会练习几十次，不断地取出和放回插件，一直带着浓厚的兴致。有一次，我看见一个4岁的小女孩做了16次练习，我唱了一首赞美诗分散她的注意力，但她丝毫不受影响地继续取出、混合、放回圆柱体。聪明的教师会对儿童进行非常有趣的心理研究，测量他们对不同强度干扰刺激的抵抗力。

事实上，只要一个儿童在自主学习，而且他所使用的材料本身包含着对错误的控制，教师要做的就只是观察。遵循我们的教育方法的教师，教得少，观察得多，会指导孩子的心理活动和生理发展。这就是为什么我把对她的称呼从女教师改成了“女指导”。

起初，这样的称呼让人们发笑。每个人都问教师该指导谁，因为她没有下属，也不能干涉学生的自由。但是，教师的指导远比人们通常认为的要更为重要和深远，因为她是一位给智慧生命指明方向的向导。“儿童之家”的管理者必须确信两件事——指导是教师的责任，练习是儿童的工作。只有明确这一点，他们才能合理地运用教育的基本概念，指导儿童自主学习。

第十二章

教育的偏见

在我们的教育方法中，教师的任务与普通教师相比要简单得多。我们的教师被教导要教给儿童必要的东西，并避免多余的东西。后者是有害的，因为它会阻碍儿童成长。因此，教师的活动被限制在一定范围内。而普通教师则因诸多琐事忙乱且疲惫，而“必要的事情只有一件”。

为了帮助教师摆脱传统观念和偏见，我将简要描述一些分散教师的精力和注意力的问题。

普通教师关心儿童必须克服的困难的难度以及休息的需要。我们认为，教师发展道路上第一个需要清除的障碍就是对学习的难易程度的偏见。学习的难易程度不由教师决定，只能由儿童根据自身经验来判断。例如，许多人似乎认为，我们教儿童认识几何形状就是在教几何学，这对学龄前儿童来说太难了。另一些人则认为，如果我们想教几何形状，应该使用立体图形而不是平面图形。我认为有必要用一句话来消除这种偏见：我们是在观察一个几何形状而不是在对其进行分析，只有分析形状是困难的。

例如，我们向儿童解释边和角时，可能会使用福禄贝尔所用的客观方法：正方形有四条边，用四根相同的木棒构成，那么它实际上进入了几何学的领域。我认为幼儿时期的孩子还太不成熟，不适合学习这些内容，但对形状的观察就很适合。儿童吃饭用的桌子可能是长方形的，盛食物的盘子是圆形的。我们确信儿童的成熟程度足以使他们有能力观察眼前的桌子或盘子的形状。

我们呈现给孩子的插件只是唤起他对形状的关注。此外，就名称而言，它与词汇表中的其他单词类似。那么，我们为什么会觉得现在教孩子圆形、正方形和椭圆形的单词还为时过早呢？例如，他在家里反复听到“圆形（tondo）”这个词表示“圆盘（piatto）”时，经常听到人们谈论方桌、椭圆桌等时，我们还会认为教给他单词会伤害他脆弱的心灵吗？如果他没有得到我们在形状教学中提供的帮助，这些常见的词汇在他的头脑语言系统中就会长期处于混乱状态。

人们还必须考虑这样一个事实，儿童常常独自一人努力理解成人的语言和对应的事物。但是，如果教学出现在正确的时间，以正确的方式开展，就会提前帮助儿童获得最终成果。结果是，儿童并没有感到疲倦，反而兴致勃勃地实现了自己的愿望。

人们的信念中还存在这样一种偏见，即儿童完全由自己支配时，大脑发展就会完全停滞。如果真的是那样，儿童就无法认识这个世界。相反，我们看到他逐渐自发地获得了某些思想和言论。儿童就像一个探索者，不断地发现新事物，努力理解和模仿那些陌生的语言。我们给他们的指示应该是精确的，以减少儿童的负担，并让其从中享受到轻松和胜利。我们是这些旅行者进入知识世界的向导，理应帮助他们避免在无用的事情上浪费时间和精力。

我们刚才提到的另一种偏见是，有些人坚持给儿童学习立体图形而不是平面图形，如球体、立方体、棱柱等。生理学表明，立体的视觉比平面的视觉更复杂，也仅局限在实际生活领域。外部世界的大多数物体，在我们看来都是平面图形。门、窗、画框、木头或大理石桌面当然都是立体的，但是在我们的视觉中，它们某一维度的尺寸缩减了许多，另外两个维度突出显示，看起来就像是平面的。所以，我们会说窗户是长方形的，画框是椭圆形的，桌子是正方形的。立体的形状由面积最大的平面决定，实际上我们的眼睛总会关注这一片面。何况，我们并不缺乏立体形状的练习，如固体插件使用的圆柱体。

儿童会经常在周围环境中分辨出他们学习过的平面图形，但他很少能认出立体图形。他会看到桌腿是一个长方体，圆形大厅是截短的圆锥体或拉长的圆柱体，这种认识要比他看出桌面是长方形更晚获得。我们没有把碗柜（更不用说房屋）看作长方体或立方体，因为立体形状几乎从来没有纯粹地存在于外部物体中，只能组合存在。

儿童毫不费力地用双眼分辨碗柜的形状，认识到它与之前学过的形状相似，而不是完全相同的。此外，他会识别窗户、门、立体家具、装饰墙壁的图画、墙壁本身、地板、露台的瓷砖等的平面形状。而且，他从平面图形中获得的知识就像是一把神奇的钥匙，可以用来解释周围环境中的几乎所有物体。他会产生一种洞察世界奥秘的幻觉，以此安慰自己。

有一次，我带着一个小学生散步，他正在学习画画，也知道如何分析几何图形。我们走在高高的露台上，从那里俯瞰波波洛广场和广阔的城市。我对他说："你看，人类的所有作品都是一大堆几何图形。"事实上，长方形、椭圆形、三角形和半圆形以上百种不同的方式构成建筑外观或装饰着墙面。这种如此普遍的单调性似乎证明了人类智力的局限性。与此形成对比的是，邻近的草丛和鲜花自由地展示着自然形态的无限多样性。

男孩从未做过这样的观察。他研究过自己画的几何图形的侧面、角度和形状，却没有过进一步思考，只会感到画画的枯燥和无聊。起初，他对人们堆砌几何图形的做法嗤之以鼻，但随后开始表现出兴趣，带着沉思久久凝视着这座城市。

玛格丽特桥的右边，正在建造一座长方形的建筑。我指着工人们说"他们多努力啊"，然后我们走去那块草地，在那里待了一会儿，静静地看着那里的植物。男孩说"它们很美"。"美"更好地描述了他的内心活动。

普通教师关心的另一个问题是，通过关注环境中的普通事物来扩大儿童的认识。观察一切，思考一切，是一件会让儿童焦虑的事情，更不幸的是，它还会消耗儿童的精力，残酷地剥夺他可能感兴趣的东西。这是成人在过度地干预儿童的精神世界，想要用自己的行为代替儿童的行为，这样的做法为儿童的发展设置了最大的障碍。儿童自己在周围世界里发现的美，经常给他带来快乐和满足，相反，成人的干预会把这些美变为乏味和惰性的源泉。

教师不应像许多人想象的那样担心，儿童会因为我们使用的材料有限而发展受到极大阻碍，因为这些材料已经代表了大自然、家庭或学校等环境所能提供的一切。如果儿童用感官材料锻炼自己，提高分辨能力，解放心灵，对工作的渴望与日俱增，那么，相比以前，他肯定会成为一个更加完美和聪明的观察者，并且对较少东西真正感兴趣的儿童会产生更加浓厚的兴趣。

我们应该期待正常儿童会自发地探索外部环境，或者像我说的“自愿地探索他们的环境”。儿童有了这样的想法后，他们每获得一个新的发现，就会体验到一种新的快乐。这给了他们一种尊重和满足的感觉，鼓励他们继续探索环境中的新鲜感，在这个过程中自然也会变得更加敏锐。儿童开始讲述他的观点时，教师应该全神贯注地关注他。例如，一个 4 岁的小孩在露台上跑步时突然停了下来，大声喊道：“看，天是蓝色的！”他就站在那里，久久地凝望天空。

有一天，当我走进一所“儿童之家”时，有五六个儿童走上前来，静静地站在我周围，轻轻地抚摸我的手和衣服，说“很光滑”“是天鹅绒的”。随后，更多的儿童围了上来，表情严肃，一边摸我，一边重复同样的话。教师想打断他们还我自由。我示意她不用，静静地站在那里，默默地欣赏儿童这种自发的行为。我们的教育体系中最大的胜利，一直都是儿童自发取得的进步。

还有一次，儿童正在完成一个绘画练习，用彩色铅笔填涂一个已经画好的轮廓。他正在涂的是一棵树，想要把树干涂成红色。教师正要打断他：“你认为有红色的树干吗？”我制止了她，任由儿童把树涂成红色。这幅画很有价值，因为它告诉我们，儿童对周围环境的观察并不准确。他会继续用彩色铅笔画画，也经常和同伴一起去花园，总会能注意到树干的真实颜色。感官练习到了一定程度后，就会自动地把注意力转向周围世界的真实颜色。他将经历一个美妙的觉醒时刻，认识到树干不是红色的，就像跑步的男孩注意到天空是蓝的一样。有一天，他真的会拿起一支棕色的铅笔给树干涂色，拿起一支绿色的铅笔给树枝和树叶涂色。这样的例子证明儿童的智力有了新的发展。

我们要培养观察者，不是对他说“观察去吧”，而是为他提供观察方法的训练，这种训练就是感官教育。一旦儿童与环境之间建立了联系，就可以确保他稳步发展。敏锐的感官能使他有效地观察周围环境，而他所观察的对象，以其多样性吸引他的注意力，继续锻炼他的感官。

如果我们忽视了感官教育，那么对事物属性的了解就仅仅是整体文化的一部分，而文化仅仅是已经学到和记住的信息，毫无意义。换言之，教师按照另一种方法教给儿童颜色的名称时，就已经给出了关于特定属性的信息，但是她没有培养儿童对颜色的兴趣。儿童会认识这些颜色名称，但他也会一次次地遗忘，关于颜色的知识也就停留在教师的课程范围内。而且，传统的教师提出一个概念的拓展应用时，如“这朵花和这条丝带是什么颜色？”儿童的注意力很可能无法集中在面前的物体上。

如果我们将儿童与手表或其他复杂的机械进行比较，就可以说，传统教育方法类似于我们用拇指拨动齿轮，让手表重新走起来。齿轮的旋转完全取决于拇指施加的压力，教育也会在儿童身上产生类似的效果。相反，新的教育体系就像一根拧紧的发条，为整个体系提供一种内在动力，这不是人为施加的，而是手表本身固有的驱动力。同样，儿童自发的心理发展也会无限地继续下去，它直接依赖于儿童自身的心理潜能，而不是教师的努力。

在我们的教育体系中，儿童学习的驱动力来自感官教育下自发的心理活动，并由观察者的智慧来维持。例如，猎狗的技能不是主人训练的成果，而是来自敏锐的感官。然而，主人会带猎狗出去打猎，由此提高它的感知能力，培养它在狩猎过程中的激情和乐趣。同样的道理也适用于钢琴家的培养，他在感官练习的同时提高了对音乐的鉴赏力和手指的灵活性，对于音乐的爱好兴趣反过来又促使锻炼感官的敏锐和灵活，最终达到的成就水平只会受到个人能力的限制。还有，物理学家可以学习所有关于和声的知识，这是他接受科学教育的成果，但是他可能无法演奏最简单的音乐。即使他受的教育非常广泛，也无法突破音乐上的限制。

我们的教育目的应该是帮助儿童成长，而不仅仅是为他提供一种知识。因此，我们提供了适合促进儿童感官发展的材料之后，应该等待他展现出惊人的观察力。

试金石

儿童经常表现出非凡的观察能力，注意到人们以前没有注意到的细节，似乎还会将眼前的事物和过去的记忆进行比较。儿童惊人的判断力表明，他们内心有一块试金石，这是成人所没有的。他们将外在事物与内心幻想进行比较，并做出极其准确的判断。

有一次，在巴塞罗那的“儿童之家”，工人们搬着一块玻璃走进教室，打算把它装在窗户上。一个 5 岁的儿童大声说：“那块玻璃不能用，太小了。”工人们试着把玻璃装进窗框时，才注意到它的确小了大约 1/4 英寸。

在柏林的一所“儿童之家”里，一个 5 岁的儿童和一个 6 岁的儿童在聊天，一个儿童问：“你觉得天花板是 10 英尺高吗？”另一个儿童回答说：“不是，大约 10.9 英尺高。”测量后，他们发现实际高度果然超过了 10 英尺。

还有一次，一个5岁的小女孩看到一位女士走进房间，就对她说："你衣服的颜色和那边的花一样。"女士走进隔壁的房间，发现那里有一盆花，刚才走进房间时没有注意到。她对比了花朵和衣服的颜色，发现两者惊人地相似。

儿童的内心有一块试金石，让儿童与我们处于不同的认知层面，使他们能够完成许多引人注目的事情。这种情况背后的原因似乎是，生命的某些时期比其他时期更适合开展某些心理活动。儿童能够记住和模仿词语的发音，可以很好地证明上述观点。大自然赋予儿童一种非凡的敏感性，使他们能够调整自己的发音和口音，而一个人的语言正是在童年时期固定下来的。这个过程是不可逆的，儿童在敏感期获得的东西，是一生中永久性的习得，也是其他阶段永远学不会的。因此，童年时期是获得感官印象和固定习惯的敏感期，如果错过了这一阶段，就永远无法弥补。

一旦认识到这一事实，我们就会注意到儿童活动中的细微变化。3岁儿童能够连续重复40次固体插件的练习，6岁儿童不会重复超过五六次。然而，6岁儿童能做的事情，要比3岁儿童能做的事情，甚至比他能意识到的事情，要高级得多。

这一有趣的事实也存在于道德发展的过程中。儿童早期是建立服从感的敏感期，其外在表现与模仿类似。但是，我们在研究这一现象时发现，当周围的环境对儿童发展有利时，儿童就会有一种天然的倾向，以一种惊人的方式适应周围的人。在这一趋势下，我们应该努力为全人类的爱和团结建立基础。除此之外，我们再也找不到类似的服从，而只会看到一种理性的依附或一种被迫的服从。

心理秩序

儿童在接受感官教育时，头脑一定不是空白的，但观念都是混乱的。他头脑中的混乱，与其说需要获得更多的知识，倒不如说需要对已经获得的知识进行整理。他开始分辨已知物体的各种属性，如数量和质量、形状、颜色、长短、厚薄、大小等。他把颜色分为几类，分别为白、绿、红、蓝、黄、紫、黑、橙、棕、粉。他注意到颜色的明暗变化有两个极端，并开始区分味道与气味轻盈与柔软，以及声音中的乐音和噪声。

儿童通过感官教育，学会将周围环境里的所有物体摆放得井然有序，将混乱的内心想法梳理得一清二楚。这是他心理发展的第一步，也是越过障碍重新发展的起点。儿童通过感官印象认识到的世界是简单有序的，这种早期获得的秩序感对以后的生活至关重要。

儿童通过自身洞察力获得对外部世界的认识，并通过这种方式接受教育。他们观察周围的世界，开始进行区分和分类。他们还发明了一些术语来描述新发现，并确定了它们的用途。在不断增长的知识的光芒下，他们已经获得了足够的进步并驱散了无知的黑暗。

第十三章

提　升

安静的练习

我们的教育方法和普通学校的教育方法之间的区别也表现在“安静教育”上。在普通学校，我们发现了秩序的概念，尽管它从未被真正定义过。这种状态下的学生行为，使得教师上课成为可能。但是，如果课堂是在教师的强迫下进行的，就会有一种从有序状态转变为无序状态的趋势。在这种无序状态下，各种不协调的、盲目的活动会产生噪声和不安，使教师很难甚至无法进行课堂教学。这显然扰乱了课堂秩序。在这种情况下，教师必须大力呼吁大家保持安静，也就是我们刚才描述的秩序。既然儿童已经获得了秩序感，养成了习惯，因此只需要一个简单的命令就足以确保这种状态的出现。

然而，在我们的教育方法中，日常的秩序是上升到一个更高水平的起点（然而，这是一种不同的秩序，因为是个别儿童通过努力完成的），但是更高的秩序水平还没有达到，甚至还不为人所知。因此，安静是一种积极的征服，必须通过知识和经验来实现。

儿童的注意力被吸引到细微的动作上，被教导如何在细节上控制自己的行为，以获得绝对的静止，从而带来安静的氛围。这是一个全新的和引人注目的事物，从来没有人注意过。因为在普通学校里，教师要求安静的目的是使生活恢复正常状态。此外，绝对的安静会使正常的生活和工作暂停，并没有实际意义。它所有的重要性和魅力来自这样一个事实，即通过中断日常生活，将一个人提升到更高的层次。这里不涉及实用性的问题，唯一的意义是自我征服。

三四岁的儿童被要求保持安静时，立即以强烈的兴趣做出回应，给我们提供了一个有意义的证据，证明儿童有自我提升的潜力，并且享受这种高级的乐趣。教师开始在黑板上写下“安静”这个词时，并注意到在她写完这个词之前，房间里就已经弥漫着一种深沉的安静，很多人都已经进入到这一氛围里。在这之前的几秒钟里，这四五十个儿童正专注于自己手头的事情。

儿童的活动似乎立刻暂停了。一些儿童刚想要发声，就明白自己即将进入一种安静的状态里。然后，他暂停自己的活动，开始保持沉默并带动其他疑惑的人一起保持沉默。因此，沉默带动沉默，一句话都不用多说。

这两种不同类型的学校的其他操作也可以进行类似的比较。在普通学校里，中等水平就代表“好”。但是，这种“好”的标准，既没有被定义也没有被研究，通常被认为是儿童应该达到的学习水平。在我们的学校里，中等水平的“好”是儿童在工作中自发获得的，然后我们把它继续提升到更高的完美水平。显然，如果儿童没有这种完美主义倾向，就永远不会真正达到这种境界。但是，如果他确实有这种倾向，如果他确实取得了毋庸置疑的进步，我们就应该感到，作为教育者，我们有了新的义务。

感官教育可能有助于说明这一点。众所周知，许多教育家认为感官训练是有问题的，因为他们把适应日常生活作为教育目的，相信感官训练偏离了自然学习。

事实上，某一事物应被视为许多特征组成的统一体。例如，玫瑰的颜色和香味，大理石的重量和形状等。因此，在教学里，正确的态度应该是把实物按照原样呈现出来。这种认识依赖于一种信念，即对事物的中庸认识才是终极目标。

但是，如果我们把中庸认识看作出发点而不是终点，我们可能会怀疑，儿童自发注意到的远不止“客观经验”的解释。当然，前提是让儿童根据本能自由地观察，而不被外在功能削弱，也就是说，他们害怕自己行动。

我们可以怀疑这一点，因为即使我们没有对儿童的自发反应进行系统的研究，也至少可以对这一事实有一个理论解释。无论环境怎样，儿童天然具有探索的倾向，就像本能地倾听他人说话的倾向一样。在这种本能驱动下，儿童开始了解外部世界，学会如何说话。在生命的敏感期，儿童观察环境中的事物，倾听人们的声音。因此，我们没有必要为他描述外界事物，而且要避免扼杀他的观察本能。如果我们想要帮助他，就必须将自身置于更高的认识水平。我们给予他的东西要比他独自努力时获得的更多。

我想在这里强调一点，我们可以从抽象概念开始，为儿童提供一种现实的哲学。抽象概念是思维的综合形式，独立于现实对象，并从中汲取一些共同的特质。然而，这些概念并不独立存在，而是存在于真实事物中。例如，重量是抽象的，因为它本身并不独立存在，只存在于物体中。形状和颜色也一样，这些概念本身是抽象的，而抽象本身是多种性质合成的。在一个单一的概念中，不同的性质分散存在于无限的真实物体中。儿童喜欢触摸事物而不是观察事物，似乎缺乏抽象思维能力。但是，我们在这里必须仔细区分，是缺乏足够的实质性刺激使抽象理解变得困难，还是儿童缺乏理解许多事物也就是抽象概念的能力？

如果我们成功地将抽象概念具体化，以一种适合儿童的形式呈现出来，也就是说，在可触摸的物体的辅助下，他是否能够欣赏抽象概念并对它产生浓厚兴趣？

感官材料当然可以被理解为一种抽象概念的物化，为儿童提供颜色、大小、形状、气味和声音，使他能够以一种清晰、有形、有序的分级方式来对这些属性进行分析和分类。

感官材料似乎能发挥出最大的潜能表现出最好的一面。事实上，儿童做的事情似乎超出了理智状态下可以做的事情的范围。这些材料向他们敞开知识之路，否则他们的童年达不到这样的发展水平。通过这些材料，儿童学会了如何集中注意力，因为它包含了一系列吸引儿童注意力的材料。

正常儿童教育与智力缺陷儿童教育的对比

正常儿童的教育体系，起源于伊塔和塞金教育智力缺陷儿童的方法。许多人意识到这一点后，会认为正常儿童采用同样的教育体系的做法是有问题的。当今这个时代，人们对正常儿童智力水平的区分越来越精确。因此，我最好指出两种教育体系的差异，以便清楚地区分出天资聪颖的儿童和资质落后的儿童。这两种类型的儿童在面对同一种学习材料时会有不同的反应，这为我们提供了一种实用的比较方法。

正常儿童和智力缺陷儿童的基本区别是，他们面对同一个物体时，后者不会对这些物体表现出自发的兴趣。我们必须不断地吸引他们的注意，邀请他们观察并鼓励他们采取行动。

假设我们使用的第一个物体是一个固体插件。众所周知，这一练习要求儿童把所有圆柱体从底座上取走，混合放在桌子上，然后再把它们放回各自的位置。然而，智力缺陷和反应迟缓的儿童在完成练习时，必须从强烈对比的刺激开始。他们只有在完成许多简单的练习之后，才能从固体插件练习中有所收获。

正常儿童的练习可以直接从固体插件开始，2 岁半到 3 岁半的儿童相对来说更喜欢这种感官材料。但是，智力缺陷儿童开始固体插件的练习时，需要教师不断唤起他们的注意力，鼓励他们进行观察和比较。一旦他们成功地摆放了所有圆柱体，就会自动停下来，结束练习。智力缺陷儿童犯错时，必须有教师纠正或督促他们自我纠正，即使他们确实认识到自己犯了错，也会表现得很冷漠。但是，正常的儿童对练习有着自发的、活跃的兴趣，会在犯错时自我纠正，这种自我纠正的行为强化了他们对差异的关注，以及对比较物体的渴望。

正常儿童专注于工作时，会拒绝被那些试图帮助他们的人打断。他们想独立解决问题，自发地工作，其价值远比关注事物差异的价值大得多，当然关注事物差异也有很大的价值。因此，这些材料就像是一把钥匙，让儿童打开与自我内心沟通的大门，展示和表达自我。正常儿童的优势就在于，经常重复进行自主练习。

正常儿童与智力缺陷儿童的另一个区别是，正常儿童有能力区分感官的主次。感官训练的部分技巧在于将需要训练的感官隔离出来。例如，我们要显示触觉差异时，最好让房间变暗或遮住儿童的眼睛，排除视觉的影响。但是在其他情形下，我们则需要保持安静，排除听觉的影响。所有这些操作，实际上是在帮助儿童专注于单一的、孤立的刺激，提高他们对这些刺激的兴趣。

相反，智力缺陷儿童很容易被恒定的外部条件分散或转移注意力。在黑暗中，他们很容易犯困、行为错乱或被蒙着眼睛的眼罩吸引，而不是被注意力应该关注的感官刺激吸引。然后，这种练习就会退化为无用的游戏或一阵傻笑。

最后一件值得特别关注的事是，智力缺陷儿童和正常儿童都从塞金的"三阶段课程"中获得了优异的成绩，这使得儿童能够简单而清晰地将词语和习得的概念联系起来。这会促使我们反思，聪明的儿童和不太聪明的儿童之间的差异在于，前者接受教师的指导时没那么被动。塞金的课程，简洁完整且符合心理学规律，让这两种类型的儿童都成功地实现了目标。这一结果清晰而有力地证明，个体的差异只有通过自发的工作和表达，即通过内心冲动的直接体现，才能更加明显和强化。

塞金的课程包含感知能力与名称的关联，并且成功地在智力缺陷儿童的头脑中建立起这种联系，激发了他们的感知能力。这一课程能帮助智力缺陷儿童更好地了解物体，在头脑中建立起对某一物体的名称和外在的双重认识。

正常儿童在观察物体时不需要这种帮助。相反，他们在学习感官的名称之前，需要先培养观察的习惯。他们非常乐于观察，因为他们已经注意到感官上的差异。学习感官的名称是最终阶段，说明他们已经自主完成了之前的活动。他们认识到相应的概念，并通过自身的努力使活动充满活力。

有趣的是，儿童把单词和通过感官所学到的东西联系在一起，并为此感到开心。

有一次，我教给一个还不到3岁的小女孩3种颜色的名称。我把一张小桌子放在窗前，坐在一把小椅子上，她坐在我右边的另一把小椅子上。桌子上有6块色板，红色、蓝色、黄色各有2块。我把其中一块色板放在她面前，让她找到与其匹配的另外一块，依次完成三种颜色的匹配，排出两列。然后，我又开始塞金的“三阶段课程”，教小女孩学会辨认颜色，学习颜色的名字。她高兴地看了我很长时间，然后开始手舞足蹈。我看着她在我面前活蹦乱跳，笑着对她说：“你知道颜色的名称吗？”她边跳舞边回答：“是的。”她无比幸福地继续跳舞，转过身来听我的问题，这样她就能热情地回答“是的”。

此外，智力缺陷的儿童在课程的帮助下理解学习材料。他们的注意力持续地集中在对比鲜明的物体上，然后产生兴趣，并开始工作。但是，物体本身的差异并没有强烈到激发他们的活动。

普通儿童教育与实验心理学的对比

伊塔对聋哑儿童和智力缺陷儿童的教育进行研究，后来德国的费希纳、韦伯和冯特通过测量工具开展心理学实验，两者之间有一个非常有趣的相似之处，尽管通常会被我们忽视。伊塔生活在法国大革命时期，在研究耳科疾病的过程中，把教育实验建立在这一基础上。他寻找能够系统地刺激感官、吸引注意力、激发人兴趣和活动的方法。因此，他设想的研究对象是有效的“刺激物”。

后来，费希纳、韦伯和冯特试图创建实验心理学，首先测试正常个体对最小刺激的敏感性，然后用数学方法精确测量不同被试对刺激物的反应。这些物体的重要性在于或多或少成为感官测量的手段，也就是用于测量感官的敏感性。

这两个项目从诞生到发展都是独立进行的。众所周知，前者的发展结果是聋哑学校和智力缺陷学校，后者的发展结果是研究所，开展测量工作，从而创造出一门新的科学。

然而，所有这些研究都依赖于测量感官反应的仪器，最终选择了非常相似和接近的物体。尽管是同样的物体，也会在一种情况下是感官教育的材料，而在另一种情况下是测量感官反应的仪器。尽管这两个项目使用的材料非常相似，但是使用目的却有本质的差异。感觉测量研究试图通过纯粹的实验，确定成人或特定年龄段的儿童能感知的最小刺激。这些数据的重要性在于说明心理反应可以用数学方法来衡量。这里包含了一种科学理念，即感觉或更高级的知觉，是认识刺激的方式，是一种依赖绝对的自然属性而非知识、智慧或思维的有序操作。换言之，感知差异并不依赖于教育产生的人为的心理差异。

任何人都能看出一个物体比另一个物体大或小，能认识到一个微小物体与其他同类物体的关系。个体感知上的差异是由自然属性带来的，由于人与人之间的差异，人在敏感程度、聪明程度上存在差异。因此，心理判断能力被认为是个体心理发展的标志。事实上，心理学家提出，可以根据年龄和个体差异判断个体发展是否正常，并建立心理层面的判断标准。

伊塔的教育体系包含强烈的、对比鲜明的刺激，吸引那些被排除在环境之外、无法以常规方式获得准确知识的儿童的注意力。因此，他的教育目标是引导儿童重复练习，让物体属性之间的对比不那么强烈，而是仅有细微的差异。判断被试的心理状态，不是一项简单的任务，而是一种修正的行为，目的是唤醒儿童的智慧并使其与外部环境的联系活跃起来，对物体属性做出精确的判断，并在心智和外部世界之间建立和谐的关系。

教育的真正而恰当的功能是，采取修正的行动来增强一个人的辨别能力。

感官教育使感官更加敏锐

人们往往会完全忽视感官教育在心理学研究中的重要性，对此有必要加以重视。例如，我经常看到不同大小的立方体放置在不同的位置，以测试儿童的心智。儿童必须识别出最大和最小的物体，并用手表来测量命令和反应之间的时间间隔，还会记录失误的次数。这样的实验忽略了教育的因素，这里指的就是感官训练。

“儿童之家”有一种材料是10个大小不同的粉色立方体，用来训练儿童的感知。儿童将它们放在地板的深色地毯上，并用它们搭建一座塔，将最大的立方体放在底部。儿童必须依次选择剩余的方块中最大的那一个，直到将最小的立方体放在最上面。2岁半的儿童非常喜欢这个游戏，建造完塔之后，就用力将其推倒，欣赏方块落在地毯上的样子，然后又重新开始搭建，反复多次。

如果“儿童之家”里三四岁的儿童和普通学校一年级的六七岁的儿童同时完成以上测试，前者会更快地做出反应，更快地选择出最大和最小的方块，并更少出错。有关颜色和触感的测试，结果也是如此。这一结果与心理测量原理有关，也与实验心理学有关。它们都预设了每个年龄段的儿童的智力水平，但由于每个人的自然禀赋不同，智力发展水平也会不同。

因此，我们的教育方法会被实验心理学的拥护者参考，他们希望通过儿童即时的反应确定心理发展的水平。同样，他们也会通过对单一因素的测量替代对整体的测量。例如，通过测量身高推断不同年龄段儿童的身体发育情况。感官的系统训练会打破这些标准，说明它们并不能提供心理发展的绝对指标。

如果人们试图将实验心理学作为教学方法改革的实践手段，那么就会犯一个原则性的错误。因此，真正的教育科学使用的刺激物，必须起源于积极的、修正的刺激，而不是作为测量手段的刺激。从一开始，我就根据这一原理开展自己的研究。这样做的实际结果是，我能够通过实验或教育培养正常儿童，同时揭示了儿童内心尚未被认识到的心理因素。

我们将实验心理学的测试和结果引入小学，并没有对学校本身或教育方法产生实际的影响。这样做的唯一结果是证明了考试改革的可能性。一段时间以来，美国教育工作者认真地开展研究，采用一种科学显示个人能力倾向的考试方式来取代传统的考试方式。因此，儿童在完成学业后，必须通过类似的考试以确定他们从事某种工作的能力。

伊塔的研究直接影响了教育的核心内容，治愈了部分失聪的儿童，通过练习增强他们的听说能力。他的研究结果发展为对聋哑儿童和智力缺陷儿童的教育。瑞士、德国、法国和美国的学校陆续开展了不幸儿童的救助工作，提高了儿童的心理和社会地位。而且，就在这一教育理念被引入普通学校之后，学校本身也进行了根本性的改革，儿童的地位被提升到了一个更高的水平。由此，儿童独立和自由的社会概念传播到了全世界。

第十四章

书 面 语 言

我们帮助儿童自然发展的计划，是否应该由于文明的进步而被人为的成就（即书面语言，包括阅读和写作）阻碍？这显然与教学有关，而且这种教学不再考虑人的差异。这就让我们不得不考虑教育中的文化问题，以及即使牺牲自然冲动也要努力实现的问题。我们都知道，阅读和写作是儿童在学校里遇到的第一个障碍，也是一个人让天性服从文明的要求时所经历的第一道折磨。

教育者对这一问题进行反思，得出的结论是，尽可能拖延承担这一艰难任务的时间，且越迟越好。他们认为，8 岁儿童几乎不适合这样艰巨的任务。通常，学习字母和语言是从 6 岁开始的，过早学习这些被认为是一种罪过。书面语言实际上被看作第二种“教化”，只对年龄稍大一点的儿童起作用。它是一种语言，使我们能够表达已经富有逻辑的思想，并从书籍中获得大量生活在远方或早已去世的人的思想。儿童只要因为不够成熟而不能使用书面语，就可以免去学习书面语言的辛苦。

但是，我们认为，只有对这一问题进行更深入的研究，才能找到解决方案。首先，我们应该分析写作教学方法中的无数错误。

这需要花费很长的时间来讨论，但是我们可以用一个简单的例子（塞金教智力缺陷儿童阅读的方法）说明我们的观点。另一个需要研究的问题是分析书写的本质，分析其各个组成部分，并设法将它们划分为独立的练习。这些练习可以在不同的年龄进行，可以根据儿童的能力发展情况分配练习的时间。这就是我们使用的标准，我将在下文加以说明。

阅读和书写的传统教学方法

对塞金的书写教学方法的批判

塞金在教育工作中并未提供任何恰当的书写教学方法，以下是他对这个问题的看法：为了让儿童从学会绘画到学会书写，教师只需要简单地将字母“D”描述为，取圆形的一半，用一条垂直线将半圆的上下两端连接起来。字母“A”是两条斜线在顶部相交，中部由一条水平线连接起来。因此，这不再是指导儿童学习如何学会书写，而是先学会画画再学会书写。此后，他必须根据对比或类比绘制字母。例如，在“I”旁边画“O”，在“P”旁边画“E”，在“L”旁边画“T”等。

因此，塞金认为没有必要教儿童如何书写，学会画画就能学会书写。但是，对他来说，书写只是描摹大写的字母，并没有进一步解释智力缺陷儿童是否能够学会书写。相反，他详细地讲述了教儿童绘画的过程，从而为儿童书写做好准备。但是，教儿童画画本身就是一件难事，伊塔和塞金都描述过这一点。

儿童在绘画中，第一个重要操作是认识平面，第二个重要操作是在平面上画线。这两个操作涵盖了书写和绘画中的所有要素。它们相互关联，产生这样一种理念，即书写就是创作有意义的线条，因为只有当线条创作过程合理而有序时，才能称得上是书写。随意涂鸦的成果是偶然的，没有任何意义。相反，合理有序的线条构成了文字，因为它遵循特定的规律。书写无非是把不同方向的线条组合在一起，所以在开始使用恰当的词语与文字对应之前，我们就有必要掌握线条和平面的概念。正常儿童本能地习得这些概念，但是对智力缺陷儿童来说，所有线条的应用都必须得到明确和合理的解释。儿童创作系统有序的线条，认识与平面有关的要素，在现实中通过模仿创作简单的线条，然后才是创作复杂的线条。

教师分阶段指导儿童：① 描画不同的线条；② 在平面上绘制不同方向、不同位置的线条；③ 把这些线条连接起来，使它们构成复杂程度不同的图形。因此，教师必须先教会他们如何分辨直线与曲线、垂直线与水平线以及千变万化的斜线。最后，教师还要教他们认识线条交叉构成的各种图形。

儿童对绘画进行理性的分析，产生书写行为。儿童在被委托给我们教育之前，就已经能够机械地画出许多字母的线条，会花

6 天时间学会画垂直线和水平线，会花 15 天时间学会画曲线和斜线。大多数学生能在纸上画出一条方向明确的线条之前，无法模仿我的手部动作。

儿童如果具有较强的模仿力和智慧，画出的线条就会与我给他们看的线条完全不同。他们会搞错两条线的交叉点的位置，哪怕是最容易掌握的位置，如顶部、底部和中间。确实，我教给他们平面、线条和结构的知识，让他们掌握平面和平面上的线条之间的关系。但由于学生的智力缺陷，我们在教他们学习垂直线到水平线、斜线再到曲线的过程中，必须考虑到他们迟钝的智力和不稳定的手部动作在理解和执行任务时的困难。我准备让他们克服一系列的困难，所以这里不仅有操作上的难度。我自问，是否有些线条的学习更难一些？这就是我在指导中的关注重点。

儿童通过眼睛和手的升降追随垂直线，而双眼或手在追随水平线时有些不自然（水平线沿着地平线的方向延伸，这就是水平线名字的由来）。斜线的概念稍微复杂一些，而曲线更加多变且难以掌握。因此，最简单的线条是垂直线，用斜线开始研究线条就会浪费时间。现在我将描述如何教儿童理解线条的概念。

几何的首要原则是两点只能确定一条直线。这一原理可以用动作来演示，在黑板上固定两个点，并用一条直线把它们连接起来。我为儿童准备的纸上也有两个点，他们试图跟我一样画一条直线，但有的儿童把线画在第二个点的右边，有的儿童画在左边，更不用说还有些儿童在纸上乱画。这些偏差更多来自智力和视觉的缺陷而不是双手，防止这些偏差的最好办法是画两条垂直线做参考。我们在要连接的两个点的左右两侧各画一条直线，与要画的直线平行，作用是限制儿童的画线区域。如果两条线还不够，我就会在纸上固定两把尺子，防止儿童的手在纸上四处游走。但是，这样的材料辅助不会长期使用下去。儿童首先要去掉尺子的辅助，其次要去掉平行线的辅助。智力缺陷儿童很快就能在两条线之间画出一条直线，然后去掉其中一条辅助线，只剩下右边或左边的一条，以防出现偏差。最后，即使这一条线也被去掉，他们也能从顶部的点开始，随着手的移动画出一条直线。这样，儿童就能在没有任何辅助和参考的情况下画出一条垂直线。

儿童在学习画水平线时，也会遇到同样的困难，采用同样的辅助方法。哪怕线条之初画得还比较直，但在由中心向末端移动的过程中也会稍微有些弯曲，这是由生理原因决定的。如果手部不够平稳，不足以支撑从起点画到终点的全过程，他就必须用纸上画的平行线或尺子做辅助。最后，我们让儿童画一条水平线，同时让它与正方形的一条边形成一个直角。因此，他们就会开始理解垂直线和水平线的意义，并将能够推测这两个图形之间的关系。

从线条的生成顺序来看，对斜线的学习应该紧随垂直线和水平线的学习，但是事实并非如此。斜线能与垂直线和水平线构成一定的角度，但是外观上又像另外两种线条一样是直的。这使得斜线的概念太过复杂，儿童没有充分的准备就理解不了。塞金用大篇幅内容讲解斜线的概念，把学生画在两条平行线之间的线向各个方向倾斜，以此解释斜线的概念。接着，他画了四条曲线，分别画在一条垂直线的左右和一条水平线的上下位置。他的结论如下：

这样，我正在研究的难题就迎刃而解了，垂直线、水平线、斜线和四条曲线连接成的圆，原则上包含了书写过程中所有可能的线条。

教到这一点时，伊塔和我都停顿了一段时间。既然儿童已经学会了这些线条的概念，那么让他们画一些规则图形的做法似乎是恰当的，当然是从最简单的图形开始。伊塔在这方面有些经验，并建议我从正方形开始。我按照这个建议做了三个月，却无法让学生理解我的意图。

塞金经过长时间的实验和对几何图形起源的思考，发现最容易画的图形是三角形。

三条线以某种方式相交时，总会形成一个三角形，而四条线可以在无数个不同的方向相交且不能保持平行，因此它们无法构成完美的长方形。

从这些实验和观察中，我推导出了智力缺陷儿童书写和绘画的首要原则，这些实验和观察已经被许多人证实。对我们来说，这些应用太简单了，我就不再多谈了。

这就是前辈们用来教智力缺陷儿童书写的过程。为了教他们学会阅读，伊塔用钉子把木制的几何图形挂在墙上，有三角形、正方形、圆形等。然后，他在墙上描画出形状，再拿走这些图形，让阿韦龙野孩在图画的指引下把相应的图形挂在各自对应的位置。正是因为这些图形，伊塔产生了制作平面几何图形的想法。最终，他像以前制作几何图形那样，制作了一些木制的大写字母。他在墙上画上字母，钉上钉子，这样儿童就可以把这些木制的字母挂在相应的位置。后来，塞金用一个底盘代替墙壁，在底部画上字母，学生用可移动的字母放在上面。20 年来，塞金并没有改变这一操作程序。

在我看来，人们对伊塔和塞金在阅读和书写教学中所使用的方法的批评似乎是多余的。这种教学方法有两个基本问题，使它不能用于正常儿童的教学。第一，儿童是通过印刷体的大写字母学会书写的。第二，儿童书写的前提是学会画几何线条，但是只有到了中学阶段，他们才开始学习几何。

人们认为塞金混淆了不同的概念。塞金观察儿童的心理及其与周围环境的关系，研究线条和图形以及它们与平面的关系。他认为儿童很容易画垂直线，但是画水平线时就会弯曲，那是“天性使然”。他对天性的解释是，人们会把水平线（等同于地平线）看作一条曲线。塞金给我们上了宝贵的一课，让我们认识到观察方法训练和逻辑思维训练。观察应该是绝对客观的，也就是说，没有先入为主的观念。这里的先入之见是指几何线条是书写的前提，这阻碍了他发现艺术形成的天然基础。此外，他还认为，儿童画线的偏差和误差是由头脑和眼睛决定的，而不是双手。因此，他花了好几个星期甚至几个月的时间研究线条的方向是怎么一回事，并指导智力缺陷儿童的视觉发展。

塞金似乎认为自上而下的教学方法，从学习几何线条开始，从儿童智力启蒙开始，从某种抽象的关系开始，是一种很好的教育方法。这些都是需要考虑的，但也存在一个显而易见的错误，即虚无的东西被看得过重，而真切的东西又被忽视，因此浪费了大量的时间和精力。

塞金的书写教学方法，倾向于把事情复杂化，这与我们偏重复杂事物的倾向类似。他教几何是为了进一步教书写，迫使儿童理解抽象的几何概念。原本画一个印刷的“D”，只需要简单的努力就可以做到，况且儿童学会的是印刷体，在书写的时候还得学习手写体，那么直接从后者开始学习不是更简单吗？

难道人们都不再信奉教儿童书写，先要教他们笔画吗？这曾经是一个根深蒂固的信念，似乎也是一个自然的过程。初学者都必须从直线开始，笔画中包含尖锐的棱角，但是字母表中还有很多字母包含圆滑的曲线。那么，我们是否真的能够想象，他们在摆脱尖锐的棱角完成字母“O”的过程中经历了多少困难？或者我们和他们需要付出多大的努力，才能使他们用锐利的笔锋写好字母？

让我们暂时摆脱这种偏见，选择一条更简单的道路吧。我们也许能够使未来的学生不必为学习书写付出痛苦的努力。书写必须从笔画开始吗？答案是“不一定”，因为这样做需要儿童付出额外的努力。如果他们真的要从笔画练习开始，那也只能是因为笔画是最容易完成的。

但是，如果我们认真观察的话，就会发现笔画是最难的。只有功底扎实的书法家才能用规则的笔画写满一页，书写水平中等的人只能用还算像样的字迹写满一页。事实上，直线的独特之处在于它遵循两点确定一条直线的原则，任何误差都会导致直线难以完成。因此，人们很难一气呵成地完成标准的笔画，更容易出现各种误差。如果儿童被要求在黑板上画一条直线，没有其他要求，他们就会从黑板的一侧开始画到另一侧，而这几乎所有人都能完成。但是，如果要求儿童从一个预定的点开始沿着特定的方向画一条直线，那么成功的可能性就会小得多，出现很多的违规或失误。

儿童画的线几乎都是水平的，因为画线的人是水平移动的。如果我们现在让儿童在固定的范围内画短线，他们就会犯更多错，因为画短线时他不能再朝同一个方向移动。下一步，我们可以让他们以特定的方式拿笔，而不是按照每个人自己的方式。通过这种方式，我们进入儿童书写任务的第一步，包括保持不同笔画之间的平行性。但是，他们的努力和尝试都是徒劳的，因为儿童还不理解这样做的意义。

我在法国接触过一些智力缺陷儿童，注意到他们的笔记本上一页一页的笔画，开头还好，最后都变成了一排排的“C”，威尔森也注意到了同样的现象。这意味着智力缺陷儿童的注意力比正常儿童要弱一些，逐渐失去最初的模仿冲动，以自然的动作代替规定的动作。这样，直线就渐渐变成了类似字母“C”的曲线。这种现象在正常儿童的笔记本上不会出现，因为他们会坚持努力到最后，而且经常会掩盖教师教学中的失误。但是，我们观察一下正常儿童的自主绘画，如在花园小径的沙地上用掉落的树枝画线，我们就会看到他们无论怎样都画不出短而直的线条，而会画出各种交错的曲线。塞金观察到同样的现象，儿童画的水平线很容易弯曲，他认为这是在模仿地平线的轮廓。我们认为学习书写必须付出努力，因为它们与书写无关，而与教授书写的方法有关。

智力缺陷儿童的第一次实验。在这个问题上，我们不妨暂时抛弃一切教条主义，忽略文化背景，放弃对人类最初如何学会书写以及书写本身如何发展的兴趣。让我们放弃已经确立的信念，即书写必须从简单的笔画开始，想象传统观念被剥除干净，需要重新探索真理一样。

让我们观察儿童学习书写的过程，并尝试分析他们在书写时的行为。这是心理 – 生理的研究；这意味着要审视书写的人而不是书写行为本身，考察主体而不是客体。我们总是习惯从客体开始研究，以此建立一种教学方法。现在，我们从对人的研究而不是从对书写的研究开始，这一方法完全是原创的，与之前的方法有很大的不同。

我们是对正常儿童的研究，结果完全未知，如果要给这种全新的书写教学方法起个名字，我会把它叫作心理学方法，因为它源于心理。但是，实践经验为我提供了另一个恰当的名称：自发书写教学法。

在我指导智力缺陷儿童时，遇到了几个案例。一名 11 岁的智力缺陷的女孩，手部具有正常的力量和活动能力，却无法学会缝纫，甚至连用一根针在布里穿进穿出、在布料上留下针脚都做不到。然后，我让那个女孩去做福禄贝尔的编织练习，将一条纸带横向穿过顶部和底部固定的垂直纸带。这两种工作有惊人的相似之处。我带着极大的兴趣注视着女孩，当她掌握了福禄贝尔的编织技术后，就重新给她针线，并且很高兴看到她成功完成了缝纫。

我意识到，儿童在正式缝纫之前，手部动作就已经准备到位。我们在教他们缝纫之前，首先要找到正确的教育方法。这一点尤其适用于通过动作任务，因为这些任务几乎都可以通过重复练习而成为自动化行为。这样一来，儿童就可以专注于某一项任务，并且不用付出过多努力就可以完成，甚至在第一次尝试时就表现得近乎完美。

我想人们可能也会以这样的方式为书写做准备。这个想法很简单，但却引起了我的兴趣，更令我惊讶的是，在观察这个不会缝纫的女孩之前，我竟然没有想到这一点。实际上，由于儿童已经学过触摸平面插图的图形轮廓，现在只需用手指触摸字母表中字母的形状即可。

我有一套漂亮的手写体字母模型，每个字母有 3 英寸高，笔画匀称，由 1/2 英寸厚的木头制成的。字母都涂了釉，辅音字母是蓝色的，元音字母是红色的，底部有一个精巧的黄铜护套，上面还附有平头钉。与每个字母对应的是水彩手绘的卡片，卡片与字母模型有相同的形状和颜色，但要小得多。此外，卡片上还印有一些彩绘的物品，物品名字的首字母与卡片代表的字母相同。例如，卡片“m”上有 mano（手）和 martello（锤子），卡片“g”有 gatto（猫）等。这些图片有助于儿童记住字母的读音。

实验中最有趣的部分是，可移动的字母模型被放在相应的卡片上后，我让儿童反复描摹字母，就好像正在书写一样，然后再简单地临摹字母卡片。这样，儿童就可以在不用真正书写的情况下，成功地掌握重现字母形状所必需的动作。

当时，我突然有了一个前所未有的想法，儿童在书写中使用的是两种不同的动作，除了再现字母形状的动作外，还有操作书写工具的动作。事实上，尽管智力缺陷儿童能够熟练地描画所有字母的形状，但仍然无法正确地握笔书写。对他们来说，准确地握住和操纵书写工具，是一种后天习得的特殊的肌肉运动机制，与书写涉及的实际动作无关。然而，描画不同字母需要的各种动作是通用的。握笔必然是一种独特的机制，伴随着相应的肌肉记忆存在。因此，儿童在书写之前还必须具备控制书写工具的肌肉运动能力。为了做到这一点，我在之前介绍过的练习基础上又增加了两个练习，儿童不仅要用右手食指触摸字母，还要用食指和中指触摸。然后，他们需要拿着一根小木棍，像握着一支笔一样描画字母形状。总地来说，我让他们完成同样的动作，有时手中拿着工具，有时不拿。

我们应该注意的是，儿童必须用手指跟随所画字母的可见轮廓。诚然，他们的手指已经习惯于触摸图形轮廓，但这项练习并不总是能成功达到目的。例如，我们自己在画画时，即使我们知道应该如何画线，也不能完全按照既定的方向画出来。严谨的做法是，画布上应该有一些特殊的设计，能够像磁铁吸引铁一样牵引笔尖的走向，或者就像安装了机械导向装置一样牵引着铅笔，精确地跟随只有眼睛才能敏锐觉察的线条方向。因此，智力缺陷儿童并不总是用手指或笔紧紧地跟随着线条。我们的教学材料并没有提供任何实际的控制，只是提供了对眼神导致的不确定动作的控制，以便儿童检验手指是否在跟随字母。我想到可以准备一些带有凹槽的字母模型，限制和引导儿童的动作，这样就可以更准确地完成书写动作。我原计划是让儿童用一根木棍沿着字母的凹槽描画，但是这个项目太贵，我就没有付诸实施。

在特殊教育师范学院的演讲中，我向教师们详细介绍了这种方法。在课程开放后的第二年，我公布了这种教学方法的笔记，还有大约一百份之前的文件。以下这些话是 25 年前公开发表的一些言论，至今仍有 200 多名小学教师掌握了这种方法。正如费雷利教授在一篇文章中指出的[①]，人们从这些话中得到了有益的启发[②]：

这时，教师向学生展示一张卡片，上面印有红色的元音。儿童需要把同样涂成红色的木制的元音字母模型放在卡片上。然后，他们必须像书写一样临摹字母模型，并为它们命名。元音是根据形状的相似性排列的：

o，e，a，i，u。

这时，教师告诉学生："给我找到字母 o！""放在它的位置上。"然后问："这是什么字母？"很多学生会在这里犯错，因为他们只是简单地看着字母，然后在脑海中猜测，却没有碰它。这一有趣的观察还可以揭示出儿童的学习方式是视觉型的还是运动型的。

接下来，教师让学生临摹卡片上画出的字母，先用食指单独临摹，然后用食指和中指临摹，最后握着小木棒像握着笔一样临摹，

① 费雷利，《写作教学：玛利亚·蒙台梭利博士的教学方法》，选自《罗马异常儿童和贫困儿童医学教育护理协会公报》（第 4 卷，1907 年 10 月，罗马）。

② 《阅读和写作同步发展》，摘自蒙台梭利博士 1900 年的《教学讲座摘要》第 46 页（罗马平版印刷公司，法拉蒂纳 62 号）。

这一过程就像是在书写一样。

辅音字母的卡片是蓝色的，依据形状的相似性放在一起，还有一组相应的蓝色木制字母模型，同样可以放在卡片上。除字母外，我们还准备了一组其他的卡片，上面除了印有辅音字母，还有一两个物体的图案，名称都是以卡片上的字母开头。在手写体字母前面还印有相同颜色的缩小版的印刷体字母。

教师会挑选一个辅音字母读出来，然后指向对应的卡片，把画在上面的物体的名字念出来，特别是第一个字母。例如，“m——mela（苹果）”“给我辅音 m，放在它的位置上，触摸它”，等等。这时，教师可能会发现儿童的语言缺陷。

儿童触摸这些字母，就好像正在书写一样，会启动与书写有关的肌肉训练。“运动型”学习方式的儿童，就是用这种方法学习的，他能在认识这些字母之前，就可以精准地描绘出大约 1/4 英寸高的字母。这样的儿童在手工活动方面也很优秀。

儿童观察、辨认、触摸这些字母，就像正在书写一样，同时也是在为阅读和书写做准备。儿童在触摸字母的同时观察它们，感官之间的合作有助于更快地将它们的形象固定在记忆中。之后，这两个部分将被分开：阅读中使用视觉，书写中使用触觉。根据不同的学习习惯，有些人先学习如何阅读，有些人先学习如何书写。

因此，多年前，我就开始以此为基本思路，开启阅读和书写教育体系。有一天，我惊讶地注意到，一个智力缺陷儿童拿起粉笔，把所有字母都写了下来，而且还是第一次写。他轻而易举地完成这一任务，速度比人们想象的要快得多。正如我在讲义中明确指出的那样，有些儿童在能够识别字母之前，就已经能够用笔把所有字母漂亮地写下来。我注意到正常儿童中也有这种情况，正如我当时所说的：肌肉感觉在儿童时期是最发达的。因此，对儿童来说，书写是一件很容易的事。但是，阅读却绝非如此，阅读需要一段时间的指导，需要智力发展到更高水平。因为阅读需要解释符号、调整声音以理解文字的意义，这些都是纯粹的脑力劳动。一方面，如下文所示，书写意味着儿童将声音转化为实质性的符号，就像说话是对听到的声音的一种自动翻译。书写过程只涉及动作，而对儿童来说，动作总是相对容易完成，年龄较小的儿童身上也很容易自发地发展这种动作。另一方面，阅读是抽象的知识文化的一部分，需要解释图形符号表示的思想，并且只有在发展到一定阶段才能获得。

正常儿童的首次实验。我对正常儿童的第一次实验开始于1907年11月上旬。1月6日圣洛伦索的第一所“儿童之家”建成，3月7日第二所“儿童之家”建成。从它们建成的那一天开始，直到7月底（中间有一个月的假期），我只是给予儿童实际生活锻炼和感官训练。这样做是因为，我也和其他人一样受到一种偏见的影响，这种偏见认为阅读和书写的教学应该尽量推迟，而且不应早于6岁。但是在过去的几个月里，儿童似乎从那些能够使智力发展到令人惊讶的程度的练习里得出了不同的结论。他们可以自己穿衣脱衣、洗澡，知道如何打扫地板，掸去家具上的灰尘，整理房间，打开和关闭橱柜，锁上并保管钥匙，按正确的顺序摆放橱柜里的东西，浇花，能够观察并知道如何通过触摸来识别物体。

这时候，许多儿童找到我们，坦率地要求我们教他们读书书写。在被我们拒绝之后，一些儿童在学校的黑板上画“o”，并将此作为一种挑战呈现给我们。后来，许多母亲来找我们，让我们教她们的孩子书写，她们说：“孩子们在这里学习很容易，你教他们读书书写，他们就会学得很快，这样就能减少小学的学业负担。”她们相信自己的孩子能从我们这里学会读书书写，而不会感到疲倦，这种信任深深地震撼着我。鉴于在智力缺陷儿童教育中取得的教学成果，我在8月的假期里幡然醒悟，决定在9月开学时做一次这样的尝试。但是后来我想，最好还是先完成之前中断的教学，直到10月份小学开学时再开始实行。这样做的好处是，学生开始了新的学习阶段，在学习中有了新的问题，也需要新的教学方法来应对。

我想做一种木头和金属制成的字母模型，就像和曾经给智力缺陷儿童使用的一样。后来，退而求其次，使用外层涂上金属色的字母模型，就像商店橱窗展示的那种，但我还是找不到合适的制作人，没有人想用金属来做字母。于是，我打算用木头刻成字母形状，中间挖出一个凹槽，以便儿童在练习中用一根木棒去描画。

但是，这项工作的进展一直不顺利。

9月，我四处寻找能制作这种材料的人，但是没有人愿意接这样的订单。一位教授建议我去米兰试试，就耽误了很多时间。整个10月就这样过去了。一年级学生已经开始用笔在纸上画满符号，而我还在等待字母模型的制作。最后，我和教师们决定用纸剪出大大的字母，将字母的一面粗略地涂成蓝色。为了让学生触摸字母，我想到用砂纸剪出字母的形状，粘在光滑的卡片上，这样的材料与最初的触觉练习的材料类似。

我在做完这些字母模型后，才注意到它们比我给智力缺陷儿童使用的字母高级得多，而且我还花费了2个月的时间找人做这些材料。如果我当时经费充足，就还会沿用过去那种优雅呆板的字母模型。我们渴望延续使用旧材料，是因为我们不了解新材料。我们总是在寻找过去的辉煌，却没有在朴素的传统中看到一种必然发展的新萌芽。纸制字母很容易成倍制作，所以学生不仅可以用它们来识别字母，而且还可以用它们来拼写单词。我还了解到，砂纸字母表为触摸字母提供了所需的引导，使它们不再是简单地被看到，而是被感觉到。因此，书写所需的动作可以在精确的控制下进行。

那天晚上放学后，我和两位教师满怀热情，把字母从平整的纸上剪下来，把字母形状的砂纸粘在光滑的纸上，或将纸质字母涂成蓝色，摊在桌上晾干，第二天早上就好了。我们在工作的时候，脑海中就已经清晰地出现教学过程的样子。这一准备工程如此简单，一想到之前的费力操作，我就忍不住发笑。我们后续的工作过程更有趣。

有一天，一位教师病了，安娜·费迪莉小姐去代班，她是我在师范学校的学生。我去看费迪莉小姐时，她给我展示了她对字母的两处修改：一是在每个字母的底部横着贴上一小条白纸，这样就能避免字母放颠倒；二是做了一个盛放字母的纸箱。以前这些字母都是混合放在一起，现在每组字母被分别放在不同的隔间里。费迪莉小姐在展示盒子时，不由得为糟糕的手工表示歉意，但我却很兴奋。那个盒子是她改造过的，是在搬运工的小屋里发现的，原本很破旧，现在被她用白线缝起来。我立刻意识到这个盒子将对教学有很大的帮助，这让儿童对比所有字母并选出指定字母成为可能。

我们注意到，大约一个半月之后，也就是在 12 月的圣诞节假期，普通学校的小学生忘记之前费力学习的笔画和棱角，以便能够画出圆滑的字母曲线，而我们的学校里两个只有 4 岁的学生正在清晰地写出字母，没有任何涂改和污迹，书写能力可与三年级学生相提并论。

这就是我的自发书写教学法和所用的材料的来源，下面我将对它们进行详细的描述。

第十五章

书写的机制

书写是一项需要认真分析的复杂行为，一部分涉及运动机制，另一部分是智力上的努力。我首先区分了两组主要的动作，一组动作是负责操作书写工具，另一组动作是描画不同形状的字母，两者的结合构成书写的运动机制。我们可以用机器来代替完成这一动作，于是人们发明了打字机。人们可以用机器书写，这使我们能够区分出书写的动作层面和使用书面语言表达的智力层面。

我们可以准确地分析书写的生理机制，因为如果注意到一个人如何书写并观察到这一动作的组成部分，我们就可以将它们分解开来，分别研究这两组动作。

首先，我们讨论的是操纵书写工具的问题（即握笔的问题），用拇指、食指、中指握住笔，完成一致性的上下移动。尽管我们写的字母是相同的，但每个人都有自己独特的风格，书写动作都独具个性。因此，每个人的书写形式都不一样，伪造他人的笔迹是不可能的。

不同的人在动作上存在细微的差异，原因不得而知。但可以确定的是，当我们形成了自己的独特模式，它们就会固定在每个人身上，很难发生大的改变。字迹成为一种身份标识，是我们拥有的最清晰、最不可磨灭的印记之一。同样地，口音、母语的发音以及习惯性的动作都是固定不变的，即使许多生理特征经历了缓慢而持续的转变，但这些独特的属性依然会持续存在。

儿童时期是书写的动作机制的固化时期，也是动作机制形成的敏感时期。儿童在他人的指导下，顺从自然的神秘规律，遵循无形的法则，细化并完善自己的动作。因此，在每一项为练习动作付出的努力中，儿童都会体验到重要需求得到满足后的喜悦。因此，我们有必要了解清楚书写机制的发展历程，然后，让它们在适当的时间自然地、毫不费力地固定下来，增加生命的能量。

当然，这一敏感期与普通学校指导儿童书写的时间不一致。儿童的手部动作已经足够成熟，动作已经固定下来了，却还要返回到起点重新开始训练，这是很痛苦的事情。六七岁儿童的双手已经错过了运动的敏感期，纤细的小手已经不再处于协调运动的最佳时期。因此，儿童在获取新的动作模式的过程中，必然要做出不自然且痛苦的努力。

因此，我们必须回到最初的起点，从幼儿期小手不协调但却柔韧的时期开始。那是在 4 岁左右，儿童在他不可抗拒的无意识冲动下，努力触摸周围的一切，以稳定发展出各种动作。

书写动作分析

为了帮助儿童学会书写，我们首先必须分析书写所需的动作，并且必须努力在真正书写之前分别完善这些动作。这样，我们将能够使不同年龄的人发挥各自的潜力，共同建立起这一困难而复杂的机制。

我们将找到最适合提前准备书写所需的心理时刻和方式，即以发展手部的精细动作为目标的感官练习，这些动作要对儿童有很大的吸引力，要能吸引他一遍又一遍地重复相同的动作。儿童应该能用手指握住书写的钢笔或铅笔，并能轻巧地引导它完成明确的符号。这不仅需要三根手指来握住书写工具，还需要整只手的配合，轻轻地掠过纸张的表面。

其实，普通儿童遇到的第一个困难，与其说是握笔，倒不如说是保持手部动作轻巧。没有经验的学生会用粉笔在黑板上或用钢笔在纸上重重地划出刺耳的声音，而且经常会弄坏粉笔和钢笔。有经验的学生则会小心地抓住笔，将它放在要书写的位置，努力与他那只无力的小手不可承受的重量作斗争。

儿童在手部动作尚未协调之前，只能通过手稳定地引导书写工具，准确地写出字母样的文字符号。因此，书写的必要条件之一就是要有一只所谓的“坚定的手”，即受意志控制的手。为此，儿童需要长时间地重复练习。如果儿童的手太过笨拙，写不出字来，那么这就会是他文字发展过程中的最大障碍，他必须耐心地锻炼双手，使其变得灵活。

在我们的教育体系中，儿童的手经过充分的练习，为书写做好准备。在感官练习的过程中，他们的手朝不同的方向移动，不断重复同样的动作，不知不觉地为书写做好准备。让我们分析一下儿童已经完成的练习。

用三根手指操纵物体。3 岁的儿童用三根手指握住和钢笔或铅笔差不多大小的旋钮，从固体插件的底座上取出圆柱体。因此，这一练习是在反复协调书写所需的运动器官。

灵巧的手。我们观察到，一个 3 岁半的儿童蒙着眼睛，将手指浸入温水中轻轻滑动，同时尽力确保手指不要碰到光滑或粗糙的平面。这种轻柔的手部动作能锻炼出敏锐的手指触觉，终有一天有助于儿童学会书写。这样，人类最宝贵的工具——意志——得以不断完善。

坚定的手。儿童在用手绘制图形之前，就已经具备了一种能力，那就是朝着某个特定的目标移动的能力，以精确的方式引导双手。这是双手具备的基本能力之一，因为它与一个人的动作协调能力有关。我们可能还记得平面插图练习，包括仔细触摸各种形状的轮廓及其相应的底座，用其作为向导，帮助经验不足的手将动作保持在规定的范围内。与此同时，眼睛习惯于看到和识别手指触摸的形状。这是一种提前和间接的手部动作准备，而不是一种即时的准备。但是，这两种准备不应该相互混淆。

书写的直接准备及各种因素分析

现在，我们必须利用讨论过的例子，分析书写的各种因素。书写包含着一系列复杂的难题，这些难题可以彼此分解开来，可以通过不同的练习逐一克服，也可以在人生的不同时期或阶段逐一解决。但是这样，每个因素相关的练习都与书写练习无关。事实上，如果书写是多种因素结合的唯一结果，那么各个因素彼此分离，就无法完成书写了。我们可以用化学中的概念作类比。当水分解成氢和氧时，就已经不再是水，而是两种气体，每种气体都有其自身的属性，可以单独存在。因此，我们谈到的因素分解是指把书写的构成因素分解为有趣的练习，激发儿童的活动动机。这种分解不是将一个整体简单地分解为几个部分（笔画、曲线等），这可能导致儿童丧失对书写的兴趣。相反，我们的分解寻找单独存在的因素，围绕某一因素开展有针对性目的的练习。

因素一：使用绘图的工具。儿童喜欢用彩色铅笔填涂轮廓，这是一种本能，是一种原始的绘画能力，或者更确切地说是在绘画之前具有的能力。为了让这项工作更加有趣，我改进了这一过程，让儿童自己画出填涂图形的轮廓。儿童也可以选择画自己喜欢的图形轮廓，从而保留了绘画的审美意义。为此，我准备了特殊的材料——铁制插图，在后面内容中会有详细介绍。这些工具使得儿童能够描画出几何图形的轮廓，反过来又产生了一种装饰设计，我们称之为“插图艺术”。但这无论如何都不应被看作在为书写做直接准备。

因素二：描摹字母符号。我提供了一组由光滑的卡片组成的材料，上面粘有砂纸做的字母，用于练习绘制文字符号的动作。儿童像书写一样临摹文字材料，固定手部和手臂的动作。这样它们就能作为参照物，使眼睛有机会从远处注视该物体。因此，人们通过视觉和触觉双重方式记忆一个字母。综上所述，我们可以说，书写的两个机械因素被分解为两个独立的练习，即描摹和触摸。描摹赋予双手掌握书写工具的能力，触摸字母则有助于建立运动记忆和视觉记忆。

引导绘画和书写的材料：平台、金属插图、轮廓图和彩色铅笔。我有两个相同的支架，顶部略微倾斜，由四条短木腿支撑。在斜面的下边缘固定有一个横杆，防止物体滑落。每个平台上都正好有四块方形底座，铁质的，被漆成棕色。每一块 4 英寸见方的底座中央都有一个插件，也是金属制成的，被漆成蓝色，中间配有一个青铜把手。

练习。当两个平台相邻放置时，它们看起来有点像一个包含 8 个图形的架子，可以放在窗台上、教师桌上、橱柜里，甚至儿童桌上。这一物品看上去很精美，吸引了儿童的注意力。他可以随意选择一个图形，将底座连同插件一起取走。这一过程看起来很像之前描述过的平面插图，只是在这里，金属插图薄且重。他首先拿起底座，将其放在一张白纸上，用一支彩色铅笔勾勒出底座的形状，然后拿开插件，在纸上画出底座中央插件的形状。

这是儿童第一次通过绘画再现几何图形。之前，他只是将三组卡片放置在平面插件上。现在，他将插件放在自己画的图形上，就像他把平面插图放在第一组卡片上那样。他用不同颜色的铅笔勾勒出轮廓，然后将插件拿走，在纸上用两种颜色加倍勾勒出图形的轮廓。之后，儿童用自己选择的彩色铅笔（像握着书写的铅笔一样）填涂轮廓，还不能超出轮廓范围。

填涂练习中，儿童反复完成同一个动作，笔画数足以在 10 页纸上写满字。他不知疲倦地练习，是因为他可以自由地协调必要的肌肉，并且很高兴看到一个大大的、色彩鲜艳的图形出现在他的眼前。

起初，儿童在纸上用红色、橙色、绿色、紫色、蓝色和粉色画满正方形、三角形、椭圆形和梯形。研究过同一儿童的系列画作后，我们可以注意到他在两个方面的进步。第一，线条超过轮廓的情况越来越少，最终都被完美地包含在轮廓里，边缘和中心的填涂都是稳定和均匀的；第二，填涂时使用的笔画最初很短且乱，后来就变得很平滑，且越画越长，以至于有时会在两条边界之间使用一组完全规则的笔画来填涂。这时，我们可以确信儿童已经掌握了铅笔的使用方法，也就是说，他已经让操控书写工具所需的肌肉活动稳定下来。因此，我们从对这些图画的研究，可以得出关于儿童握笔能力的可靠结论。

前面提到的轮廓图形还可以用到改进版的练习中，它们可以组合成不同的几何图形和装饰图案，如花卉、风景等。这些图形锻炼儿童画出不同长度的线条，使他的手变得更加熟练和可靠，从而完善了他的书写能力。

现在，如果我们估算一下儿童填涂图形时画线的数量，将这些线条换算成书写的笔画，就会发现它们的数量相当于在 10 个笔记本上写满字。因此，儿童对书写充满信心，可以与使用普通教育方法儿童在三年级时达到的水平相媲美。

“儿童之家”的孩子们第一次拿起笔时，表现得就像已经会书写了一样。我认为，没有什么教学方法能在更短的时间内获得这样的效果，而且能给儿童带来这么多的乐趣。相比之下，我以前让智力缺陷儿童用棍子触摸卡片上的字母轮廓的方法很糟糕，也没有什么效果。

即使儿童会书写，我也总是让他们继续这些练习。他们也会为了不断进步持续努力，因为绘画可以是多样的和复杂的。这些不间断的练习本质上是相同的，即看到自己正在完成越来越多的图画，越来越多展现出他们的优点，自然让他们引以为豪。因此，我不是简单地提倡多做练习，而是在完善书写能力，是所谓的“预备练习”。例如，在当前情况下，儿童握笔的动作越来越稳定，不是因为反复进行书写练习，而是因为不断地填涂轮廓图。因此，我的学生不用真正地书写，也能在这一过程中完善自己的书写能力。

触摸砂纸上的字母。我们将卡片制作的字母，按形状的相似性进行分组。原材料是由细砂纸剪成字母，固定在大小相等的字母卡片上。光滑的卡片是绿色的，而砂纸是浅灰色的。光滑的卡片有时候被抛光的白色木片代替，而砂纸是黑色的。这是因为颜色的区分有助于使字母的形状从背景中突显出来。

底座由纸板或木头制成，与卡片上的字母形状相同，但是要大一些，并且根据形状上的相似性或对比度组合在一起。这些字母画得很漂亮，并且带有适当的阴影。如果是当时小学采用的字体，那么笔画就是横平竖直的。这种学习材料的字体是当时常用的字体。我们的目标不是改革字体，只是希望能方便书写，不管字体是什么样的。

练习。练习首先是从字母开始。教师先教元音，然后教辅音，根据其发音而不是它们的名称来教。这样按照众所周知的语音方法发音，儿童就能将发音立即与字母结合起来。教学也会按照之前描述的三个阶段进行。

（1）与字母发音有关的视觉和触觉。教师在已有教学材料的基础上，为儿童挑选两张绿色卡片或两张白色卡片，上面写着字母 i 和 o，指导儿童“这是 i”“这是 o”，然后以同样的方式教其他的字母。教师会说“摸一下吧”，让儿童立即触摸字母，不用进一步解释情况，仅向儿童展示如何临摹字母。如果有必要，她还会手把手地指导儿童用右手的食指在砂纸上摩挲，就像他在书写一样。

儿童很快就学会了，手指已经能够熟练地进行触觉练习，在细砂纸的阻力下临摹字母的线条。然后，他就可以重复练习书写的必要动作，而且不必担心在临摹时出错。如果他的手指偏移了，砂纸下的光滑纸面就会立刻警告他出错了。

4 ~ 5 岁的儿童，只要学会了触摸字母的技巧，就非常喜欢闭着眼重复这个练习。砂纸能让他们在看不见的情况下跟随字母的形状，通过直接的肌肉触觉形成对字母的感知，这对克服书写的困难有很大的帮助。

如果练习对象是年龄较大的儿童（如 6 岁的儿童），那么他更感兴趣的是看到某个发音或组成单词的字母，触摸的吸引力已经不足以引发动作练习的兴趣。他已经失去了较小年龄时动作练习的乐趣，因此书写能力的发展就不会那么容易，也不会那么完美。相反，年龄较小的儿童感兴趣的不是用手在一个完全可见的形状周围移动，而是这一过程中产生的触觉。触觉能让他的双手完成动作，然后将动作固定成肌肉记忆。

教师让儿童学习字母时，视觉、触觉和动觉（肌肉）三种感觉同时在发挥作用。这就是为什么图形符号在头脑中固定下来的速度，要比用普通教学方法中通过视觉获得的图像快得多。我们还应注意,肌肉记忆是儿童最稳定也是最容易获得的记忆。有时候，他看到字母并不认识，但触摸后就能认出来。这些图像还同时与听到的字母发音相关联。

（2）感知。儿童听到的声音与字母外形相对应时，能够比较和识别这些外形。教师让儿童找到字母，如“给我 o”“给我 i”。如果儿童看到识别不出来的字母时，教师会邀请他去触摸，但是如果在这种情况下也识别不出，这一课就先暂停，改天再上。我已经注意到，教师没必要指出儿童的错误，也没有必要在儿童没有立即反应的情况下坚持上课。

（3）语言。儿童应该知道如何发出与字母相对应的声音。教师把字母放在桌子上几分钟后,问儿童“这是什么”,他应该回答“是 o”“是 i”。

在辅音教学中，教师只对辅音发音，并且在发音后立即将其与元音组合，通过一个或多个音节来改变组合的发音，并且强调辅音的发音。最后，她再单独重复辅音的发音，如“m，m，m，ma，me，mi，m，m”。儿童重复这个声音时，会单独重复，并伴随一个元音进行。学习辅音之前，教师没有必要教会儿童所有的元音。他一旦学会了一个辅音，就会立即被用在单词组合上。这种学习的进度由教师来决定。

我觉得教儿童学习辅音时遵循的规则都不实用，通常，儿童对图形符号的好奇心就是他需要辅音教学的原因。物体名称的发音可能会引起儿童的兴趣，因为他能从中知道构成这个名称必需的辅音是哪个。儿童的学习动机决定了他应该遵循什么样的学习节奏，这比任何理性的方法都更有效。

当儿童发出辅音的声音时，他会有一种明显的愉悦感。众所周知，辅音发音如此多变，而字母以一种神秘的符号样式出现在生活中，对儿童来说是新奇的事情，其中的秘密引发了他强烈的兴趣。

有一天，我在一个露台上，儿童在我周围自由玩耍。一个2岁半的小男孩暂时被他母亲留在我那里。我把所有的字母混在一起放在凳子上，然后把它们分门别类地装到各自的盒子里。完成教学后，我把盒子放在几把凳子上。那个小男孩一直看着我，走上前来，手里拿着字母f。就在那时，几个男孩正排成一列往前跑，他们看到那个字母后，一起念出了字母的发音，然后继续往前跑。小男孩趁人不注意把f换成r，其他孩子又跑了过来，看了看，笑了笑，开始喊“r、r、r、r！ r、r、r！”渐渐地，小男孩开始明白，他拿到的每个字母都对应着不同的发音。这也把他逗乐了，我决定看看他能乐此不疲地玩多久，结果竟然等了足足三刻钟！那些孩子对这个游戏产生兴趣，成群结队地停下来，一起发出字母的声音，并因小男孩惊讶的表情而大笑。最后，小男孩高高举起最常用的字母 f，他总是能从周围人那里听到这个字母的发音。然后，小男孩再次把它拿给我，自言自语地说：“f、f、f。”可见，小男孩看到一群人排队往前跑，大声念出字母，那一长串字母发音给他留下了深刻的印象，他从混乱的喊声中学会了字母的发音。

我们不必强调学会不同字母的读音就代表了儿童的语言能力，但是确实，几乎所有的缺陷都与语言本身的发展不足有关。语言能力缺陷是显而易见的，教师可以很容易地把它们一一记录下来，找到个别化的指导准则。

我们在纠正孩子的发音时，应遵循生理发展规律，逐渐克服困难。但是，当儿童语言能力得到充分发展，能发出所有字母的声音时，我们再教他写或读书面符号时，让他发出哪个字母的声音，就已经没有什么区别了。

许多人成年后依旧存在发音缺陷，这是儿童时期语言发展中的功能性错误造成的。如果我们不是在青少年时期去纠正，而是在儿童时期提供发展性的指导，我们将能有效预防发音问题。许多发音缺陷是方言带来的，几乎无法纠正；但是如果通过专门的程序完善儿童的语音，就很容易避免这些缺陷。

我们可以预见生理异常或神经系统功能的病理变化会导致语言缺陷产生并持续存在。儿童时期错误的发音和对错误发音的模仿，如口齿不清、口音变异等，会影响到每个辅音的发音。我们除了使用学习语言所必需的发音练习外，没有更多实用且有条理的方法了。这一问题如此重要，值得我们单独开辟一章进行讨论。

书写的所有技巧都已经准备就绪。现在，我们将直接讨论书写教学的方法，我们可能会注意到它已经包含上述的两个阶段。儿童完成这些练习后，就可以学习握笔和绘制图形符号所需的肌肉运动，并将其固定下来。他使用这些方法进行了长时间的练习后，应该已经为书写字母和简单单词做好了准备，哪怕不是真的在用钢笔或粉笔书写。

一开始，阅读和书写就是融为一体的，而且在我们的教学方法中，阅读教学与书写教学是同时开始的。我们给儿童呈现字母并给出字母的读音时，他借助视觉和触觉，在头脑中固定字母的印象，并明确地将声音与相应的符号联系起来，也就是说，他熟悉了书面语言。当他看到并认出字母时，他是在阅读；当他触摸字母时，他是在书写。他开始熟悉这两种行为，而这两种行为也会随着时间的推移而发展、分离，从而发展为阅读和书写两种不同的过程。教学的同步性，或更确切地说，最初这两种动作的融合，给儿童提供了一种新的语言形式，且不需要决定哪一种行为应该占主导地位。

我们不应该担心儿童在成长的过程中是先学会读还是先学会写，还是两者中哪一个对他而言更容易。我们必须在没有任何先入之见的情况下，从实践经验中学会这一点，等待因为个体的差异而使一方战胜另一方。这使得我们能够对个体心理学进行非常有趣的研究，并继续沿着基于个体自由发展的方向开展教学。无论如何，我们可以肯定的是，如果我们的方法应用于正常的年龄段（5 岁之前），那么儿童会先学会书写再学会读书；如果我们的方法应用在足够成熟的年龄段（5 岁或 6 岁），那么儿童就会先学会阅读，学习复杂的语言规则。

从规则中解放出来的智慧

字母的读写行为和对字母的认识有很大的区别。字母以单词而不是图形符号形式固定下来时，书写行为才真正出现了。即便是口语，真正出现的标志也是说出明确意义的单词，而不是发出元音和音节的声音。智力的最高级形式出现时，会使用自然或教育为其提供的规则来构成词语。

儿童把字母符号组合在一起，构成一个单词，并对这一活动产生强烈的认知兴趣。儿童用字母创造单词要比读单词有趣得多，而且也比写单词容易得多，因为书写涉及其他尚未固定的规则。因此，我们给儿童准备一个字母表，让他们从中选择字母并将其排列组合来构成单词。他们的体力劳动只是从盒子里取出已经学过的字母符号，然后将其铺在地毯上。单词是由一个个字母组成的，单词的读音也与每个字母的发音相对应。而且，字母是可移动的，所以很容易通过改变字母来纠正错误。这就需要对单词进行深入的分析，这也是提高儿童拼写能力的好办法。

这是真正意义上的学习，在练习中需要智力的参与，并且不会因为临摹字母而受到阻碍。在这种新的兴趣的驱使下，儿童就不会消耗大量的精力在重复和厌烦的工作中。

材料。这一材料基本上由字母组成，字母的大小和形状与砂纸做的字母相同，但它们是用彩色纸板或皮革裁成的。这些字母是活动的，没有被粘在纸板或其他东西上。因此，每个字母都是可以单独操作的。

我们会用一个盒子盛放这些字母，盒子的每一个隔间底部都印有一个字母。在底部的字母的引导下，儿童可以毫不费力地将字母正确地放回各自的隔间。这样的盒子一共有两个，每个盒子都会包含所有的元音。元音是从红色纸板上剪下来的，辅音则是从蓝色纸板上剪下来的。字母背面有一个白色的横向小纸条，固定在字母下方，以指示字母的正确方向和相对于其他字母的高度。每一行字母的白色纸条应处于同一水平位置。

拼 写 单 词

我们会把一个大盒子放在儿童的面前，里面装着所有的元音和一半背面贴着白条的辅音。儿童已经能够认出其中一部分的元音和辅音，但还有一些不认识。儿童可以将字母挨个放在桌子上，从而构成一个有连续发音的口语单词。教师先做一次示范，将字母从存放盒子里的隔间取出，引导儿童参与这个练习。她读出一个单词，如 mano（手），然后分析它们的发音：m，取字母 m；a，取字母 a 放在 m 旁边；然后取 n 和 o。她逐个取出字母，分别发出字母的读音，从而组成一个单词，直到桌子上连续放了四个字母：m–a–n–o。

有时，儿童明白了这个过程后，就开始独立完成单词的拼写，而不是等待教师的指导。几节课后，几乎所有人都能在桌子上拼出单词。这一单词拼写的过程，也是一种听写的过程。

单词的构成确实令儿童感到惊讶。他们对已经掌握的口语表现出极大的兴趣，并试图加以分析。人们会看到孩子们走来走去，自言自语。有的孩子一直在念叨："Zaira，Z–a–i–r–a。"他不停地念出字母的发音，却没有使用字母材料。因此，他的目的不是拼出单词，而只是想分析它的发音构成，似乎有一种新的发现，即我们读出的单词是由声音组成的。4 岁左右的儿童都可以进行这种活动。我记得有个人在孩子放学回来时，问他在学校怎么样，孩子回答说："buono（好），b–u–o–n–o 。"因此，他不是在回答问题，而是在分析单词。

盒子里的字母，可以清晰地区分出不同的发音。元音和辅音的区别在于颜色不同，字母之间的区别在于隔间不同。这一练习非常有趣，以至于儿童早在认识所有字母之前就已经开始拼写单词了。有一次，一个小女孩问教师：“哪个字母是 t？”教师想按照固定的顺序呈现字母，所以还没有给她看过比较靠后的字母 t。但是，女孩接着说：“我想拼 Teresa（特蕾莎），但我不知道哪一个是 t。”可见，学习新字母的欲望常常驱使儿童走在教师的教学前面。

一旦儿童的学习兴趣被激发，也就是说，当儿童认识到口语中的每一个发音都代表一个符号时，他们就会推进自己的学习进度。这当然有助于书面语言的学习。教师发现自己的地位发生改变，她不再是教书，而是照顾儿童的需要。事实上，许多儿童确信他们是通过自己的努力学会书写的。

年龄稍大的儿童对分析单词不会保持同样的兴趣，对语音转化为字母同样缺少兴趣。这只能解释为，4 岁的儿童仍处于语言形成期和心理发展的敏感期。只有当我们承认他正在经历一个充满活力的创造期，并且正在构建成人必须使用的语言时，我们在这一领域看到的所有奇妙现象才能得到合理的解释。5 岁之后，这种敏感性就已经下降了，因为创造期即将结束。另一个令人惊讶的事情是，儿童听到清晰的单词发音，不需要重复，就能把整个单词写下来。对于长单词或他们听不懂的单词，甚至是外语单词，也是如此。儿童只听了一遍，就在心里把它们转换为文字符号。单词一被读出来，就被转化成桌上的一串字母。

儿童完成这项工作的过程很有趣。他站在那里，密切关注着盒子，口中念念有词，把必要的字母一个不落地取出来。如果单词是形声词，他就不会出现拼写错误。他不停地念叨，是在一遍遍地重复单词的发音，把语音翻译成文字符号。

许多人来观摩这些课程，尤其是学校的督学，他们知道教小学生听写有多困难，教师必须重复教很多遍才能让儿童记住单词。但在我们的学校里，4 岁儿童对单词的记忆很牢固，尽管这项任务很容易分散注意力、耗尽精力。他们必须用眼睛搜寻盒子里的字母，用手去取出需要的字母，然后拼出单词。

在这个奇妙的实验的初期，一位督学找到我们，想教孩子们学习一个他认为很难的单词。他清楚地念出这个单词，强调了最后两个字母，听起来非常像是“Darmstadt（地名）”。但是，孩子们随即按照听到的发音拼出了单词。还有一次，公共教育部的一名官员教一个 4 岁半的孩子一个单词“Sangiaccato di Novibazar（地名）”，他也能按照读音拿起字母，在桌子上拼出单词。

值得一提的是罗马学校总督学的经历，他想亲自对儿童进行这方面的测试。他只是向一个孩子讲出了自己的名字迪多纳托（Di Donato），小男孩就开始拼写，但由于他没有听清楚所有的发音，因此错误地拼成了 d–i–t–o，被督学纠正说是 d–i–d–o。男孩丝毫没有受到打扰，拿出字母 t 放在桌子的一边，而不是放回盒子里。他在空白处补上所需的字母 d，继续拼写 d–i–d–o–n–a……然后，他把放在一边的字母 t 放在这些字母后边，最后加上一个字母 o，就成了didonato。因此，我们可以说，整个单词都被他刻在脑海里了。他从一开始就知道需要一个字母t放在尾部。他对此十分有把握，以至于督学的纠正也没有让他感到不安。督学十分惊讶地说："这个字母t的操作，让我相信很快就会看到教育史上的奇迹。"

这样的现象不止发生在一个儿童身上，很多儿童都表现出了同样惊人的能力。他们对文字有一种特殊的敏感性，并渴望掌握书面语言。显然，儿童用可移动的字母拼出这些单词，并不是简单地借助记忆来完成的，而是把这些单词"刻在"脑海里并"吸收"了它。他们正是依据头脑中的影像复制了单词，无论这个词有多长或是多么奇怪，它都被如此清晰地映照和复制出来。我们还应该注意到，这项练习对儿童来说具有绝对的吸引力，因为它很重要，重复起来也不会累。儿童以这种方式拼写单词，并不知道读写的规则。确实，他们对书面语言不感兴趣。他们对刺激采取行动，或者说是对刺激做出反应，不是激发一种低级的反射性行为，而是产生一种与敏感期的创造能力相对应的反应。

书写能力的爆炸式增长。书面语言的学习方法包括三个阶段：分别掌握必要的心理－生理活动，然后将它们结合起来进行读写。书写所需的肌肉动作与手握书写工具所需的肌肉动作是分开锻炼的。单词拼写的心理机制是将声音和视觉图像联系起来。儿童不假思索地用直线、规则的线条涂满几何图形，闭上眼睛触摸字母并再现它们的形状，在心理冲动的驱使下拼出单词，并重复："要写出 zaira，就必须有字母 z–a–i–r–a。”

确实，儿童从来没有写过字，但他可能已经完成书写所需的所有动作。听写单词时，儿童能够将它的结构和相应的符号保存在记忆中，并立即将其整合进自我的思想。他应该已经具备了书写的能力，因为他知道如何在闭着眼睛的情况下产生书写所需的动作，并且能够几乎无意识地操作书写工具。

这样的预备性动作为儿童提供了一种行为机制，可以产生一种冲动，从而导致意想不到的书写能力的爆发。这是从一开始的罗马圣洛伦索的第一所“儿童之家”，就已经出现的正常儿童的奇妙反应。

12 月的阳光明媚的一天，我和孩子们爬上露台。有些孩子自由地奔跑、玩耍，还有些孩子留在我身边。我坐在烟囱旁边，递给一个 5 岁的男孩一支粉笔，我对他说：“画一个烟囱吧。”他乖乖地坐在地板上，清楚地画出烟囱的样子。然后，我像往常一样认真地表扬了他。男孩看着我，微笑着站了一会儿，欣喜若狂地喊道：“我要写字！我要写字！”然后，他弯下腰在地板上写下 mano（手），然后带着极大的热情写下 camino（烟囱）和 tetto（屋顶）。他一边书写，一边大声喊道：“我在写字！我会写字了！”其他孩子都注意到了他的喊声，围在他身旁，惊讶地看着他。其中几个孩子兴奋地对我说：“给我粉笔，我也会写！”事实上，他们开始写不同的词：mamma（妈妈）、mano（手）、gino（膝盖）、camino（烟囱）等。他们都从未用过粉笔或其他书写工具。这是他们第一次书写，他们把整个单词写出来，就像第一次说完整的词语一样。

如果儿童说的第一个词语是“妈妈”，就像“妈妈”是她们的名字一样，作为对母亲身份的一种奖励，让母亲感到无法形容的快乐，那么儿童写出的第一个单词，也会使他们感到一种无法形容的快乐。他们拥有了一种新的技能，在他们看来，这是一种天赋，因为他们无法将自己正在做的事情与带来这一特殊行为的准备活动联系起来。

因此，他们认为自己自然会在将来的某一天学会书写，就好像通过自然的成长就能达到这一点。事实也是如此。儿童会在不知不觉中为说话做好了心理－肌肉机制的准备，这会引导他读出一个单词。儿童在书写上的表现也是一样的。但是，相比口头语言，书面语言需要直接辅助和书写练习所需的材料要简单和粗糙得多，发展也会更加快速和完善。而且，由于书面语言的准备工作不是局部的而是整体的，也就是说，儿童需要同时练习书写涉及的所有动作，其发展不是渐进式的，而是爆炸性的，因此儿童可以写出他听到的任何单词。我们分享了儿童在学会书写之初的经历，最初，这让我们深受触动，感觉自己仿佛生活在梦中，如有神助一般。

儿童第一次写出一个单词，内心充满喜悦。事实上，他四处炫耀，搞得人尽皆知。他会不停地叫大家看他写的字；如果有人无动于衷，他就会抓住对方的衣服，强迫他过来看。每个人都要来围在他旁边，称赞这位神童，观众的惊叹声与书写者的欢呼声融为一体。一般来说，儿童最初都会在地板上书写，跪下来，靠近自己的作品，认真地思考。

儿童写出第一个单词之后，就会继续到处乱写，大部分是在黑板上，带着一种近乎狂热的心情。我见过孩子们挤在黑板前书写，身后是另一排站在椅子上的孩子在黑板的更高处书写，还有一些孩子在黑板的背面书写。无法靠近黑板的孩子失望地原地打转，或是在试图寻找一点空间挤进去时不小心弄翻了同伴站着的椅子。最后，那些无法在黑板上书写的孩子，弯下腰在地上书写，或者跑到百叶窗和门前，在那上面书写。

那时候，“儿童之家”的地板几乎满是字迹。同样的事情也发生在儿童的家里，母亲发现面包皮上甚至都有孩子们留下的字迹，为了保护地板和面包，她们只好给孩子准备纸和铅笔。一天，一个孩子带来了一本写满字的笔记本。他的母亲告诉我们，这个孩子已经写了一整天，睡着时，手里都拿着纸和笔。

在最初的几天里，我无法制止儿童这种冲动的行为。他们在这一过程中逐渐获得了思想，让我想到大自然在完善儿童语言的过程中的作用。如果大自然像我一样放任儿童的发展，让多种感官材料有序地作用于感官，在儿童身上产生丰富的思想，从而使儿童为说话做好充分的准备，然后，大自然就可以对一个仍然沉默的人发出邀请，“去说话吧”，我们就会目睹一场突然的疯狂的语言爆发，儿童开始说话，并且会持续不停地说话，直到肺部和声带因说了太多晦涩难懂的单词而疲惫。但是，我相信这两个极端之间存在着一个中间状态。我们应该循序渐进地激发儿童书面语言的能力，使其发展得不那么突然，同时，也应该鼓励它作为一种自发的行动，从一开始就以近乎完美的方式进行。

如何应用此教学方法。后来，儿童的发展进入一个相对平稳的时期。这是因为他们看到同伴在书写，也被鼓励着尽快模仿他人书写。当一个孩子写出第一个单词时，他还没有掌握所有字母，组合单词的能力和拼写的单词数量受到限制。他从来没有失去第一次书写时的喜悦，但这已不再是一件令人惊喜的事，因为他看到类似的现象时有发生，知道这迟早也会在自己身上发生。这让儿童有了一个平稳有序的环境，而且是一个充满惊喜的环境。

每次去参观“儿童之家”，即使我前一天去过那里，也总会发现一些新的东西。例如，有一次，我看到两个很小的孩子在安静地书写，他们前一天还完全不会书写。教师告诉我，其中一个孩子前一天上午 11 点开始书写的，另一个孩子是下午 3 点开始书写的。现在，人们认为这种现象是儿童自然发展过程中的产物。

儿童经过三个阶段的准备后却还没有开始自发地书写，教师就必须决定是否鼓励他们开始书写了。这是为了防止迟钝的儿童突然爆发出一股书写的狂热，而这种狂热由于他已经学会了所有字母而无法抑制。教师可以通过以下特征确定儿童是否已经为自发地书写做好准备：在填涂几何图形时，画出的是直线和平行线；能够闭着眼识别砂纸上的字母；能够有把握地拼写单词。但是，即使儿童被认为已经为自发地书写做好了准备，我们也最好鼓励他在书写之前等待一周左右的时间。

只有在儿童开始独立书写后，教师才应该介入指导。她给儿童的第一种帮助是在黑板画上辅助线条，这样儿童就能在线条的帮助下保证书写的正确大小和位置。第二种帮助是督促犹豫不决的儿童不停地触摸砂纸上的字母，而不直接纠正他书写中出现的错误。这意味着儿童不是通过重复书写而是重复练习书写的动作来完善自己的。我记得刚开始学书写的儿童，为了在画了辅助线的黑板上写出漂亮的字母，重新回到砂纸字母练习中，把要写的字母临摹了两三遍，然后再去黑板上写。如果他觉得写的字母不够好，就会把它擦掉，再去临摹卡片上的同一个字母，然后再回到黑板上写。

我们的儿童，甚至那些已经写了一年字的儿童，总会继续进行三个预备练习。所以，这些练习最初激发了儿童的书写能力，后来也在完善他的书写能力。因此，儿童学会了如何书写，在没有实际书写的情况下完善书写能力。外在的书写行为是内心冲动的外在表现，这是一种内在的快乐，来自更高级的活动，而不是简单的练习。

儿童在为某项活动做好准备，在行动前完善自己的行为，也有一定的教育意义。如果我们对儿童的错误进行过多的纠正，就是在鼓励他尝试还没有真正准备好的事情，并使他对犯下的错误无动于衷。此外，我的书写教学法包含了一个重要的教育原则，即教会儿童避免错误，培养通向完美的长远的尊严，保持个体与善为伍的谦卑。只有这样，儿童才能获得并保持对自己的控制。这也使他摆脱了这样一种错觉，即一旦一个人成功完成某件事，只要简单地重走已经走过的路就足够了。

那些刚刚开始三个练习的儿童和那些已经书写好几个月的儿童，都在不断地重复着同样的动作，在同等水平上团结互助。这里没有初学者和精通者的群体界限，大家都在用彩色铅笔填涂图形，用手指描摹砂纸字母，用可移动的字母组成单词。年幼的儿童会向年长的儿童求助，他们都认为自己在做同样的事情。一个正在初始准备阶段，另一个正在逐渐完善，但所有人都在同一条路上。因此，在这里，人与人之间的平等观念比任何社会差异观念都更加深刻，不论是有抱负的人还是完美的人，都必须进行相同的练习，因为他们正在经历同样的精神之旅。

书写是在很短的时间内学会的，因为它只教给那些表现出渴望的儿童。他们自觉地关注教师给年龄大一点的儿童开展的课程和练习，并表现出参与的渴望。有些人从没真正上过课，只是观察过别人的学习过程，就学会了书写。

一般来说，4 岁以上的儿童对书写有浓厚的兴趣。然而，“儿童之家”的一些孩子在 3 岁半的时候就开始书写了，他们表现出对学习书写的热情，特别是对描摹砂纸字母的热情。有一天，我请贝蒂尼教师把她制作的各种卡片搬上了露台，那里是孩子们玩耍的地方。这些孩子正处于练习的第一阶段，第一次看到字母，立马围了上来，伸手去摸这些字母。一些年龄较大的儿童成功地从我们手中夺走了一些卡片，据为己有，但是又被一群小孩子挡住了去路。那些孩子兴高采烈地高举着卡片，就像举着高高的旗杆游行似的，引得所有孩子拍手欢呼。游行队伍从我们面前走过，大人、孩子都大声地笑了起来，孩子们的母亲也被喧闹声吸引，从窗口探出身子看着这一幕。

对 4 岁的儿童来说，第一次尝试准备练习到第一次写出单词的平均时间间隔是一个半月。而对 5 岁的儿童来说，平均时间间隔则要短得多，大约是一个月。但是，“儿童之家”的孩子在练习不到 20 天后，就学会了用所有的字母拼写单词。4 岁的儿童在练习两个半月后就能听写一些单词。一般来说，“儿童之家”的孩子在练习 3 个月后的熟练程度，可以和普通学校三年级的孩子练习 6 个月的水平相比。毕竟，书写是儿童最容易获得的、最愉快的成就之一。

如果成人能像 6 岁的儿童一样轻松地学习，一个月就能摆脱文盲的状态，但取得这一光辉成就的过程有两个障碍。一是成人没有儿童身上敏感期产生的热情，这种热情只在语言的自然获得期表现出来。二是成人的手已经太僵硬了，不太容易掌握书写所需的精细动作。但是我也知道，当我们把在儿童教育中使用的教学程序应用在成人身上（美国陆军新兵和士兵）时，扫除文盲的过程就容易得多。后来我了解到，以前在罗马，成人是通过临摹字体优美的字母来提高书写水平的，而不是像今天这样通过临摹字母模型来提高。

因此，我们用可移动的字母模型来描摹字母并按音标组合成单词，这有助于人们学会书写。但是，即使成人已经间接地为书写做好准备，他也需要花费几个月的时间才能学会儿童在一个月内能学到的东西，这一点是肯定的。

关于儿童学习书写所需的时间，我们已经讨论得够多了。就实际书写过程而言，我们的儿童从开始书写的那一刻起，就写得很好。他们的字字体圆润稳重，与砂纸字母模型非常相似，书法水平是没有受过书法专门训练的小学生所从未达到的，令周围的人感到惊讶。我广泛地研究了书法后，知道要说服中学里 12 岁和 13 岁的孩子在不抬笔的情况下一笔写出整个字母有多困难（除了字母 o 外），而且他们也会发现用一笔写出不同的字母且保持笔画平直更加困难。相反，“儿童之家”的孩子则会自然地用一笔写出整个字母，动作熟练，笔画平直，间距相等。看到这些后，不止一位尊贵的来访者惊呼：“要不是亲眼所见，我绝不会相信。”

书法，其实是一种纠正已经固化的缺陷的高级教育过程，是一项漫长且乏味的工作。儿童在看到字母模型时，必须再现模型所需的动作，但是他却缺乏视觉和所需动作之间的协调性。而且，书法练习无须像书写过程（如笔画练习）那样强调纠正基本错误，因为这一时期的缺陷已经得到修复，而且肌肉记忆特别活跃的心理期已经过去。

相反，我们要根据两个基本原则，即形式美（临摹漂亮的字母）和执行力（填涂图形的练习），间接地培养儿童的书写能力和书法能力。

第十六章

阅　读

经验告诉我，阅读和书写之间有明确的区分，这两种行为不一定完全同时发生。而且，我们的经验是，书写先于阅读发生，尽管这与通常的看法相悖。

儿童反复验证他写单词的过程，即反复多次书写后将这些符号转换成声音而认识这个单词的过程，我不会将其称为阅读。我所说的阅读是用图形符号来解释一个概念。

儿童还没有听过某个单词的发音，但是看到可移动的字母拼出了这个单词，他就知道它的意思，通过这个过程认识了单词。这个单词是人的名字、城市的名字或某个物体的名字等，他会真的读出来。儿童在书面上读到的和在口头上听到的是一致的，这是理解外界的一种方式。所以，儿童在理解书面语的含义之前，是不会阅读的。

正如我们所描述的，书写是一种心理运动机制占主导地位的行为。在阅读时，我们从事的是纯粹的脑力劳动；但是显然，书写教学为阅读做好了准备，降低了阅读的入门难度。实际上，书写是为儿童机械地解释文字的组合发音做准备，即儿童能读出单词的发音。人们可以注意到这样一个事实：儿童用可移动的字母拼成单词或书写时，需要一点时间思考挑选的字母或画出的符号，而写出一个单词要比读出一个单词花费更长的时间。儿童在学会书写后，遇到一个必须阅读和解释的单词时，也会沉默一段时间，阅读过程会像书写过程一样慢下来。相反，当儿童快速地读出单词，且有必要的重音时，说明他掌握了单词的意义。现在，儿童必须认识这个单词，也就是它代表的意义，让更高级的智力活动发挥作用。

因此，我用下面的方式进行阅读练习，使用的材料也跟传统的拼写练习的材料不同。我准备了几张普通的书写纸，每一张纸上都用手写体写着一个众所周知的单词，大约有 1/4 英寸高。这些单词是儿童经常读到的，代表的对象要么就在现场，要么就是人们众所周知的，如妈妈。如果单词指的是现场的一个物体，我会把它放在儿童面前，以帮助他理解文字。正如我之前所提到的那样，“儿童之家”里不仅有微型厨房、厨房用具、球和洋娃娃，还有橱柜、沙发和床等玩具屋必备的家具，还有小屋、树木、成群的绵羊、纸制的动物、橡胶做的鸭和鹅、载着水手的船、士兵、上了发条的火车、乡村庄园、马厩、宽敞的围栏里的牛等。在罗马的“儿童之家”里，一位艺术家还贡献了漂亮的陶瓷水果[①]。

① 第一所“儿童之家”有许多玩具，但现在的“儿童之家”里已经不再重视玩具，因为经验表明，儿童并不喜欢玩具。

如果书写有助于纠正，或者更确切地说，有助于指导和完善儿童的语言机制，那么阅读则有助于思想和语言的发展。简言之，书写是在生理上帮助儿童发展，而阅读是在社交上帮助儿童发展。正如我已经指出的，阅读的第一步是阅读专有名词，即阅读已知物体的名称。

我没有从简单或难懂的单词开始教，因为儿童已经可以把一个单词作为声音的组合读出来。我允许他将单词慢慢翻译成声音，如果翻译得准确的话，我会说“再快一点”。儿童第二次读得更快了，但常常还是不理解。我重复道：“再快一点，再快一点。”他读得越来越快，重复着同样的发音，直到猜出单词的含义。然后，他因认出单词而飞扬，流露出儿童常有的那种得意神情。这就是阅读练习的全部内容，这是一个快速发展的过程，对一个已经为书写做好准备的儿童来说，这一过程几乎没有什么困难。

诚然，本书中关于拼写的问题与书写过程中的笔画练习混在一起！儿童读完卡片上的单词后，把它放在指代的物体上，练习就完成了。儿童完成这种训练后，与其说是为了练习进行阅读，倒不如说是为了让他们理解练习材料。我想到了下面的游戏，可以让各种阅读练习变得更有趣、轻松、清晰，也更容易重复进行。

阅读单词的练习。我在一张大桌子上摆放了许多不同的有吸引力的玩具，还准备了一组卡片，每一张卡片上都写着一个玩具的名字。我把卡片叠好，扔进一个盒子里。儿童抽签拿出卡片，必须带着卡片回到自己的位子后，才能慢慢地打开读出卡片的内容。卡片的内容是绝对保密的，不能让隔壁的孩子看到。然后，他们拿着卡片走到桌子前，大声念出玩具的名字，并把卡片交给教师核实。因此，这张卡片就成了一种货币，换回它代表的玩具。如果儿童发音清晰，并能正确指出物体，教师会用卡片核实一下他是否正确。如果准确无误，他就可以拿到玩具，想玩多久就玩多久。

这一阶段的练习结束后，教师重新叫回第一个儿童，再按取玩具的顺序依次叫回所有儿童，让他们抽取另一张卡片，然后马上读出卡片的内容。卡片上写着的内容是同伴读过的，如果儿童还不会读，就不能得到玩具。出于礼貌，他必须把玩具交给小伙伴，以一种友善、优雅的方式移交玩具，对方也需要用鞠躬表示感谢。这种方式会消除任何等级差异，并传递出一种观念，即每个人都应该友善地把一些东西赠予那些还没有真正享用过它的人，所有人都应该平等地享有快乐，不管他们是否已经获得过。

阅读练习的过程非常顺利。人们可以想象这些儿童在幻想中体验到的快乐，自以为拥有了如此美丽的玩具，并且可以玩很长一段时间。但是令我惊讶的是，儿童在理解了卡片上的内容后，却拒绝拿走玩具，也不愿意浪费时间在玩玩具和与小伙伴友好社交上。相反，他们带着一种永不满足的欲望，一张接一张地取出卡片，并全部读出来。我看着他们，试图弄明白他们迷惑行为的原因。思考了一段时间之后，我突然想到，这正是出于人类的本能，儿童宁愿获得知识，也不愿从事毫无意义的游戏，于是我想到了人类思想的伟大。

因此，我把玩具收起来，着手做了几百张卡片，上面写着他们通过感官练习学会的人名、物品、城市、颜色。我把卡片放在几个盒子里，让他们随意抽取。我原以为他们会随机从其中一个盒子取出卡片，但事实并非如此。每个儿童都会把盒子里的卡片取完，然后才带着永不满足的欲望去看另一个盒子。有一天，我走到露台上，发现儿童已经把他们的小桌椅搬了出去，摆在户外。他们有的在阳光下玩耍，有的围坐在桌子周围，桌上满是字母和砂纸卡片。在露台的一侧，天窗的阴影下，教师坐在那里，手里拿着一个狭长的盒子，里面装满了卡片。儿童伸手进盒子里抽取卡片，打开阅读，然后叠好放回去。教师告诉我："我很难相信，他们已经在这里玩了一个多小时了，仍然乐此不疲。"我试着拿出球和娃娃来吸引他们，但是没有任何效果。这些玩具已经失去了吸引力，取而代之的是求知的乐趣。

当看到这一令人惊讶的结果时，我已经在考虑让他们阅读印刷品了，建议教师同时呈现同一个单词的手写体和印刷体。但是，儿童抢在我之前开启了这一过程。教室里有一本日历，上面印着许多字，有些是哥特字体。儿童正处于对阅读的狂热中，他们开始翻看日历，令我惊讶的是，他们会同时阅读罗马字体和哥特字体。

因此，我们只需要给他们一本书，他们就会去读。

起初，在“儿童之家”，我给他们看一本书，里面有各种物体的图片，上面印着它们的名字。我们在一些儿童的口袋里发现了几张便条，上面写着意大利面、面包、盐等的价格，这些是儿童用来帮父母买东西的。此外，父母告诉我们，孩子们不再会快速地跑过街道，而是会停下来看商店里的招牌。

一个 4 岁半的男孩，在家庭教师那里接受过同样的教育，曾经有过这样的行为。他的父亲是国会议员，会收到大量的信件。父亲知道儿子两个月前开始练习阅读，加快了读写的学习进程，但他并没有太多关注，也不太相信儿子的变化。有一天，他正在看书，儿子在他身边玩耍，仆人走进房间，把一大堆刚收到的信放在桌子上。男孩走到桌边，开始翻阅信件，并大声读出地址，让父亲感到难以置信。

人们可能会问儿童学会阅读的平均时间是多久。经验告诉我们，从儿童书写的那一刻起，从这种较低级的形式的书写到高级形式的阅读，平均需要 15 天左右。然而，儿童要做到准确地阅读几乎总是会比书写慢一些。在大多数情况下，儿童会写得很好，但读得一般。

但是，并非所有的儿童都会在同一年龄达到同样的成就。有的儿童由于不曾受到过鼓励，没有被引导做他们想做的事情，也从来没有在学习上寻求帮助，就会一直处于“静止”状态——既不会读也不会写。

传统的教学方法压制了儿童的兴趣，扼杀了他们的自发性。传统教学方法的追随者们认为没有必要强迫儿童在 6 岁之前学会书写，我对此表示赞同。然而，我无法确定，也没有试验结果证实，只要儿童完全掌握了口语，就鼓励他们书写，是不是最好的选择。

按照我们的方法接受过训练的正常儿童，几乎都是在 4 岁开始书写的，5 岁时的读写能力至少达到了小学一年级学生的水平。这意味着他们可以直接进入二年级，而通常情况下，7 岁的儿童才能上二年级。

卡片分类练习

之前描述的简单阅读练习被反复使用、修改、再修正，用于帮助儿童学习如何阅读非语音语言，如英语。其基本练习原则上也适用于语音语言，包括准备一系列物品和相应的卡片，卡片上写着物品的名称。儿童读完卡片的内容后，把它放在相应的物品旁边。在语音语言学习中，练习的目的是激发人们对书面语言的兴趣。儿童认出了当前物品的名字，就像发现了一个秘密一样高兴；他喜欢把卡片放在物品旁边，为完成这个隐秘的活动而感到高兴。到目前为止，他的内在动力已经被激发，兴趣已经被点燃，并在生命之源和掌握外在事物之间建立联系。

教师在教非语音语言时，也必须有类似的做法。例如，在英语教学中，我们首先搜索一组语音单词。众所周知，即使在非语音语言中，也总有这种类型的单词。我们选择了大约 20 种不同声音，可以组建起语言中出现的所有声音。从经验中我们知道，所有 4 岁到 5 岁的孩子都能清楚地区分每种单独的声音。

在儿童学习长单词时，单词的长度和发音的复杂性对儿童来说并不构成困难。在这种情况下，最基本的要求就是现场要有儿童感兴趣的东西。单词本身就有语音属性，代表的是儿童已知的或现场存在的物品，这就足够了。如此，儿童对书面文字的兴趣就会被激发起来，克服一系列困难，且根据拼写学会一组单词。

简而言之，我们首先要培养儿童对阅读的浓厚兴趣，这为克服与拼写有关的各种困难做好了准备。然后，我们还必须煞费苦心地把事物和相应的词语对应起来，这样就可以有一系列固定的后续练习。因此，我们唯一真正需要做的是对单词进行适当的分类，以便让儿童产生克服困难的兴趣，这些困难会通过单词的组合方式来体现。这使得儿童对阅读单词产生了纯粹的兴趣，就像在语音语言练习中那样。

这一过程是英国为英语教学而发展起来的。我们有必要准备一个小柜子，在不同的抽屉里，放着根据不同的拼写难度选择的单词和相应的物品，以此作为一种分类手段。儿童可以从橱柜里拉出一个抽屉，取出物品，并将卡片贴在相应的物品上，练习结束后再把抽屉放回柜子里。然后，他可以抽出另一个抽屉，依次类推，从而克服拼写和发音上的不同困难。

逆转练习。这些练习的实际效果表明，我们可以进一步使用这些练习，包括逆转上述练习的目的。我们挑选出具有教学属性的物品，并用卡片标出它们的名称。尽管在第一个练习中，学习的对象是已知的，学习的困难与单词有关，但在这里，儿童对单词已经有了足够的了解，练习的目的是教给他一些物品的名称，而且这些名称会因相同的教学目的结合在一起。这一练习已经扩展到“儿童之家”使用的各种材料的名称，如货物、扣件、多边形等。最后，这一练习被应用于动植物标本，它们类属的科学术语写在不同的卡片上。儿童在识别物品时，必须把卡片放在对应的物品上。

然而，最后这些练习引导我们走上了一条不同于当前教学关注点的道路，即学习如何阅读。这类似于植物学家和园丁的做法，他们会用标签标注每一种植物的拉丁名称。

阅 读 句 子

圣洛伦索第一所“儿童之家”的参观者看到儿童在阅读印刷材料，就送给他们一些精美的插图书作为礼物，收藏在我们的图书馆里。儿童在翻阅这些书时，还无法理解其中的简单故事。不过，教师们还是很高兴，并向我展示了这些书的价值。教师让儿童照着书读，还说他们的阅读比二年级学生更流畅和准确。但我对此持怀疑态度，并做了两个测试。第一个测试是让教师给儿童讲书中的故事，并记录下有多少人真正感兴趣。几句话过后，儿童的注意力就会分散，教师不得不让那些心烦意乱的儿童安静下来。于是，渐渐地，全班同学开始坐立不安，所有人都回到了自己习惯的工作中，不再继续听下去。显然，那些看似以阅读为乐的儿童并不是在享受阅读的真正意义，而是在享受将图形符号翻译成能识别的单词发音的能力带来的乐趣。实际上，他们读书的毅力比读卡片的毅力要差得多，因为他们在书中遇到了许多不认识的单词。

我进行的第二个测试是让儿童读一本书，却没有像教师那样向他解释，而是用一些问题打断他，如“你理解了吗？”“你读的是什么？”“孩子上马车了，是吗？”“仔细阅读！”“看！”等。

我把一本书递给一个孩子，像朋友一样坐在他的旁边，严肃地问他：“你看得懂吗？”他会回答：“看不懂。”表情似乎在疑惑我为什么这么问。事实上，阅读的意义在于理解一系列的单词，并从中汲取他人复杂的思想，这是儿童以后会有的经历。对他们来说，这将成为他们惊喜和快乐的新来源。一本书关注的是思想的语言，而不是表达的技巧。这就是儿童在掌握语言逻辑之前无法理解一本书的原因。阅读单个单词和理解书中的意思之间的区别，同发音和说话之间的区别是一样的。因此，我推迟了读书的时间，等待着儿童进一步的发展。

有一天，我正在上课时，四个孩子站了起来，满脸喜悦地在黑板上写下："花园里开花了，我真高兴。"这让我们大吃一惊，深受触动。他们已经到了可以造句的阶段，就像他们第一次写出单词一样。儿童身上正在发挥作用的力量是相同的，结果也是相同的：口语的逻辑性带来了写作能力的爆炸式发展。

我知道孩子们下一步该写句子了，就使用了同样的方法，在黑板上书写。"你喜欢我吗？"我书写是为了让他们都能看到。他们大声地、缓慢地读出来，沉默了一会儿，然后大声喊道："是的，是的！"我继续写道："那就保持安静，不要动。"他们几乎像是在喊叫一样读完这句话，随即房间里一片沉寂，只有坐下时调整椅子的声音。

因此，我们开始通过书面语言交流，这一过程对儿童来说是最有趣的。他们逐渐发现了书写的奇妙之处，那就是能传递思想。当我开始书写时，他们急切地渴望知道我在想什么，不需要我说出来一个字。书面语言确实不需要发出声音，它从口语中完全独立出来后，人们才能理解它的伟大之处。

1909 年的一天，本书的第一版发行时，"儿童之家"的孩子们正通过下面的游戏，享受阅读的乐趣。我在纸上写下一些长句子，描述儿童必须完成的动作。例如："关上百叶窗，打开大门。

然后等一会儿，把东西放回原处。”“礼貌地请 8 个同伴离开他们的座位，在房间中间站成两排。然后让他们踮起脚尖轻轻地来回走动，不要发出任何声音。”“请三位唱歌好的小伙伴到房间中间来，让他们排成一排，和他们一起唱你喜欢的歌。”

我还没写完，孩子们就急于从我手里抢过卡片来看。他们把卡片平放在桌子上，然后极其安静且专注地读了起来。我问他们：“你看明白了吗？”他们会回答：“是的，明白！”我说：“那就照卡片上说的去做吧。”我看到他们迅速地挑选要完成的任务并立刻着手去做，感到很惊讶。房间里出现了一种新的生活和活动状态，有的人关上门又打开百叶窗，有的人让同伴跑了起来，还有人去黑板上书写或去橱柜里取东西。他们带着极度的兴奋完成上述活动，惊讶且好奇的同时还有专注的沉默。我仿佛释放了一股魔力，刺激着他们完成一种前所未有的活动。这个魔法就是文字——文明最伟大的成果。儿童非常认同这些活动的重要性，完成活动离开时，他们都会满怀感激和爱意地走到我跟前说：“谢谢！谢谢您的教导！”

他们迈出了伟大的一步，他们的阅读从机械层面上升到精神层面。今天，这个孩子们最喜欢的练习是这样进行的：首先，所有人都会保持安静；然后，从一个装有折叠纸条的盒子抽出一张纸条，上面写着描述各种行为的长句。所有具备阅读能力的儿童都会过来抽取一张纸条，自己先读一遍，直到他们确信自己真的理解了，才会把打开的纸条还给教师，完成相应的任务。许多还不会阅读的儿童需要同伴的帮助，其他儿童则要使用或移动不同的物体，因此安静的房间里产生了一种奇妙而有序的骚动。这时候，房间里有儿童执行任务时轻快的脚步声，也有他们按纸条要求唱歌的声音，整体展示出一种令人惊讶的自发的纪律性。经验告诉我们，写文章应该先于句子的阅读，正如书写先于单词的阅读一样。此外，带有交流思想属性的阅读应该是精神上的，而不是口头上的。

事实上，儿童在大声朗读的过程中使用了两种语言机制，即发音和字形，这使得阅读过程变得更加复杂。我们都知道，成人如果要在公共场合朗读文章，首先要默读一遍，以理解文章的含义。我们也知道，朗读是最困难的智力活动之一。因此，儿童如果是为了汲取思想而开始阅读，就应该也在心理上完成这样的准备。书面语言倾向于理性思考时，应该与口头语言做出区分。书面语言可以远距离传播思想，甚至在感觉器官和肌肉系统处于休息状态时也能做到这一点。它是一种精神化的语言，使世界各地的人能够相互交流。

“儿童之家”的成功启发了我们，即整个基础教育体系应该随之改变。如果小学教育能发生改革，我们的教育方法就能延续下去。这个问题太大了，我无法在这里作充分讨论。但如果我们关于基础教育的制度能够得到普遍推广，那么一年级和二年级就可以完全取消[①]。

我们预测，将来的小学接收的孩子会像“儿童之家”的孩子一样，已经知道如何照顾自己，可以独立穿衣、脱衣、洗澡，懂礼貌且守纪律。然而，正如我相信的那样，他们是自由的，因为他们受过如此严格的训练。此外，他们的语言能力完善，发音没有错误，而且还可以把语言应用于实际生活和推理过程。

这些儿童讲话清晰，字体优美，举止优雅，说明他们是一个正在进步的群体。这样的儿童给未来带来了光明的希望，他们是对周围环境的耐心和聪明的观察者，可以自由地运用他们的推理能力。我们认为，应该建立能够接收这些儿童的小学，引导他们在人生和文明的道路上走得更远。这些小学应当与“儿童之家”采取一样的教育体系，保证儿童的自由和自主发展。因为正是这种教育体系决定了他们的个性发展。

① 在有“儿童之家”的地方，那里的小学遵循蒙台梭利方法。我写过的很多书都讨论过这种教育，特别是我的两卷《先进的蒙台梭利教学法》。

第十七章

口 头 语 言

书面语言，包括听写和阅读，体现了口头语言的所有的复杂性。因此，书面语言的属性可以从两个角度考虑。

（1）它是一种新的具有重要社会意义的语言，是对人类自然语言的补充。因此，书面语言具有教育价值，在学校教授书面语言时不考虑它与口头语言的关系。总之，书面语言被简单地认为是人与社会环境接触的必要手段。

（2）它可以用来改善口头语言。这是我想要强调和坚持的一点，书面语言在生理上的重要性也不容忽视。正如口头语言是人的一种自然功能，是促进社会进步的一种手段。书面语言本身也可以被看作在神经系统中形成的一系列全新的机制，或是一种可用于社会目标的手段。

最后，还有一点，就是书面语言的发展与它以后注定要完成的功能无关。

我认为，儿童在书写初期会遇到很多困难，不仅是因为迄今为止的书写教学方法一直都不合理，还因为我们试图使它实现书面语言教学的高级功能，而这一功能也是最近才实现的，通过几个世纪的努力固定和完善的。

我们可以考虑这种方法的不合理性。我们过去分析的是书写符号，而不是产生它们所需的生理活动。我们这样做的时候，并没有考虑到这样一个事实，即符号的视觉表征与执行所需的动作没有内在的联系。例如，单词的听觉表象不包含在语音中再现它的运动机制。儿童除非有一些准备工作，否则很难激发动作。毕竟思想不能直接作用于运动神经，当思想本身不完整时，就不能唤起行为意志，更不能直接作用于运动神经了。

举例来说，我们从笔画和曲线的角度对书写进行分析，仅仅是让儿童看到一些无意义的符号。儿童对此不感兴趣，因为视觉不能激发内心的运动冲动。对儿童来说，书写行为需要意志努力，而且很快就会感到疲倦、无聊和痛苦。除了意志努力之外，儿童还需要有操作书写工具所必需的肌肉运动。

儿童写出不完美或错误的字母，并由此产生挫败感。他还会被教师不断纠正，不断被提醒自己在书写时犯的错，因此会更加沮丧。因此，儿童被要求付出更多努力时，他的精神能量反倒降低了，而不是被教师提高了。尽管儿童在学习书写的过程中犯了很多错误，但是通过艰难的学习过程学会的语言，立即显现出其社会意义。

我们应该记住，口语本质上是逐渐形成的，并建立在词汇基础上。这一高级心理活动中使用的词汇，库斯莫尔称之为“字典”

包含了表达复杂思想所需的文字和语法结构。口头表达的词汇基础必须先于其心理基础形成。

因此，语言的发展有两个阶段：第一阶段是形成神经通道和中枢机制，将感觉通道与运动机制联系起来；第二阶段是高级的心理活动，且这些心理活动被执行机制外化为语言。例如，在库斯莫尔的口语体系中，最重要的是在语言的早期形成阶段，建立了大脑的反射弧，代表了纯粹的语言机制，可以用下图说明。

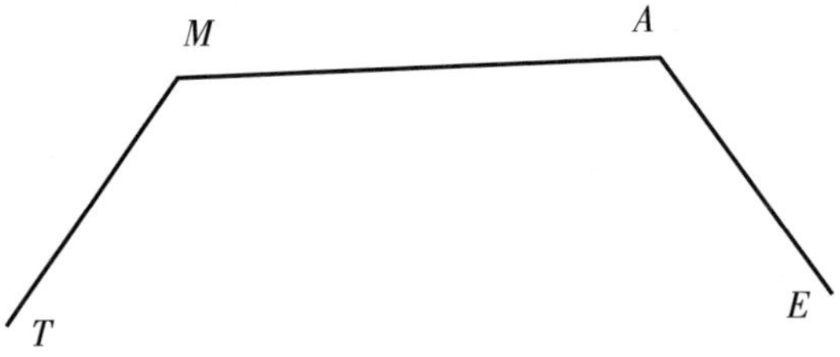

E 代表耳朵，*T* 代表语言的运动器官如舌头，*A* 代表语言的听觉中心，*M* 代表语言的运动中心。*AE* 和 *MT* 通道为外周通道，前者为向心通道，后者为离心通道。*MA* 通道是内部通道。

中心 *A* 包含单词的听觉表象，可以再次细分为三个层次，其中 *SO* 表示声音、*SY* 表示音节、*W* 表示单词。

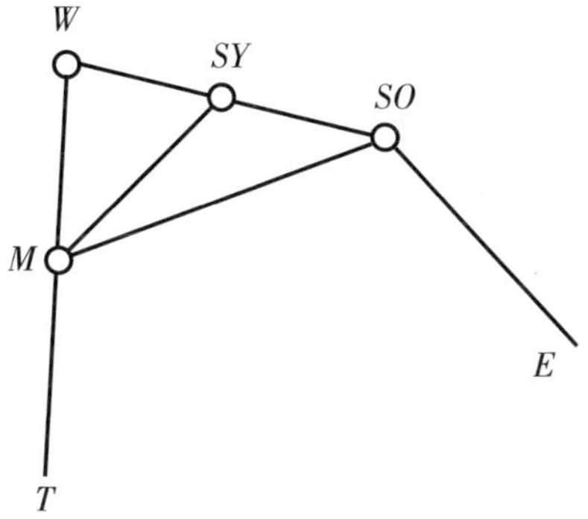

声音中心和音节中心的功能实际上是生成性的，似乎被某些病理性的语言缺陷所证实。在某些形式的中枢感觉性语言障碍中，患者只能发出声音，或者最多只能发出声音和音节。

起初，年幼的儿童对简单的说话声音特别敏感，如母亲抚摸他或吸引他注意时发出的声音。后来，他对母亲为某一目的使用的音节变得敏感起来，学会发出一些声音，如 ba、ba、punf、tuf。最后，他的注意力被简单的单词吸引，大部分是双音节词。同样的细节区分也体现在运动中心的功能完善过程中。儿童开始发出单音节或双音节的声音，如 bl、gl、ch，这是母亲高兴地问候他时发出的声音。然后，他开始发出确定音节的声音，如 da、ba。最后是双音节的单词，如 mamma、papa。

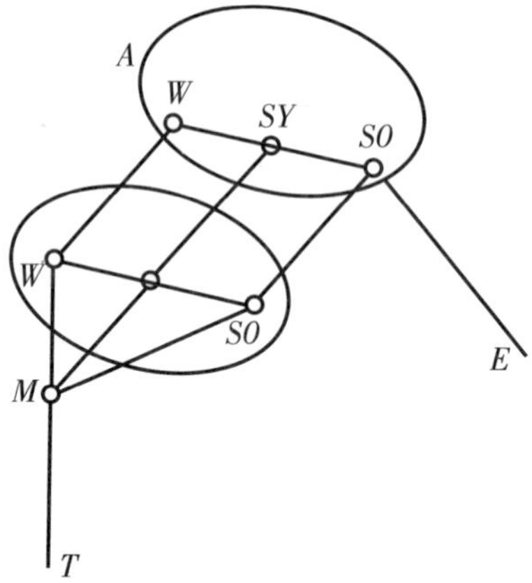

我们说，儿童发出的声音代表他的思想时，口语就产生了。例如，他认出母亲时会说“mamma（妈妈）”，他看到一只狗时会说“tete（狗）”，他想吃东西时会说“papa（爸爸）”。因此，我们认为，发音与感知刺激联系在一起时，语言功能就已经开始产生，尽管就其心理运动机制而言，仍是相当初级的。

换而言之，这时的语言机械构成仍然处于无意识状态，稍高于反射弧层面。这样的语言被认为是初级的，主要是对单词的识别，即将单词与其所代表的感知刺激建立关联。语言在这一水平上逐渐完善，因为听觉更完美地检测到了单词的组成音，心理运动通道也变得更适合发音。

这是口语的第一个发展阶段，有自己的开端和发展进程，通过感知完善语言的原始机制。而且正是在这个阶段，所谓的“清晰的语言”才得以确立。其后，这将成为一个人表达思想的方式，而且一旦思想固定下来，成人会发现它很难完善或纠正。事实上，如果语言表达能力不完善，就会阻碍一个人思想的表达。

2 ~ 5 岁是儿童的语言发展期，也是儿童的感知发展阶段。在这个年龄段，儿童的注意力会自发地转向外部物体，记忆力增强。所有的心理运动通道变得畅通，肌肉机制变得固定，因此这也是一个运动阶段。在这一时期，语言的听觉和运动通道联系起来，听觉感知似乎有能力刺激复杂的发音动作的产生，这些动作在每一个刺激的影响下本能地发展。只有在这一阶段，人们才能掌握一种语言的所有特征，而这些是他通过之后的努力也无法获得的。母语是个体唯一发音正宗的语言，因为它在童年时期就固定下来了。成人学习一门外语时，必然会具有一定的缺陷。只有在幼儿期（即 7 岁以前）同时学习几种语言，才可以感知和再现不同语言的口音和发音的不同特征。

儿童时期习得的缺陷，如发音上的偏差或坏习惯，在成年时期也无法根除。语言发展的高级阶段是积累词汇，它不再来源于语言机制，而是来源于智力的发展[①]。口语通过内在机制的运用而发展，并随着感知而丰富。听写能力也随着思维而发展，并由知识文化而丰富。

---

① 在这里，我们可以把语言比作一台打字机，与用它来表达自己的人的思想无关。

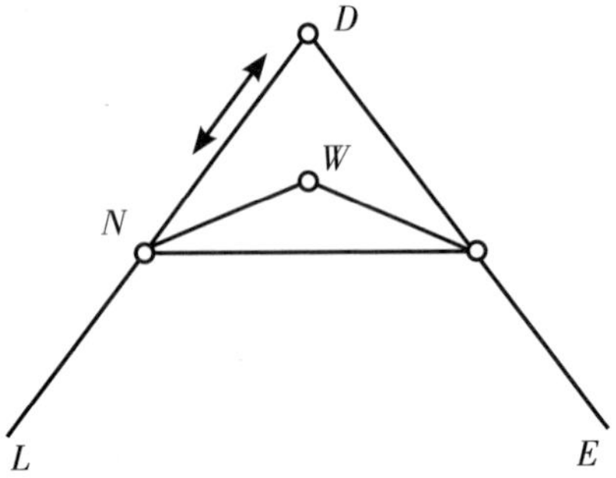

再回到我们的语言图示中，我们可以看到，在定义低级语言的连线之上，*ME* 之间的连线构成了词汇基础，用 *D* 表示，从中形成了能够表达一个聪明人的思想的语言的运动冲动。

迄今为止，人们一直认为，只有书面语言才能进入词汇累积阶段，这被认为是获得知识和进行语法句法分析的唯一合适手段。由于口语是转瞬即逝的，人们认为智力只有借助于稳定的客观语言才能向前发展，就像书面语言一样进行分析。我们承认，书写是一种宝贵的，甚至是不可或缺的教育手段，因为它将人们的思想固定下来，使人们能够对其进行分析，将其永久地记录在书籍里，并且不断地提取出来。但是，为什么我们不能承认这样一个事实，即书写对于简单一些的任务也很有用，它将感知固定下来，并分析它们的声音组成。

我们对教学有偏见，不能把书面语言代表的思想与功能分离开来。直到现在，我们一直认为书面语言的功能是独特的。然而，在我们看来，对那些还在学习如何活动和如何汲取简单观念的儿童进行语言教学，违背了心理和教育规律。让我们摆脱这种偏见，思考书面语言本身，重建其心理生理机制。它比口头语言的心理生理机制简单得多，并且可以更简单地进行教育。

既然书写过程如此容易，那就让我们分析一下听写过程吧。在口语中，每一个发音动作都与听到的单词相对应。听写过程也是类似，虽然我们没有发现听说之间的神秘传承关系，但是书写中涉及的动作比说话所需的动作简单得多，而且它们涉及的肌肉动作比声带和舌头的动作更为明显。这些动作是外显的，可以受到准备活动的直接影响。

这样的动作练习在我的教育体系中有所体现，直接为书写的手部动作做准备。儿童听到一个单词时的心理冲动已经激活了运动通道，并爆发为书写的行为。书写的真正困难在于对图形符号的解释，但我们必须记住，我们面对的是经历了感知阶段的儿童，他们的感觉、记忆和原始联想都处于自然扩张阶段。此外，儿童已经通过多样的感官练习做好了准备，有条不紊地建立起思想和心理联系，也为理解书面符号做好了准备。儿童如果能识别出三角形，并称之为三角形，就能认出字母S，并用它的发音来称呼它。这两者之间没什么显著差异。我们不妨摆脱偏见，诉诸经验，就会认识到儿童可以轻松地识别作为客体出现的书面符号，并带有明显的愉悦情绪。以此为开端，我们可以考虑两种语言机制之间的关系。

根据我们的记录，三四岁的儿童就已经开始说话了。但是，他正在经历一个口语机制不断完善的时期。在这段时间里，他掌握了丰富的语言内容和全新的观念。儿童在听说过程中出错，可能是因为他没有听到所读单词的所有发音；即使他完全听到了，也可能是不准的发音。如果他能在掌握完美的语言能力之前，不断锻炼语言的运动通道并固定所需的动作，这对他来说就是有利的。如果他发展到了错误的习惯已经固化并且很难改变的年龄段，运动机制上的缺陷就会难以纠正。

儿童想要达到这个目的，就必须知道如何分析单词。这就是为什么我们在完善儿童的语言能力时，首先要训练儿童的拼写，然后再学习语法。同样地，这也是为什么我们完善他们的文笔时，首先要教他们语法，然后再进行文体分析。在这里，我们要完善他们的表达能力，首先他们必须学会说话，才能分析他们所说的内容。因此，只有在儿童开始说话之后，我们才能分析和完善他们的语言。

然而，语法和文法不能简单地在口头语言中学习，而是需要书面语言的帮助，这样人们才能看到要分析的文本，所以单词也需要写下来才能进一步分析。对于转瞬即逝的东西，我们无法对其进行真正的分析。语言的具化和固化是必要的。我们需要通过书面文字（图形符号）来表达。书写教学法中的第三个因素是构词。

这就需要借助客体来分析，即通过字母来分析单词的构成。儿童听到一个单词，就把它分解成简单的声音和音节，即把它转移成用可移动的字母组成的单词。

儿童在学习说话时，可以不用听到一个单词的所有组成音，但是学习与单词的单个发音相对应的图形符号时，需要听清楚所有的发音。我们为他准备了砂纸做的字母，让他看到并触摸到字母，也知道它相应的名称，这可以帮助儿童在脑海中固定字母的读音。而且，他听到的声音还与另外两种感知有关，即对文字符号的视觉和触觉。这些额外的感觉加强了这一单词的听觉表象。后面的图已经解释了这一过程，让我们分别分析一下字母教学的三个阶段。

第一阶段：教师展示了一个字母："这是 a、a、a。"因此，字母的视觉图像与听觉图像建立联系，并固定在神经中枢中。后来，教师立刻把辅音和元音结合并读出来，形成一个音节。这里视觉表象也与相应的听觉表象关联和固定下来，如 ma、ma、ma。

教师转而对儿童说："摸一摸 a，摸一摸 ma。"儿童摸了摸 a，或 m 和 ma，像在书写一样临摹它们。通过这种方式，儿童将手在触摸字母时的动作表象固定在记忆中。这个新的动作表象与脑海中同一字母的视觉表象和听觉表象相关联。因此，口头语言的听觉中心与书面语言的视觉和运动中心之间建立起三重联系。

第二阶段：教师重复问了很多遍"哪个是 a""指出 a""摸一摸 a"，或者她问"哪个是 m""哪个是 ma"。在第二阶段，她一遍又一遍地重复同样的练习，强化第一个阶段已经建立起来的内在联系。这是一个承上启下的阶段。

第三阶段：教师指着一个字母或一组音节，问儿童“这是什么？”儿童回答说“a”“m”或“ma”，说明已经建立起书面语言的视觉形象与口头语言的运动中心之间的关联。换句话说，发音是由字母的视觉和听觉共同决定的，建立的关联由两个三角形 *AC–VC–MCW* 和 *AC–VC–MCS* 表示，这两个三角形的共同基础是两个感觉中心之间的关联，即口头语言的听觉中心和书面语言的视觉中心之间的关联，而它们的顶点分别对应两个运动中心，一个是语音运动中心（*MCS*），另一个是书写运动中心（*MCW*）。

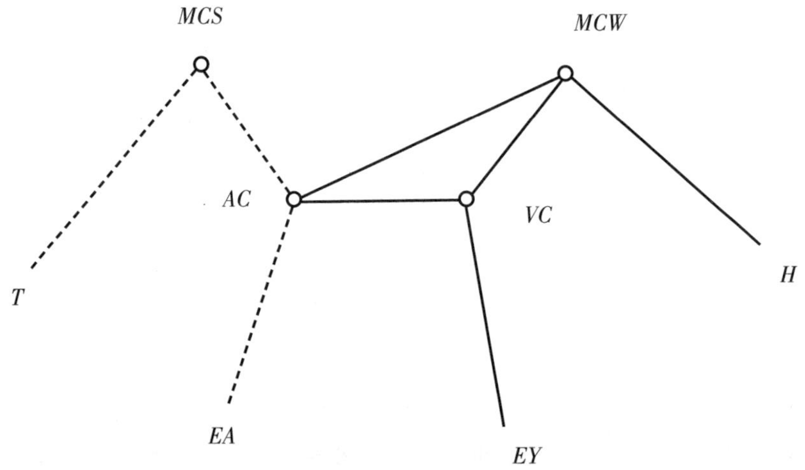

图中语言的反射弧用虚线表示：

EA= 耳朵（Ear）

AC= 口头语言的听觉中心（Auditory Center of the Spoken Word）

MCS= 口头语言的运动中心（Motor Center of the Spoken Word）

T= 舌头，语言器官（Tongue, Organs of Speech）

MCW= 书面语言的运动中心（Motor Center of Written Language）

H= 手（Hand）

EY= 眼睛（Eye）

VC= 书面语言的视觉中心（Visual Center of Written Word）

众所周知，在我们的教育方法中，原则上一节课只做一种练习，让儿童自己一次又一次地重复。儿童长时间用手指临摹砂纸上的字母，回忆起它们的声音，并自己读出来，最终在字母和单词的构成之间建立了一种机械的联系。这一反复练习的过程是一个真正的成长过程。在这段时间里，字母的视觉表象、书写所必需的动作表象以及听觉与视觉表象的关联，都会被固定下来。儿童也养成了分析书面语言和口头语言的习惯。因此，我们展示给儿童的字母可以看作钟表的发条，是钟表嘀嗒作响的源头，这比盒子里的玩偶更能引起他的兴趣，吸引他全神贯注于此。上述在多种表象之间建立联系的任务持续了 6 个月或更长时间，大约从 3 岁半到 4 岁，这一时期儿童的语言很容易被理解和分析，因为不久前儿童刚刚学会说话。

后来，4 岁多的儿童掌握了语言的分析机制，并将其运用到有趣的构词任务中。然后，他才能掌握这些机制，并能将这两种分析联系起来。由于进行了前面的练习，他能清楚地辨别单个单词的不同发音构成，几乎能机械地重组字母。于是，由字母按照一定顺序构成的单词是口语的外部表现形式。教师可以像以前一样，深入儿童内心的迷宫，让儿童阐述自己的语言。教师可以帮助他在口头和视觉上表达自己，这样他就能完善他的口语和书写能力。

同样的机制也存在于非语音语言中。儿童将字母代表的声音与符号联系在一起时，就可以更准确地分析和拼写单词。拼写练习的时间甚至比建立口语和书写联系的练习时间还要长。一般来说，儿童学会正确地拼写后，会突然开始书写。然后，他可以重现几乎语音语言中所有的单词，以及相当多非语音语言的单词。

口头语言和书面语言之间的联系极其重要。书写成为语言的第二种形式，并通过频繁重复的练习与语音联系在一起。传统的教学方法认为书写是独立于语音的。研究语音和音节的过程中会出现各种困难，就好像整个语言系统必须重新构建一样。儿童语言系统从 2 岁起开始构建和使用，因此母语中的问题是一种自然发展的结果，尽管这一事实已经完全被人们忽视了。

我们可以分析一下我们的教学方法的优点。口语中的字母激发了人们对口头语言的分析行为，而分析口头语言的声音构成能使学习过程轻松一些。一旦符号与声音建立起联系，儿童就可以用字母重组他能记起的所有单词和他听到的所有发音。符号和声音之间建立简单的联系之后，整个口语都可以用图形符号来表达，这就直接带来了书写。

实际上，字母表中的字母数量很少。英语中只有 26 个字母，而这 26 个字母构成了字典里出现的所有单词。因此，所有的单词都是由这些声音中的一个或多个组成的。如果单词的发音与 26 个字母相联系，那么所有的语言都可以用字母符号来表示，儿童使用与声音相对应的字母，就可以组成语音语言的所有单词和许多非语音的单词。

儿童学习一个单词，无论长短，都需要付出努力。正如通常所说的，由音节产生的困难，归根结底是将声音转换成符号的问题，即识别符号的问题。像 pipe（管道）这样构成简单的词，或像 strada（街道）这样构成复杂的词，难度基本上是相同的。因为，儿童的母语中已经存在这两个词了。这可以解释为儿童已经成功地识别了构成单词的不同声音并对其进行分析。如果儿童成功地识别出音节 stra 中包含的声音，分别听到 s–t–r–a，他就能写出这个单词。

因此，我们的教育中只有一个真正的困难，也只有一件事要做，那就是对声音进行一个内在的、心理上的分析。我们的教育方法教儿童用手去临摹字母，消除了所有想象中的困难，而这些困难就是为了克服原本的困难而引入教学的。例如，人们通常认为，儿童写 i、e、o 要比其他字母容易。但是，如果儿童以一种普遍的方式来练习手部动作，并且在所有的各种感官练习中都使用了这些手部动作，特别是在临摹字母和绘制几何图形（我们稍后将谈到）时，他也不难写出单个字母甚至是单词的字母组合，这些是他感兴趣的或者在书写的帮助下记在脑海中的内容。突然之间，他开始书写，立刻写出整个句子，而不是简单的、孤立的单词。

缺乏教育导致的语言缺陷

语言缺陷是由神经系统的畸形或病理缺陷等器质性原因造成的，但也有一部分是学习语言时的功能性缺陷，如口头语言的发音错误。当儿童听到一个单词发音不完全或有人发音不准时，就会犯同样的错误。方言导致的发音问题就属于这一类缺陷，但也有一些是语言上的不良习惯，使儿童保留了幼儿时期语言的天然缺陷。或者，儿童还可能会模仿幼时身边的人的语言缺陷。

儿童的语言缺陷是因为复杂的语言器官功能尚不健全，因而不能发出声音，而声音是这一先天功能的感官刺激。发音所需的动作是逐渐协调的，在此之前，儿童的发音是不完美的。这些发音上的不足被归为“语言缺陷”，主要是因为儿童不能控制舌头的运动，包括不能发出 sigmatism 里的 s、rhotocism 里的 r、lambdacism 里的 l，以及 gammacism 里的 g。儿童在发元音时会犯一些错误，如它们与辅音一起发音时产生的错误，是因为他听到的发音并不完整。

第一种情况是外周运动器官功能缺陷的问题，是一种神经通路的功能缺陷，也就是说，其原因是在个体内部；第二种情况是由于听觉刺激引起的，其原因是在外部环境。后者在青年和成人中普遍存在，尽管程度较轻，但也会产生口语和拼写上的错误。

人类的语言有一种强大的魅力，一个不能完美说话的人，显然不能赢得他人的尊敬。任何一种重视美学的教育都必须以完善口语为目标。希腊人把口头表达的艺术传给了罗马人，但这并没有被人文主义者所接受，他们更关心环境的美学和艺术作品的修复，而不是人类自身的完善。

今天，我们才刚刚开始通过教育纠正语言上的严重缺陷，如结巴；但我们的学校还没有普及一种普遍的语言练习概念，以完善儿童的语言能力和审美意识。统计表明，语言缺陷在学生群体中普遍存在。目前，一些聋哑教育的教师和一些提倡准确表达的智者正在尝试将各种各样的矫正方法引入小学，但收效甚微。儿童的练习基本上是保持沉默，使语言器官平静下来休息，重复单个元音和辅音以及练习呼吸。我们不在这里详细地描述练习过程，它们冗长而乏味，不适合学校的常规教学。但是，我的教育方法包含了所有用于纠正语言的练习。

（1）沉默练习使语言的神经通路做好准备，以便它们能完美地接受新的刺激。

（2）课程的不同阶段包括教师对单词清晰明确的发音（尤其是与具体概念相联系的名称）。儿童念出物体的名字，已经构思出一个由单词（识别对象）表示的物体的概念时，教师则会重复这些刺激。教师通过这种方式，激活儿童对清晰和完整的听觉刺激的反应。最后，教师鼓励儿童大声重复单词，区分单词的每一部分发音。

（3）书写练习会分析一个单词的发音，并使它们以多种方式分别重复。因此，当儿童学习字母以及拼写时，儿童会重复这些字母的发音，并将其逐一翻译成与语音对应的字母。

我相信，目前存在的纠正语言缺陷的概念将会消失，取而代之的是更为合理的教学计划。在“儿童之家”，在儿童语言形成阶段，我们通过关心儿童的语言发展来避免这些缺陷的产生。之前描述的程序在无数的学校中频繁得到验证，因此，我能够得出以下结论。

发展书面语言最有利的是儿童时期，大约在 4 岁，与语言发展相关的自然过程被充分激活，即在敏感期，语言自然发展并固定下来。儿童对自身发展的敏感性激发了他学习字母的热情，并促使他对单词的组成音进行语音分析。后来，儿童到了六七岁时，创造期就过去了，他对分析口头语言或书面语言不再具有同样浓厚的兴趣。这就是为什么年幼的儿童比年龄大一点的儿童进步更快、学得更好。他们不像年龄大一点的儿童那样会感到无聊和疲倦，而是不断地进行一项似乎能增强他们力量的活动。进一步的研究证实了这一令人惊讶的事实，还对儿童心理学产生重要作用，但它也确实指出语言应用过程中的必要的修改。

这项长期研究的结论是，书面语言在其机械层面可以直接与口语联系起来，并作为从中实际衍生出来的另一种表达方式，尤其是在语言自然固定的时期（敏感期）。书面语言成为一种外在的手段引导和完善口语，并剔除原有的错误和缺陷，因此书写有助于语言教学。听写和表达思想是智力的产物，因此找到了两个相互结合的机制——口头语言和书面语言。

上述经验最终导致儿童学会阅读长句子，句子中包含命令以执行一系列的动作。因此，儿童成长到能够理解语言时，也就是五六岁时，就很容易培养出读书的习惯。但是之后，他们取得了很大的进步。这些后来的经历甚至超越了 4 岁儿童突然拥有书写能力时的惊人奇迹。儿童不断进步甚至变得越来越早熟，使用的方法也比之前更加快捷和可靠，兴趣也更加浓厚。

人们很难相信，2 岁以下的孩子能认出字母表中的 20 多个字母，认识五六百个单词，3 岁时就开始学习语法和阅读。这样的奇迹会引起人们的兴趣和关注，就像 40 多年前，学术界第一次听说圣洛伦索的“儿童之家”时一样。

当然，我们应该写一本新书来描述这些后来的成就，但是，我们只想写在这本书里。我们关注的是更年幼的孩子，也就是从出生到 3 岁。正是在这一时期，语言自然地发展起来，大约在儿童 2 岁的时候第一次出现。语言在其发展过程中遵循一定的规律，后来习得的规则可以被称为“语法”。这一点首先被斯特恩观察并记录下来，后来又被其他对心理学研究感兴趣的人发现。

儿童首先开始学习名词，即物体的名称，其次是描述这些名词的词（形容词），然后是介词（与物体的相对位置有关），最后是连词（表示物体之间的关系）。简而言之，儿童第一次开始说话时，描述的是所处环境中的事物。然而，奇怪的是，儿童在 2 岁之前的几个月里，开始滔滔不绝地说很多话。他使用动词、名词和形容词的正确形式，然后加上前缀和后缀，最后他区分过去、现在和未来各种时态以及不同的人称。后来，2 岁的儿童会适当地运用句法，把句子组合起来，并使之具有一定关系。

儿童对语言的语法分析建立在观察的基础上。事实上，人们如果不讲语法，就根本无法表达思想。值得注意的是，人们无论是否接受教育，就语音和语法结构而言，能拥有的唯一完美语言就是所谓的“母语”。因此，儿童不仅学会了一种口头语言，而且还是以一种特殊的方式学会的。他的说话方式是个人特征，也是种族特征，深刻印刻在每个人的身上。我们在研究和思考这一奇妙的创造性现象时，认识到儿童的心理形态与我们有着很大区别，可以称之为心理形态“吸收性思维”。

儿童语言的天然发展过程表明，如果我们希望通过教育来促进儿童发展，就应该按照语法规则进行。正如我们在实验的第一阶段，书写机制帮助我们把书面语言和语音结合起来一样，这里通过物体、游戏和文字的方式，也可以帮助儿童提高口语，即听写，还包括表达思想。

我们进行的第二次尝试的成功远远超过了第一次。尽管我们最初使用的方法仍然被视为基本方法，但应该注意到两者的区别：口头语言不再仅仅因为它们可以复制到书面而变得重要，还因为它们的语法意义也很重要。因此，单词之间的结合不仅有助于将人们想说的话翻译成书面语言，而且还可以让人们发现句子的意义，这些句子是按照语法规则逐渐形成的。实验的第二阶段，有着比第一阶段更重要和更令人惊讶的结果。

这一新发展的实际意义是，儿童在学习如何拼写非语音语言方面发生了颠覆性的革命。这里，儿童的直觉在创造力的刺激下，开始发挥作用。因此，我们看到一年级儿童在没有接受任何正式教育的情况下，凭直觉阅读印刷体甚至哥特式字体。我们发现儿童通过简单地使用物体和参与有吸引力的游戏，直观地阅读母语中的非语音单词。他们在这方面的兴趣和努力，与驱使语言学家去研究古代纪念碑上未经解密的碑文类似。

儿童对阅读的强烈兴趣，可能是他们在人生最初几年中无意识的获得和发现。现在，我们可以给出几个实际的例子来说明单词的语法规则。

名词本身并不代表一种自然语言，就像我们从来不会简单地使用“椅子”或“花”，但至少会说“这把椅子”“那朵花”等。冠词通常与名词连用，同样地，形容词也常用于修饰名词，以便与同类的其他物体区分开来，如“红花”“黄花”“圆桌”“大桌子”等。形容词对儿童有非常明确的意义，帮助他们在感官练习中认识物体的属性，学习诸如“厚”“薄”“小”“大”“深蓝色”“浅蓝色”等的区别。显然，这一时期的儿童进行的是脑力劳动，这将使他们意识到自己在不知不觉中获得了什么，并鼓励他们对其进行放大和固化。我们的努力很好地说明了这一自然趋势，马里奥·M. 蒙台梭利在大约 20 年的观察过程中，向我们展示了儿童智力发展的图景，他的作品可以说是一座真正的教育纪念碑。

毫无疑问，儿童从他们的环境中接受了大量的影响，这种自然本能帮助他们激活内心的活跃热情。这样的教育才能真正帮助其心智的自然发展。不过，正如我们已经说过的，这需要几卷书的篇幅才能解释清楚，这里不可能提供这项庞大工作的具体细节。值得注意的是，书面语言不仅能让儿童提前获得知识、语法和句法，这种语言还可以成为通识教育的载体。

教师必须搜寻越来越多的新名词，满足年轻受教育者的需求。这种渴望自然地在写作中表现出来。从 3 ～ 5 岁，儿童的词汇量从 300 增长到 3000 或更多。这一事实已被心理学家们证实，然而，他们仅限于观察、计算和记录这种增长，而没有指出帮助其自然发展的方法。

我们的教育方法还证明了另一个事实，并再次揭示了这样一个事实，即儿童对外国单词也很感兴趣，他们在用可移动的字母表来重现外来词时，总会以一种令人惊讶的方式记住它们。这表明，儿童在敏感期（3 ～ 5 岁）即使不理解单词，也倾向于积累单词。事实上，对儿童来说，所有的语言在他理解之前都是陌生的，而对它们的理解恰恰是一种有意识的行为，是对词语的澄清、确认和保存。

如果儿童有积累单词的倾向，这种倾向与理解单词的意义不同，那么我们可能会在逻辑上提出一个问题：为什么这么多不同的、不连贯的单词要由教师教给儿童，而这个教师只是从她的记忆中提取出来？为什么不让医生来整理一些儿童听过的单词，并教他们一些科学术语呢？这项充满惊喜的工作，也由马里奥 · M. 蒙台梭利有条不紊地进行。我们不使用各种各样的随机选择的词语，而是使用指代特殊类别的事物的术语。例如，脊椎动物的五个类别，动物的种类，叶、花、根，等等。在这种情况下，图片是赋予生词意义的必要材料。但除了图片，我们还使用了真实的生物教儿童追随自己的好奇心。

这些措施取得了很大的成功，使我们有可能设计出一种适合儿童智力水平的科学训练，其结果令人惊讶。这类教学必须大大扩展范围，超出最初确定的限制。令人惊讶的是，儿童喜欢分类和回忆分类。这证实了人们的猜测，即把单词组合在一起是一件很自然的事，单词应该按照其含义在头脑中排列。因此，所有这些练习都有两个极端假设。一是语法是内在的，决定了词语在表达思想和语言结构上的排列顺序。二是儿童需要一种秩序，根据这个顺序可以对外部印象进行分类。

这一实验已经远远超出了我们的预期，如今，孩子们以语言为向导，学习了大量生物学、地理学和天文学的知识。这些知识好像撒在肥田里的种子，如今在儿童头脑中自然生长。这要归功于大自然邀请儿童来获得对世界的知识。

从心理学角度看待这种纯粹的自然发展，人们会惊奇地发现，5 岁的儿童对外部世界有着广泛的了解，他们以一种近乎神秘的方式认识文明的产物及其名称。例如，他们能认识不同品牌的汽车，而他们的母亲却无法区分。斯特恩被这样的事实震惊了，他总结道："几千年来，儿童像一个未知的存在一样穿越了人类，但他拥有的精神本能使我们认识到他是文明链条的连接纽带。"

第十八章

算术教学与数学入门

我们在算术教学中使用的第一种教学材料是在长度感官教育中用到的 10 根木棒。木棒有 10 种不同的长度，最短的木棒长 4 英寸，第二根木棒长 8 英寸，依次类推，第十根的长度达到 40 英寸。但是，当这些木棒被用来教算术时，它们的颜色就不像判断长度时那样保持一致。相反，木棒上每 4 英寸为一段，交替地涂上红色和蓝色，因此可以根据木棒上的颜色计算节数。第一根木棒的编号是 1，其他的木棒依次为 2、3、4、5、6、7、8、9、10。这种材料的优点是，虽然每一根木棒都有独立的数字编号，但木棒本身也有一定数量的节数。例如，5 号木棒代表数字 5，但是木棒上的颜色也可以区分出 5 节。这就帮助儿童克服了一个非常大的困难，那就是把一个个单位相加得到总数。如果教师使用其他形状的小物体计数，如相同大小的小方块，他在放下第一个时数“1”，在放下第二个时数“2”，那么儿童每增加一个物体都会倾向于数 1，他会这样数“1、1、1、1、1”，而不是“1、2、3、4、5”。

整体通过增加一个个新的单位而扩大，而且必须考虑到整体是不断扩大的，这是 3 岁半到 4 岁的儿童学习数数的主要障碍。儿童将每个独立的单位组合成一个整体，这个心理过程已经超出了儿童的能力范围。事实上，许多儿童是通过背诵数字的自然顺序来数数的，但是遇到与这些数字相对应的数量时，他们还是会感到困惑。对儿童来说，数手和数脚更具体，因为他们总能发现这些对象与一定的数量有关。他们知道自己有两只手和两只脚，却很少能准确地数出一只手的手指数量。他们成功做到这一点时，也总是很难知道为什么会这样。如果一只手有五个手指，他们应该能对同样有五个单位的物体数出“1、2、3、4、5”。这种困惑对一个成熟的头脑来说不是问题，但在儿童早期阶段的数数过程中，这确实是一个障碍。

儿童思维具有极端精确和具体的特点，需要明确和精准的帮助。当儿童开始使用数字棒时，我们看到，即使是年龄最小的儿童，也会对数数产生浓厚的兴趣。

木棒的编号与数字对应，数字按照颜色单位的增加而增大。因此，它们不仅提供了一个绝对的数字概念，而且还提供了一个相对的数字概念。在感官练习中，我们已经研究了它们的大小比例。在这里，我们用它们来数数，这为学习算术开了一个头。这些木棒可以用于数字间的直接比较，也可以用于各种组合和对比。例如，我们把一根 1 节的木棒和一根 2 节的木棒连接起来，就产生了一根 3 节的木棒。我们将一根 3 节的木棒和一根 2 节的木棒连接起来，就可以得到一根 5 节的木棒。

然而，最有意思的练习是，儿童根据木棒的长度把它们连续放在一起，就像感官练习中做的那样。结果是，它们像管风琴一样排列时，红色和蓝色平齐，形成美丽的横向条纹。然后，儿童把一根 1 节的最短的木棒放在 9 节的木棒的顶部，2 节的木棒放在 8 节的木棒的顶部，3 节的木棒放在 7 节的木棒的顶部，4 节的木棒放在 6 节的木棒的顶部，这样就可以搭建出一组都包含 10 节的长木棒。

移动和连接不同单位长度的木棒，难道不是算术的启蒙吗？同时，以这种方式移动物体是一个令人愉快的游戏，是智力游戏而不是简单的动作游戏。儿童把一组独立的单位看作两个数字的和，是将其心理能量投入到更高一级的加法运算中。一旦障碍被消除，儿童所有的心理能量就都会发挥作用，在年龄允许的范围内，他们在学习方面的进步就会越来越大。

儿童开始读写时，发现学习代表数字的形状很容易。我们给儿童一些用砂纸做的数字和字母卡片，他们通过用手指描画形状学会了如何写数字，也学会了如何读数字。当儿童学会了一张卡片后，卡片就被放在相应编号的木棒上。书面数字与数量的结合构成了一种练习，就像把一张写有名字的卡片放在它所代表的物体上一样。儿童一旦成功完成这项练习，就具备了完成一项长期任务的基本能力，接下来就可以靠自己继续完成练习。儿童会写下木棒的总数，与相应的数字形成对应关系。5 岁儿童有时会在笔记本上写满了数字。

木棒是儿童学习算数的材料，我们还使用了另外两种材料。其中一种是对独立的单位进行计数，并给儿童一个数字组的概念，同时，儿童眼前呈现以下数字的顺序：0、1、2、3、4、5、6、7、8、9。这种材料，我们称之为纺锤盘，它有多个隔间，每个隔间对应 10 个数字中的一个。这些隔间中放有相应数量的不同物体，从而形成一个集合。在这里，我们使用的物体是木棒，它们看起来像纺锤一样。

另一种材料是盒子里的一组卡片，还有一些彩色的物体。这些卡片上分别写着从 1 到 10 的数字，打乱放在一起，儿童必须先把它们按顺序排列，表明他已经理解了数字的顺序，并且他能够识别代表数字的符号。然后，他要在每个数字下面放上相应数量的彩色物体，两个一排，依次向下排开，奇数和偶数之间的区别就会自动显示出来。这就是我们认为的为计数和算术运算奠定基础所必需的所有材料。

接下来是更详细的描述，对教师会有实际帮助。儿童根据木棒的长度，把它们从上到下依次摆开。然后，儿童必须从 A 侧到 B 侧开始数红色和蓝色的节数，并记下每一节的编号。最长的木棒的每一节对应的编号为：1、2、3、4、5、6、7、8、9、10。木棒从短到长，从上到下，最终形成一个三角形。儿童由此验证了一个事实，即三角形的每一边都对应着数字 10。他会多次重复这个练习，因为他觉得这很有趣。

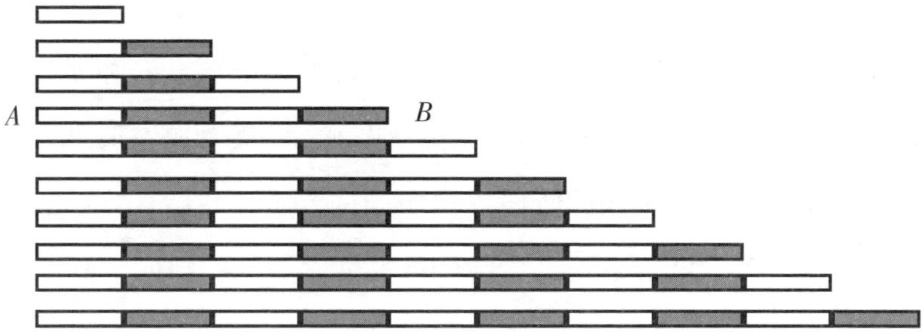

1
1 2
1 2 3
1 2 3 4
1 2 3 4 5
1 2 3 4 5 6
1 2 3 4 5 6 7
1 2 3 4 5 6 7 8
1 2 3 4 5 6 7 8 9
A 1 2 3 4 5 6 7 8 9 10 *B*

现在，识别木棒长短的感官练习与计数练习结合起来。这些木棒在地板上或者桌子上混在一起。教师选出一个，让儿童数它的节数（如 5 节），而不是简单地观察。然后，教师告诉儿童："给我下一个最长的。"儿童凭视觉就挑了出来，教师让他把两个木棒并排放在一起，数一数它们的节数来验证是不是最长的。这样的练习可以重复多次，通过这些练习，儿童可以学会给每一根木棒指定一个特定的名称。现在，他称它们为“一节的”“两节的”“三节的”“四节的”等。最后，简单起见，他可能会在操作结束时称它们为“1”“2”“3”“4”等。

用图形符号表示数字。如果儿童知道怎么书写，教师就会让他用砂纸上剪下的数字进行练习，就像之前给他练习书写时那样。这里也会根据三个不同的阶段提出不同的要求：教给儿童“这是1”“这是2”；提出要求“给我1”“给我2”；提问“这是什么数字？”儿童必须用手指描画数字，就像之前描画字母一样。

数字练习：把数字符号与数量联系起来。我已经为这些数字准备了两个箱子，每一个箱子都有一个水平托盘，底部用小小的凸起分成五个隔间，可以在其中放置物体。第二个托盘垂直放置，与第一个托盘成直角，也被垂直线分为五个部分，在每个隔间里都有一个数字。在第一个托盘中，数字是0、1、2、3、4，在第二个托盘中，数字是5、6、7、8、9。

这个练习很简单，就是在水平面的区域内放置与垂直面上的数字相对应数量的物体。为了改变练习，我们会给儿童不同的小物体，如我们自制的小纺锤，福禄贝尔的立方体，还有用来玩跳棋的小圆盘。儿童要把眼前的物体放在它们的位置上，也就是说，把一个圆盘放在数字1附近，两个圆盘放在数字2附近，等等。当儿童完成任务并认为自己成功了，他就向教师核实。

关于零的课程。我们等着儿童指着零号隔间问：“那里我应该放什么？”然后我们回答说：“什么都没有，0就是什么都没有。”但这还不够，我们必须让儿童认识到0是什么都没有。为此，我们使用了儿童非常感兴趣的练习。他们坐在小椅子上围着我时，我转向其中一个已经做过数字练习的孩子说：“来吧，亲爱的，来找我0次。”他几乎总是跑过来然后回到他的位子。“但是，孩子，你来找过我一次了，我告诉你的是0次。”“那我该怎么办呢？”“一次都没有，因为0就是什么都没有。”“但我怎么能什么都不做呢？”“就是什么都不要做。你必须坐着不动。你不能动，一次也不能过来。0次意味着一次都没有。”

我们重复这样的练习。“亲爱的孩子们，给我0次飞吻。”他们颤抖着，微笑着，静静地站着。“你们听到了吗？给我0个吻，0个吻。”我用近乎激动的语气重复。然后，我停下来，压低声音，仿佛对他们的笑声感到生气，严厉地甚至略带威胁地对他们其中一个人说：“你，过来，0次！我告诉你，过来这里，0次！你明白吗？我在和你说话。来这里，0次！”他没有动，笑声更响亮了。我改变了态度，先是恳求，然后是威胁。最终，我伤心地叹了口气，“可是，你为什么不来呢？你为什么不来？”所有人都大声喊叫，眼睛里闪着光芒，几乎笑出了眼泪：“0什么都不是！0什么都没有！”“啊，是这样吗？”我平静地微笑着，“那你们所有人都来找我，给我一个吻！”他们都冲上来围着我。当稍后我们写数字时，我们会在写0的时候说：“0好像是大写的字母O，是字母 O 吗？”“不，它不是 O。0 是什么都没有。”

记忆数字的练习。儿童认识这些数字并明白它们的含义后，我让他们完成以下练习。我有各种各样的纸，每一张纸上都有印刷或手写的数字 0 到 9。为此，我经常从日历上剪下数字。如果可能的话，我更希望这些数字是红色的。我把数字剪下来，折好放在一个盒子里，让儿童抽取。他们抽出其中一张，拿回到位子上，偷偷地看了看，然后把它折了起来，保持神秘。然后，拿到数字的儿童，自然是年长一些的能认出数字的儿童，一个接一个地，甚至是成群地来到教师的桌子前。那里堆放着不同的物体，可能有立方体，或福禄贝尔的积木，或我设计的用于练习重感的方块。每个人都要取走与纸条上的数字相应数量的物体。然而，那张写着数字的纸条却留在了儿童的位子上，被神秘地折叠起来。因此，儿童必须记住他的数字，不仅是在他和同伴一起走近大桌子时，也是在他逐一数着捡出物体时。教师可以在这时候对儿童的记忆进行有趣的观察。

儿童取走这些东西后，把它们排成两列放在桌子上，如果数字是奇数，多余的物体就放在最下面，最后一排两个物体的中间。因此，9 个物体的排列如下（ × 代表一个单位）：

○	○	○	○	○	○	○	○	○
×	××	××	××	××	××	××	××	××
		×	××	××	××	××	××	××
				×	××	××	××	××
						×	××	××
								×

儿童必须把折叠好的纸条放在标有小圆圈的地方。完成操作后，他等着教师来检验他的工作。教师过来，打开纸条，看了一遍。如果没有出错，教师会表示很满意。

刚开始，儿童拿走的东西的数量经常会比他抽到的纸条上的数字多。发生这种事，不是因为他不记得数字，而是因为他狂热的占有欲。这是一种本能的驱使，是原始的和未受过教育的人的特点。教师试图向儿童解释，从桌子上取走那么多东西没用，这个游戏真正美妙的地方在于准确地拿走指定数量的物体。儿童逐渐领会了这个道理，但并不像人们想象得那么容易。他必须努力克制自己，拿走规定数量的物体。哪怕看到同伴拿走很多东西，他也只能按照规定取走两件。因此，我把这个游戏看作意志的锻炼，而不仅仅是算术课程。

儿童抽到数字0时，不会离开座位，看着所有的同伴站了起来，从远处那堆他不能动的物体中取走一些东西。很多时候，0会被一些很会数数的儿童抽到，原本他们会兴高采烈地把一组精美的物品按顺序摆放在桌子上，这样他们就可以自豪且自信地等待教师的确认。而现在，我们可以研究一下他们脸上的表情。他们的反应很大程度上展示了他们的性格，有一些人无动于衷，挺起胸膛，从而掩盖内心幻灭的痛苦；有一些人则突然表现出失望的样子；有一些人会因自己的处境露出难以掩饰的笑容，引起其他人的好奇心；另有一些人会带着一点嫉妒和明显的模仿欲望，跟随同伴的所有动作直到练习结束，还有一些人则立即表现出一副无所谓的样子。

教师在核对儿童抽到的数字时，儿童承认自己抽到 0 时的表情也很有趣。“你抽到的数字是什么？你拿走了什么东西吗？”常见的回答是“我抽到了 0”“是 0”“我什么都没拿”。但是他们脸上表情复杂，语音语调里流露出截然不同的感觉。很少有人坦诚地承认自己与他人的选择不同，大多数人都会忧虑或顺从。

但我们必须给他们一些行为上的训练，“看，保守 0 的秘密是很困难的。它可能会逃离你，就像是你不在乎。别让任何人知道你什么都没有。”事实上，过了一段时间，儿童的骄傲和自尊就会占上风，开始习惯于抽到 0 或很小的数字。他们不再感到不安，而是故意掩饰最初的愠怒。

20 以内的加减乘除。我们用来教算术运算的材料和用来教数数的材料是一样的，即不同长度的木棒，这其中已经包含了十进制的雏形。正如我们已经注意到的，这些木棒是用它们所代表的数字的名字来命名的，如 1、2、3、4 等。它们的长度按数字顺序进行排列。

在第一个练习中，儿童试着把较短的木棒重新组合成具有 10 节的木棒。最简单的方法是取出一组木棒中最短的那根，然后把它和最长的那根连接起来。再依次取出剩余木棒中最长的和最短的两根，做出“取 1 加 9”“取 2 加 8”“取 3 加 7”“取 4 加 6”的指令。用这种方法组合起来的木棒都有 10 节。这样的话就留下了 5，我们把它垂直翻转，就到了 10 的另一端，这表明两个 5 相加等于 10。

儿童一遍又一遍地重复练习，逐步学会了用更专业的语言来描述，如“9 加 1 等于 10”“8 加 2 等于 10”“7 加 3 等于 10”“6 加 4 等于 10”，最后，“2 乘 5 等于 10”。最后，我们教儿童“加”“等于”和“乘”的符号，并请他们写下来。结果就是，我们的小家伙们在笔记本上整齐地记下：

9+1=10

8+2=10

7+3=10

6+4=10

5 × 2=10

儿童把这一部分知识学得很透彻，记录在纸上，并为此感到高兴。这时，他们的注意力就会转移到要把 10 节的木棒拆开来。

从最后一组10个单位长度开始，拿走4节还剩下6节。从下一组中，拿走3节还剩下7节。然后下一组，拿走2节还剩下8节。最后一组，拿走1节还剩下9节。然后，我们更准确地描述，“10–4=6”“10–3=7”“10–2=8”“10–1=9”。至于剩下的5，是10的一半，如果我们把一长根木棒切成两等份，那就是10÷2=5。用文字记录下来，就是如下内容。

10–4=6

10–3=7

10–2=8

10–1=9

10÷2=5

一旦掌握了这些练习，儿童就可以自己尝试新的练习。我们能用两根木棒拼成3吗？让我们把1放在2上，然后记下我们的操作，记作2+1=3。我们可以用两根木棒拼成4吗？3+1=4，4–3=1，4–1=3。

两根木棒可以组成4，这与之前的两个5组成10是一样的。如果把这个操作倒过来，算式就会不同，就有了4÷2=2和2×2=4。因此，我们可以思考一下，这个游戏还可以有多少种玩法？就是2×2=4；3×2=6；4×2=8；5×2=10；10÷2=5；8÷2=4；6÷2=3；4÷2=2。

我们发现在玩计数游戏过程中使用的矩阵可以帮助我们。

	2		4		6		8		10
×	× ×	× ×	× ×	× ×	× ×	× ×	× ×	× ×	× ×
		×	× ×	× ×	× ×	× ×	× ×	× ×	× ×
				×	× ×	× ×	× ×	× ×	× ×
						×	× ×	× ×	× ×
								×	× ×

从它们的排列中，我们可以立即看出哪些数字可以被 2 整除，即那些底部没有多余符号的数字。这些是偶数，因为它们可以成对排列，也就是两个一组地排列，意味着可以被 2 整除，把数字下面的符号分成完整的两列。我们可以计算每列符号的数量，得到数字除以 2 的结果。如果我们要重现原始数字，只需将两列的符号再次组合在一起，如 $2 \times 3=6$。

5 岁儿童并不觉得这有什么困难。很快，重复的练习就开始变得枯燥。但是，是什么阻止我们增加练习的难度呢？我们还是用一组 10 节的木棒，这次不是把 1 放在 9 上而是放在 10 上，2 放在 9 上而不是放在 8 上，3 放在 8 上而不是放在 7 上。也可以是，2 放在 10 上，3 放在 9 上，4 放在 8 上。这时，最终的长度会大于 10，因此，我们必须学习新的命名方式，如 11、12、13 等，直到 20。

我们为什么要把算术矩阵限制在数字 9 以内呢？数字 9 确实太小了。运算学习超过 10 之后，孩子们会毫无障碍地继续学习到 20。唯一的困难在十进位，这需要几节课来教。

十进位课程。10以上的算术计算，需要用到的教学材料包括各种各样的正方形卡片，上面印着的数字10有1.5英寸或2英寸高，其他矩形卡片的宽度为正方形的一半，卡片上印着1到9的数字，按照大小排成一行。尽管有了更多的数字，但我们还是得从1开始。就像我们沿着台阶数到9时，还需要继续数下去，但是已经没有更多数字可以用了。于是，我们从1来表示，但会把这个1放在更高的位置，与另一部分区分开来。我们在它旁边放一个代表什么都没有的数字0，于是就有了10。然后，我们用不同的数字按顺序取代0，就得到了11、12、13、14、15、16、17、18、19。这些数字是在原来的基础上加上十位数的1而构成的，而不是原本的1、2、3等，直到我们最后把9放在1旁边，从而得到一根非常长的木棒，数一下交替的蓝色和红色节数，发现最终会达到19。

因此，教师可以指导学生连接木棒的长度，展示写着10的卡片，然后在0的位置放上相应的数字，如在个位数位置放上6，就有了16。教师拿走6，再放另一张写着数字8的卡片，这个数就是18。儿童拿掉6号木棒，用8号木棒代替。这些练习可以用书面形式写下来，如10+6=16、10+8=18，等等。减法将以类似的方式进行。

儿童开始对数字的含义有了明确的理解，数字是由单独的卡片组合构成的。个位数和十位数分别写在两张矩形卡片上，如图

A 和图 B 所示，带有 1 到 9 数字的卡片可以分别放在十位数和个位数上。

	10			
	10	11		10
	10	12		20
	10	13		30
	10	14		40
A	10	15	B	50
	10	16		60
	10	17		70
	10	18		80
	10	19		90

在图 A 中，第一列卡片的第二个 10 的位置上，个位数 0 的位置换上 1，下面的换上 2，依次类推。因此，虽然两列数字中左边的 1 保持不变，但右边的数字从 0 到 9 不等。

在图 B 中，程序更加复杂。第一列放上标有 0 到 9 的独立数字的卡片，因此十位数上是 1 到 9 递增。当十位数达到 9 时，我们有必要继续到下一个 10，并继续该过程，直到达到 100。

“儿童之家”的孩子们几乎都能数到100，这是对他们表现出的好奇心的奖励。我认为这种教学方法不需要再做进一步的说明。

第十九章

算术的进一步发展

对我们来说很重要的事情是，儿童应该能够从 1 数到 100，并能够进行与此操作有关的练习。这是将初等数学的理论和简单的计算结合起来，特别是给儿童提供了一种更合理的算术方法，而不是基于死记硬背。20 多年来，我们的教学仅限于这些练习。总地来说，和其他人一样，我认为算术很难学，期望儿童在这么小的年纪就学会算术是不切实际的想法。

实际上，经验表明，儿童对算术的兴趣，与他们对书面语言的热情和所取得的惊人成绩相比，是微乎其微的。儿童对语言研究的浓厚兴趣，显然证实了人们对算术普遍存在的艰深和枯燥的偏见。

与此同时，我为小学高年级的学生准备的学习材料，很快就试着扩展应用在年龄较小一点的学生身上，也产生了相当显著的效果。儿童摆弄几何图形和可移动的物体，使用“串珠”或彩色玻璃制成的棒或棍，表示从 1 到 10 的数字。珠子每 10 个一串，10 串就能摆成一个包含 100 个珠子的正方形。最后，10 个正方形叠放起来，构成了一个立方体，珠子的个数是 10 的立方，也就是

1 000。我们的教育方法应用于普通学校儿童的教育中，并在《高级蒙台梭利教学法》一书中进行了详细描述。

现在，几个 4 岁左右的儿童被这些漂亮的东西吸引。令我们非常惊讶的是，他们开始使用它们，就像他们观察到的年龄稍大的儿童所做的那样。这样做的结果是大大提高了儿童对数字的热情，尤其是对十进制的热情，以至于算术实际上成了他们最喜欢的练习之一。4 岁的儿童可以理解的数字高达 1 000。后来，5 岁到 6 岁的儿童取得了如此显著的进步，以至于如今 6 岁的儿童可以对四位数进行四种运算。

马里奥 · M. 蒙台梭利帮助开发了这一教育方法，儿童可以组合出 2、3 甚至 4 的平方。此外，他还向儿童展示了如何组合数字木棒，使他们能够解决简单的数学问题。

显然，儿童在这些练习中获得了很多乐趣，以及摆弄小物体的能力，这促使我制造了一些类似于福禄贝尔发明的著名的"材料"——把立方体和长方体组合成一个正方体。然而，我并没有把所有的立方体和方块都做得一模一样，而是将一个边长大约 4 英寸的正方体切成两个不等的部分，然后再将每个部分切成三个不等的部分。这样，大的立方体就变成了小的立方体和各种形状的长方体，体积可以用二项式和三项式的代数方法表示。不同立方体和长方体大小相等的一面具有相同的颜色，同一个长方体不同的面颜色不同。

因此，当儿童打开盒子时，看到的是一整个立方体，由不同的小立方体和长方体组合而成，被涂上多种颜色。例如，在三项式中，有三个不同大小的立方体被涂成不同的颜色；一组长方体的方形面被涂上与立方体相同的颜色，如绿色；还有一组三个长方体也有方形面，但大小跟绿色的不同，被涂成黄色；另外三个长方体的方形面，与之前两组不同，被涂成蓝色；最后六个长方体，矩形面都被涂成黑色。前面提到的三组长方体的矩形面也是黑色的。这些彩色的小东西让儿童着迷，他必须首先根据颜色把它们分组，然后以各种方式排列组合，编出一个小故事。在这个故事里，三个立方体是三位国王，每个国王都有一个和另外两个国王相同的警卫，警卫穿着黑色的衣服。这种材料可以获得很好的学习效果，其中一个是如下的代数公式：$a^3+3a^2b+3a^2c+b^3+3b^2a+3b^2c+c^3+3c^2a+3c^2b+6abc$。

最后，儿童将立方体按一定的顺序放回盒子，从而重构出一个多种颜色的大立方体$(a+b+c)^3$。儿童在摆弄这种材料的过程中，会对物体的排列形成一种视觉印象，从而记住它们的数量和顺序。这些物体提供的视觉印象为心理发展提供了物质基础。对 4 岁儿童来说，没有什么东西比这个更有吸引力了。后来，根据他们对自己的国王的印象，把不同的物体分别命名为 a、b、c，并把它们的名字写下来。5 岁的儿童，当然还有 6 岁的儿童，就能储存起相关的记忆。让他们在头脑中记住三项式的代数公式，而不用借助任何材料，因为他们在视觉记忆中确定了各种物体的排列组合。这给我们提供了一些在实践中实现的可能性。

所有这些算术和代数原理的教学，都是通过辅助记忆的卡片和其他材料来完成的，其结果看起来很奇妙。它们表明，算术教学应该发生彻底的转变，应该从感知开始，建立在对具体物体的认识基础上。很明显，这些6岁的孩子进入一所普通学校，看到其他人开始数1、2、3时，会发现自己格格不入。如果他们要继续在学习上取得长足进步，我们就必须对小学教育进行彻底的改革。

在这种教育体系中，儿童不断地用手移动物体，积极地锻炼感官，同时这种教育体系也考虑到了儿童特殊的数学能力。当他们不再依赖这些材料时，儿童很容易达到他们书写的水平。因此，儿童进行抽象的心理操作，能够获得一种自然的、自发的心理运算倾向。例如，一个英国孩子和他母亲一起从伦敦的一辆电车上下来时，孩子说："如果他们都吐了口痰，罚款将达到34英镑。"因为他注意到一个牌子上写着，任何人在电车里吐痰，都要被处以一定数额的罚款。然后他花时间在脑子里计算出罚款总额，并把先令转换成英镑。

第二十章

绘画与表现艺术

我们所谓的“绘画”练习，实际上是为了训练双手，以便准备书写。这些练习被当作复杂准备工作的一部分，通过这种准备，儿童的小手尽管动作还不稳定，但已经可以画出文字的笔画。正如我们在书写所需的动作练习中看到的那样，这些结构或笔画是彼此分离的，以便以后组合在一起。就写作的发展而言，这种组合能力是“爆炸式”的发展，有时我们可能会发现它与其他更一般性的组合能力结合在一起。我们已经描述过为写作做准备的特殊类型的描画，后来也成为艺术和绘画的基础和组成部分。就其本身而言，它既不是绘画，也不是写作，而是对两者的入门。

关于自由绘画，现在有许多不同的观点，很多人惊讶于我对儿童绘画设置的严格限制。我要求儿童画出几何图形，然后用一种特殊的方式拿着铅笔填涂，或者用彩色铅笔填涂已经画好的轮廓。为了更好地理解这一练习，我不得不强调这样一个事实，即我所描述的绘画过程只是书写分析的要素之一。

所谓的“自由绘画”在我的教育体系中并未有一席之地。我尽量避免开展那些无效的、不成熟的、耗费精力的绘画，尽管这些在今天所谓的“先进”学校很流行。尽管如此，我们的孩子仍然会画人物和装饰图案，但要比那些被称为“自由绘画”的奇怪涂鸦要清晰、和谐得多，后者那些难以理解的画作还需要儿童去解释它的含义。我们没有教过儿童绘画和构图，但是我们的孩子大都知道如何画出令人赞叹的花鸟、风景，甚至想象的场景。

我们的孩子经常用图画装饰书写或算术的纸张，有时还会在算术纸上添加一些文字符号，或用一个奇妙的装饰边框将其包围，甚至用几何形状作为页面的边框，或者在几何图形的轮廓加上装饰性的图案。因此，我们不得不得出这样的结论：手和感官的准备自然有助于书写和绘画的表达。我们教儿童画画不单单是为了画画，更是让他有机会锻炼表达方式。我认为这对自由绘画有很大的帮助，因为它高效简洁，于是我鼓励儿童继续画画。

绘画的另一种作用体现在对学习过程的帮助上，包括减小分析物体的难度。绘图本身包含各种元素，如轮廓和颜色。我们让儿童描绘出图形的轮廓，并用线条填涂图形，通过锻炼肌肉控制来让他的双手做好书写的准备。至于颜色，他可以选择使用画笔和水彩。有了这些工具，他甚至无须先画出轮廓就能作画。我们也给儿童提供粉彩，并教他们如何使用。最后，艺术作品也可以用彩纸剪出来，就像著名的维也纳物理学家奥斯瓦尔德所做的那样。至于纸张，我们也是根据颜色科学地准备，分类地使用，使儿童能够欣赏到和谐的配色。线条和色彩，这两个独立的元素在个体选择和使用过程中是相互独立的。个体成功地表达自己，最终需要将这两个元素结合起来。

因此，个体的教育是通过自身自发的努力而完善的，无须他人干预。事实上，干涉儿童已经完成的工作反而会对其发展产生阻碍，直接教儿童画画，会抑制儿童表达的内驱力。我们的教育方法被称为“间接教育法”，儿童接受这样的教育，就会变得越来越有能力表达自己。他们画了成百上千张画，有时一天画十多幅，像书写一样不知疲倦。

然而，这并不意味着儿童在绘画方面的进步会像书写上的进步一样无限期地持续下去，绘画也并不意味着儿童都会成为艺术家。儿童无一例外都会在某一时刻丧失对绘画的兴趣；而另一种兴趣，如书写，则会被他们优先选择。人们经常能观察到儿童绘画兴趣下降，特别是那些对艺术感兴趣的心理学家。例如，西泽克在维也纳著名的自由艺术学校注意到，许多儿童似乎对艺术工作有着真挚的热情，并且具有相当的艺术天赋，却突然失去了对艺术的兴趣，不再有进一步的发展。专门研究艺术的心理学家雷维斯博士根据自己的经验提出：“有些孩子，随着表达能力的提高，变得越来越成熟，甚至完全放弃绘画，要么是因为对绘画失去兴趣，要么是因为缺乏艺术天赋，或者是因为他们专注于其他事情。”

例如，人们经常注意到，那些对音乐有特殊天赋、对数学和逻辑等抽象学科有强烈兴趣的儿童根本不会成功地绘画，或者干脆就放弃了绘画。从心理学的角度对一个真正的音乐天才的孩子进行深入研究，我们就会发现他的绘画作品与同一时期创作的音乐作品相比明显逊色多了，这清楚地证明了我们刚才的说法。

这可能就是为什么我们的孩子在对书写产生强烈兴趣时，会放弃之前长时间的绘画。直到后来，掌握了书写后，他们才会重新开始在书页的空白处画上装饰。但是，如果儿童被赋予了艺术天赋，那么他就会完全被艺术吸引，成长为一名艺术家，就像乔托一样。原始人在洞穴的墙壁上画出令人惊叹的动物彩画，已经向我们表明，人类绘画的艺术天赋自人类诞生之初就存在。所以，这些美丽的图画不仅仅是一种表达方式或交流思想的手段。

正如人们普遍认为的那样，绘画是思想的表达。简而言之，自我表达的本能寻找一种表现自己的方式，并且可能至少选择两种不同方式中的一种。一种是通过书写，另一种是通过表达性的艺术形式。但是，在大多数情况下，儿童的绘画是一种无法否认的倾向，与任何先天的艺术天赋或对艺术的极端热爱无关。这是一种用图形完成的书写，当儿童无法表达他与周围环境接触过程中产生的想法和感受时，就会借助图形来完成。正如我们所见，儿童的双手成为一种交流工具，用双手来绘画，就像用嘴不断地说话一样。他会用自己的声带和双手来表达自己，展现自己都没有意识到的潜在倾向。

历史表明，书写最初就是绘画，即象形文字。史前人类最初的象形文字与儿童的自由绘画类似，特别是在人物形象的表现上。这些奇怪的图画有一个非常明确的目的，那就是通过一种不同于人类声音的方式与其他人交流。原始象形文字之后是一个过渡时期。在逐渐发展的过程中，人们发明了音节符号的绘制方法。许多符号是难以理解的，就像许多儿童的图画那样，因此，这种文字也是很难理解的。每一种文化都在不断发展的过程中创造了自己的符号体系，文字也最终成为种族的特色，正如我们在埃及和赫梯的象形文字中看到的那样。最后，随着字母表的出现，图形被简化了，它们不再代表思想或音节，而是构成口语的简单音节。一种简单的书写方式被固定下来，准确地再现了口语。这就好像大脑传承了用手和嘴表达自己的全部能力。

我们可以得出结论，教儿童画画的最好方法不是让他完全自由，而是训练他的双手，为其自然发展提供外在辅助。真正的天赋会自发地显现出来，儿童的绘画不会受到帮助他的课程的阻碍，不会扼杀他对绘画的天然兴趣。儿童放弃用手表达自己，就会妨碍绘画的自由发展。为了避免这种损失，我们应该丰富他的环境，并间接地让他的手以最好的方式来履行它的功能。眼睛更准确地观察事物，发现隐藏在自然物体中的美，手则变得更加熟练和灵活。儿童将实现自然的发展目标，通过进行绘画技巧所需的锻炼来使他更加幸福地生活。

雷维斯博士谈到我们的方法，并回应了在“自由绘画”这一问题上遭受的普遍批评，他认为：“蒙台梭利学校并不抑制自由绘画，而是让儿童在发展色彩感和形式感、不断锻炼手和眼睛的过程中，找到最大的乐趣。”手的教育尤为重要，因为手是心灵的器官，是人类智力用来表达自己的手段。

卡茨博士对手的功能进行了一项特殊的心理学研究，他观察到：“蒙台梭利方法致力于发展手的功能，非常清楚地彰显了这个器官惊人的多功能性。经过十几年的研究，我意识到了这一触摸和运动器官的非凡敏感性。手是人类智力得以表达和文明得以进步的途径。没有手，任何智慧生物，即使比其他生物具有天然的优越性，也不可能在地球上生存下来。手是一种表达器官，在艺术创作领域，它几乎占据了第一位。在婴儿早期，手帮助智力发展，而对一个成熟的人而言，这是控制他在地球上的命运的工具。”

第二十一章

音乐教育入门

本书仅对音乐教育做了简要描述，并不是因为对音乐教育的地位缺乏了解，而是因为年幼的孩子对音乐的了解最多是入门的水平。儿童到了一定年龄，才会对音乐产生真正的兴趣。此外，音乐教育的成功很大程度上取决于他们听了大量的音乐，周围环境必须能够唤起他们对音乐的感受和理解。在一所面向所有人开放的学校里，不可能有乐器演奏得很好的人，也不可能为儿童提供专业的乐器，就像多尔梅奇为他杰出的儿童管弦乐队制作的那些乐器一样。然而，在蒙台梭利教育模式下，音乐教育有了科学的开展。这里的儿童可以自由选择，也可以自由表达。

麦克切罗尼小姐已经在这方面做了一些优秀的实验，她在《高级蒙台梭利教学法Ⅱ》一书中发表了部分内容。劳伦斯·本杰明在伦敦和维也纳著名音乐家的帮助下，在这方面做出了一些重要贡献，其中最重要的贡献是从许多不同国家的民谣和古典音乐中精心挑选了一些曲目，而这些曲目是在维也纳的蒙台梭利示范学校经过几年的实验后选定的。

我们可以快速回顾一下与音乐教育相关的各种要素。

节奏和韵律练习。在艺术体操练习中，有很多运动器官的练习，如“直线行走”。通过这一练习，儿童获得了完美的平衡感，同时学会了如何控制手和脚的动作。这一运动缓慢而连续，可以通过引入音乐将练习进行下去。一旦儿童掌握了平衡，就可以开始进行节奏教育。许多摇篮曲的节奏与这种动作节奏类似，为这些缓慢而均匀的动作提供了适当的伴奏。现在，我们在动作练习中加入音乐，是对已经稳定的步态的真正“伴奏”。与这种慢节奏形成对比的是另一种与跑步相对应的节奏。这两种截然不同的音乐节奏对儿童特别有吸引力。正如感觉对比是感官教育的起点一样，节奏对比也是音乐教育的基础。一方面，儿童喜欢快速地跑来跑去，或者缓慢而深沉地慢跑，这些都需要他们努力保持平衡。另一方面，他们的身体比例还不完善，还没有足够的力量进行有节奏的跳跃，需要建立一种平衡感。儿童只有到了稍大一些的年龄（至少 5 岁时），才能掌握与不同节奏相对应的特定动作。这些发展阶段类似于感官训练的各种层次。

儿童在直线上有节奏地行走应与在直线上进行的旨在建立完美平衡和运动控制的练习区分开来。这些音乐练习是以不同的方式进行的，儿童需要手举一面旗子、一杯水或一根点燃的蜡烛，或在头上顶一个小篮子。为了进行这项练习，我们需要在地板上画一条直线，以特定的方式引导练习的进行。儿童在沿着直线行走时很难保持平衡，但也在练习中不断完善这种能力。这些练习总是伴随着轻柔而有节奏的音乐，有助于儿童持续、准确地进行这些练习。但是，儿童开始做有节奏的练习时，双脚必须是自由的。这条直线只是一个指导，帮助他们连续地行走、奔跑和跳跃。当他们跳舞的时候，这条直线已经没有继续存在的理由，它只是一种使儿童在运动中有秩序感的手段。

与其他的重复练习类似，音乐教育的技巧是挑选一个易于理解的乐句，然后反复播放。除了最初两个特别适合年幼儿童的对比步骤外，我们还可以选择并重复有节奏的乐句，以培养他们对音乐的敏感性。否则，他们就没有机会从周围环境中获得对音乐的印象，就像没有颜色和其他视觉对象就没法进行视觉训练一样。随着一遍又一遍地重复每个乐句，部分5岁到6岁的儿童可以发展出理解节奏的能力，而这些节奏需要一些稍有不同的动作来辅助理解，如缓慢行走或行进等。

教师可以给出一些有益的指导。例如，说明某个步骤如何对应某个特定的节奏，就像她在“课”上指导的：“这是大的，这是小的。”但是，在她给了这样的指导之后，儿童应该自己去做，以便他们能够识别和理解在不同的乐句中发现的相同节奏[①]。

然而，这里要注意，音乐节奏不能太过强烈。儿童应该依据旋律来表现节奏，要相信旋律本身会带来节奏。如果因为节奏感

① 本杰明《儿童音乐导论》。

而使一个音符比另一个音符更重一些，就失去了旋律的价值，从而也剥夺了它唤起对音乐的运动反应的能力。音乐的演奏必须是准确的，必须以音乐的方式演奏和演绎。众所周知，这给作品赋予了“音乐节奏”，而不是节拍器的机械节奏。

儿童感受到音乐的节奏，用脚、胳膊和身体跟随音乐律动。即使很小的儿童也会表现出节奏感。贝皮诺在大约 4 岁的时候，就会用食指打节拍。他听音乐或歌曲时，会伴随着两个交替的动作，一个是平稳的，另一个是起伏的。节奏连续时，他的手会平稳地移动；节奏断断续续时，他的手就会跟着抖动。南妮娜在 4 岁的时候，会跟着一首轻柔的旋律，优雅地展开裙摆，开心地笑着把头往后仰；一旦听到军队进行曲，她就会挺直腰板，表情严肃，迈着坚定的步伐前进。

儿童另一项感兴趣的事是，适时地向他们展示新的步伐或如何更优雅地走动。麦克切罗尼小姐的学生厄米尼亚、格拉齐拉、佩皮涅拉、索非亚和阿米莉亚，每当学习一些有节奏的舞蹈动作时，他们就会拥抱彼此，拥抱教师。奥瑟罗、维琴齐诺和特蕾莎也都感谢教师帮助他们改善步态和姿势。

有时，儿童围坐在房间里，看着同伴沿着直线行走，也会听着音乐用手打节拍。有时，儿童会充当导演。文森齐诺在 4 岁半时，会双脚并拢站在地板上画着的椭圆的中心，在两个节拍之间摆动着脑袋，做出与旋律一致的表情。其他的孩子在周围走来走去，跟随节拍摆动手臂、扭动身体。

儿童在没有学过 3/4 拍和 4/4 拍的情况下，也能准确地记住音乐节拍的节奏，证明他们从音乐节奏中获得了感官的教育。起初，儿童在不考虑节奏重音的情况下跟着节拍走。但是，当他们突然感觉到重音时，会跟随它的节奏走，也就是说，他们的动作与小节的第一拍一致。

玛丽·路易丝只有 4 岁多一点，正随着进行曲的节奏行走。突然她对教师喊道："看！看我在做什么！"伴随着每一小节的第一拍，她优雅地上下跳跃、挥舞手臂。只有当儿童再大一些时，他们才会研究这些音符的价值[①]。发展自身的节奏感，能够增强他们对音符的兴趣。

音乐创造。儿童听音乐时伴以有节奏的动作只是音乐教育的一个方面，这时的音乐仅是以有节奏的方式产生的连续声音和每个小节的重音。这样的动作练习之后是对和声和旋律的研究。儿童有适合自己大小和能力的简单乐器，并且在不受太多技术限制的情况下自由演奏乐器，才能从中锻炼自己。儿童如果有这样的乐器，能得到一些关于演奏的简短的课程或介绍，就像他为使用其他材料而接受的课程或介绍一样，他就能够独自演奏，而且由于乐器很简单，他会产生持续增长的兴趣。儿童的音乐表现异常

① 更多的细节参看本杰明的书。

出色，每个人都可以用特有的乐器单独练习，还可以在一个乐队里一起演奏，产生一种真正的音乐感受。

多尔梅奇在英国取得了优异成绩，他想把过去由于钢琴盛行而被废弃的精美乐器重新利用起来，于是有了一个为儿童制作简单乐器的想法。多尔梅奇对音乐的力量和儿童的心灵的信念，促使他开发出一种教育方法，其基本原理与我的教育方法一样。他使用合适的材料和简短的介绍，唯一的目的是让儿童熟悉材料，然后让他自由地演奏乐器。

在宏伟的英国贝达尔斯学校，有一个蒙台梭利示范班，人们可以看到儿童在树林里，坐在树下演奏小提琴，或者一小群人用简易的竖琴和七弦琴合奏，美妙的和声从窗户传进教室。许多儿童对音符或乐理一窍不通，从未进行过节奏练习。他们或许是看到了年长而热情的教师在房间里、树林里或草地上进行令人愉快的表演，因此产生对音乐的兴趣。儿童跟着教师，舒展着身子躺在草地上，心醉神迷地听着音乐。他们也会适时地拿起乐器，尝试演绎内心深处的某些乐曲，从而提高了对音乐选择的兴趣和能力。

谱曲和读谱。在“儿童之家”，即使是孩子，也可以创作乐谱。这个活动基于感官练习，与识别铃铛发出的音乐声音有关，儿童首先将铃铛与声音进行匹配，然后根据音高进行排列。

儿童“处理”这些音符（物体发出的单个声音）的能力很重要。这些物体看上去一模一样，只有发出的声音不同，这是由于物体本身的差异造成的。这些声音可以被分离、混合，然后像其他用于感官训练的物体一样重新组合起来。儿童已经开始使用这种材料，现在他们唯一要做的就是给不同的音符命名，就像在其他练习中做的那样。音符的名字分别是 do、re、mi、fa、sol、la、si，刻在木制圆盘上。儿童根据声音把它们放在每个铃铛下面，通过重复练习学会这些音符的相应名称。因此，带有音符名称的圆盘不仅是按其在音阶上的位置排列的符号，而且还以特殊的方式象征某一声音。儿童开始学习音阶上的音符时，就会把它当作对已知音乐知识的书面练习。

为了帮助儿童独自完成这项练习，在触摸和移动物体的本能的帮助下，我们为他准备了一个木制的刻度板，在上面挖出圆形的小孔，对应音阶上的音符 do、re、mi、fa、sol、la、si、do 的相对位置。在这些小孔中，可以放上面印有不同名字的音符。为了确保它们被放入准确的位置，在每个空洞的底部和每个圆盘的下侧都有一个相应的数字（1、2、3、4、5、6、7、8）。因此，儿童可以根据编号放置物体，并根据八度音阶把物体放在音阶上。

在之后的练习中，儿童拿到一块同样的刻度板，但是没有空洞和相应的数字。与这个音阶相关的是一盒没有编号的圆盘，上面只有音符的名字，同一个音符在几个圆盘上重复出现。这项练习测试儿童将音符放在适当位置的记忆能力，操作是这样的：儿童随机捡起一个圆盘放在桌子上，但把有名字的那一面朝下，黑面朝上。多个圆盘可以放在同一条线上。音符一旦放好，就可以在不离开原来位置的情况下翻转过来。现在，我们可以读取圆盘上的名称，看一看儿童是否犯了任何错误。

第三种材料是在两块不同的板子上刻上音阶，再将两块板子分开，由此区分出了高音和低音。到了这个阶段，儿童可以听懂乐曲并在铃铛上重现它们，反之亦然。他们在铃铛或乐器上即兴演奏并找到合适的音符后，就可以写下一小段乐谱。儿童年龄再大一些，也就是在小学阶段，乐谱有了显著的发展。在巴塞罗那的蒙台梭利学校里，儿童音乐笔记本上的内容几乎和书写笔记本上的内容一样丰富。

我们需要注意的是，前面已经提到三种练习——节奏性动作、乐器声音的再现和音乐的创作可以分别独立进行。为了证明这一点，我们不仅可以举出独立练习的存在，甚至可以举出只涉及音乐教育这一方面的全部课程的存在。我们关注德克罗兹的教育方法就够了，它的目的仅仅是完善节奏练习。我们还要注意多尔梅奇的教育方法，即训练儿童在乐器上演奏和声的能力。传统的音乐教学方法是从音阶知识开始的，与音乐本身无关。但是，我们的教育方法是所谓的分析方法的一个示例，也就是说，把一个足够困难和复杂的整体分割成各个部分来练习，而这些练习本身就可以提供有趣的任务。

节奏、和声以及写谱和读谱，最终还是联系在一起了。因此，它们是三种独立的兴趣，三个层次的工作和愉快的经历，一下子成为一种综合性的获得。

第二十二章

“儿童之家”的纪律

本书第一版出版至今所积累的经验，一再证明了一个事实，即我们这个四五十人的班级有比普通学校更完善的纪律。任何参观这所有着良好管理的学校的人都会被儿童的纪律性打动。这里有 40 个 3 ~ 7 岁的儿童，他们都专注于自己的工作。有的在做感官练习，有的在做算术，有的在临摹字母，有的在画画，有的在练习系扣子，有的在掸灰尘，有的坐在桌子旁，有的趴在铺着地毯的地板上。人们只能听到轻微的声音，如物体移动的声音和儿童踮起脚尖走路的声音，时不时还会听到一声抑制不住的欢呼声。有人急切地喊道：“老师！老师！”或者惊呼：“看看我做了什么！”但更常见的是绝对的专注。教师缓慢而安静地走到一个召唤她的人跟前，这就是她的职责，任何需要她的儿童都能立即意识到她的存在，而那些不需要她的人则完全忘记她的存在。几个小时过去了，这里的一切都寂静无声。

正如一些参观“儿童之家”的人指出的那样，他们似乎是“小大人”，就像是“正在开会的参议员”。儿童全神贯注于手头的工作，从不会产生争执。如果有人出色地完成任务，周围的人会称赞他的工作，为他感到高兴。没有人会因别人的优秀而难过，每个人的成功都会让其他人感到快乐和惊喜，让其他人急切地模仿。所有人似乎都对自己能完成某事而感到高兴和满足，不会因虚荣而膨胀，也不会嫉妒他人或与他人有残酷的竞争。3 岁的儿童能够和 7 岁的儿童和平共处，并对自己的工作感到满意，因为他知道自己个子矮，不必羡慕大孩子的身高。所有儿童都在最平和的环境中成长。

如果教师希望小组暂停一些有趣的工作，那么她低声说句话或打个手势就够了。儿童会密切关注教师，渴望知道教师的想法。许多参观者看到教师在黑板上写了一些指示，并注意到儿童高兴地遵守了这些指示。但是，儿童服从的不仅是教师，任何人向儿童提出要求，儿童都会认真而平静地做出反应。例如，参观者想听正在画画的孩子唱歌，他就会停下画画来满足他们的要求，但是一旦他礼貌地听从了他人的要求，就会回到之前中断的工作中。通常，年龄很小的儿童也会回去完成服从指示之前就已经开始的工作。

关于学生纪律的最有趣的例子，发生在遵循我们的教育方法的教师所组织的考试中。这些考试既有理论意义，也有实践意义。教师安排儿童考试，让他们抽签做不同的练习，同时也会让他们做一些自己选择的事。考试后，他们还会继续回到之前中断的工作。过一会儿，每个人都会过来给我们看一幅他们在等待期间画好的画。我们对儿童的耐心、坚毅和热切的参与感到惊奇。

所有这些可能给人留下的印象是，这些儿童并没有受到过度的压抑，因为他们毫不胆怯。他们有明亮的眼睛、轻松愉快的表情，邀请他人观摩他们的工作或听取他人对作品的评价。他们使我们认识到，我们面前的这个人是自己家园的主人。他们急切地抱着教师的膝盖，或让教师低下头献上亲吻，这都透露出他们无拘无束的情感。

人们看到儿童在布置餐桌时都会有些担心和惊讶。4 岁的小服务员把刀叉和盘子摆在餐桌上，端着放有 5 杯水的盘子，端着盛有热汤的大汤碗从这一桌走到那一桌。他们没有割伤自己，没有打碎玻璃杯或把汤洒出来。用餐时，小服务员沉默寡言，服务周到。人们喝完汤后，小服务员会立马上前问要不要再来一份；或者，如果人们吃完了，小服务员就会立即把空盘子撤走，所以，人们根本没有必要明确提示再来一份或表示他已经吃完了。

任何看到儿童这样做的人，都会对比其他 4 岁儿童的常见行为——他们会大喊大叫，破坏一切，必须有人一直照看他们。这是一幅动人的景象，显然是来自人类灵魂深处的秘密能量。我经常看到人们在这些小型宴会上被这些儿童的行为打动。这种纪律绝不能通过命令、劝诫或任何用于维持秩序的常见手段来获得。

实际上，教师用责骂和恳求来维持纪律是没有用的。起初，这些方法还可能会给人一种有点效果的错觉；但很快，当真正的纪律出现时，所有这些错觉都会在现实面前化为乌有。纪律性最初来自儿童在完成工作中的表现，来自某一时刻对某项任务产生的强烈的兴趣。这可以从儿童脸上的表情、高度的专注和做事时的坚持不懈上看出来。无论是何种感官训练，洗东西或是洗碗，都同样表明儿童正变得具有纪律性。

我们可以通过重复安静练习来帮助儿童将这种体验稳定下来。儿童需要完全静止、集中注意力以捕捉远处传来的呼唤名字的声音，也需要为了避开物体和轻快行走而小心地协调动作，这些都能有效地帮助儿童做好准备，使其动作、心理活动和性格有序发展。

儿童成功地专注于他的工作时，我们必须监督他严格而准确地完成练习。作为教师，我们在塑造儿童的纪律性方面能否成功取决于对这一方法的应用程度。儿童获得纪律性的最大困难之一在于，它不能简单地通过语言获得，也没有人会仅通过听别人的话来约束自己。相反，他需要进行一系列复杂的准备活动，如完成一个教育项目所需要的准备活动。因此，纪律是间接获得的，即通过开展自发性的工作而获得。每个人都必须学会如何控制自己，如何平静和沉默地开展活动，这样做的唯一目的就是保持生命赖以存在的内在热情。

儿童的工作不能以随意的方式开展，这就是我们的教育方法成功的原因。这一定是儿童内心渴望的工作，他有一种天生的爱好，或者他可以逐渐培养这种爱好。这是一种给儿童的生活以秩序的工作，并为他开放无限成长的可能性。我们可能会认为儿童缺乏纪律性，但这主要是由于缺乏肌肉控制。儿童爱动，但行为多是混乱的，他扑倒在地上，大喊大叫，举止怪异。然而，在这一切行为之下，存在一种潜在的需要，那就是协调他的动作，并将动作定型。儿童是一个语言和行动还比较笨拙的人，但他必须成为自己的主人。就目前而言，他在努力实现本能但很难察觉的目标时，仍会犯下许多痛苦的错误。

儿童必须完成的任务是成为大人的必要任务。儿童必须掌握他所处环境中普遍存在的习俗，这就是他必须有锻炼自己的机会的原因。儿童只靠观察他人的行为是不够的，他不仅需要机械般的调节，还需要一种完成任务的明确机制。因此，儿童的行动必须有目标，必须与智力活动相联系，与学习的欲望密切联系。行动混乱的儿童没有学会如何行动。他们更加接近儿童本来的样子，即思想没有得到适当的滋养，正遭受精神上的饥饿。

如果教师告诉儿童："像我一样站着别动！"他不会受到启发。儿童不可能通过一个简单的指令，使仍在成长中的复杂的心理－生理系统变得井然有序。我们试图这样做时，会把这类儿童与另一类故意选择做错事的儿童混淆，或与另一类能力有限却自以为能够完成任务的儿童混淆。但是，如果我们希望儿童顺从，就必须教他如何协调自主运动的发展。我们必须教他如何协调动作，使他能够以一种和谐的方式来执行任务，并尽可能地对动作进行分析，逐一完善。

所有促进运动协调的练习都是为了一个明确的既定目标而进行。通过这些练习，儿童不仅锻炼了肌肉，让头脑变得有序和丰富，还增强了意志。这些练习是建立在各种动机的基础上的，而这些动机又激发了练习本身。然而，即使这些动作是协调的，协调这些动作的人仍然是主体。通过这些练习，儿童扩大了自己的理解力，越来越认识自己和周围的环境。真正的动作协调能使整个人变得完美。那么，那些已经学会了如何活动的人就不再是儿童，他们自由选择自己的工作，丰富了个性，从而变得自律。

这个年龄段的儿童应该通过这些练习来锻炼肌肉，这件事一点都不奇怪，也很自然。事实上，儿童在活动时，是在听从自然的指令；由于他的动作是指向目标的，所以动作不再混乱，而是处于有序的工作状态。在这里，我们有一种纪律性，它代表通过征服自我而达到的目标。这样管教出来的儿童和以前不一样，不是一味地学习如何“做个好孩子”。相反，他是一个自我完善的人，超越了年龄的限制，实现了飞跃。他征服现在的环境，并且掌握了未来，因而成长起来。他不一定总是需要一个人在面前反复叮嘱：“一直这样！一直好好的！”他所获得的进步在于，再也不能安心地处于无所事事的状态中。现在，他的进步完全表现在活动中。其实，“进步”就是通过自己的努力，通过有序有益的外在的工作而“走向更好”。

外在的工作是获得内在成长的手段，同时也是内在成长的标志。这两个因素交织在一起，儿童通过工作从内而外变得更好，并且不满足于此，精益求精。因此，他持续地完善内在自我。纪律不是事实，而是一种方式。它使儿童以近乎科学的精确性获得进步的概念。但他最享受的是拥有一种内在秩序的至高乐趣，这种秩序是通过达到适当的目标获得的。

在长时间的准备过程中，儿童体验到快乐、愉悦和兴奋。这些构成了他心灵深处的宝藏，并赋予了他特别的力量和美好，这将成为进步的源泉。事实上，儿童现在不仅学会了如何行动和从事有益的活动，而且在动作中获得了一种特殊的魅力，使他的手部动作更加正确和优美，增加了美感，通过它们的外在光辉揭示了内在生命的诞生。

儿童的动作逐渐、自发地协调起来，通过内在努力，在外部活动中建立起一种内部和谐。大自然注定要运动的肌肉在有序的运动中得到休息，就像肺部会在正常的呼吸间奏里休息一样。剥夺肌肉运动就是破坏它们的天然规律，不仅会带来疲劳，而且会带来堕落。

我们应该相信，对任何自然运动的物体来说，静止是某种特定形式的运动，与它自身包含的内在目的相对应。它的休息在于以一种符合生命秘密法则的方式行动。因此，如果我们把这一原则应用到人的身上，我们就会看到，既然人是有智慧的，那么聪明的他就会在活动中休息。儿童漫无目的、毫无节制地跳跃，会消耗精力，但带着智慧的活动会让他的内心感到满足，因为他战胜了自己，反而会增强他的力量。这种“潜能的增强”可以从生理上得到解释，儿童通过合理分配精力，通过改善血液循环，通过组织物质的代谢，使他的器官得以发展，所有这些都有利于身体的发育和健康。同样的道理也适用于儿童的智力发展。儿童的思想起初是散漫的，但也有自己想要达到的适当目标。在实现目标的过程中，儿童会经历许多困难，因为这个目标经常被抛弃，甚至被扼杀。

我曾经在罗马平西奥的花园里看到一个非常漂亮的小孩，大约 1 岁半的年纪。他拿着一个空桶和一把小铲子，正忙着从小路上收集石头来填满小桶。小孩身边站着一位外表端庄的保姆，显然很喜欢这个孩子，也很用心地照顾着孩子。临走时，保姆耐心地让孩子停下手里的动作，坐回童车。孩子却不住地反抗，怎么劝都不管用。最后，保姆不得不把桶装满石头，然后放进车里，想要让孩子满意。孩子开始大声哭喊，抗议保姆的不公正对待，这让我感到震惊。孩子的心里有多少不满的怨恨啊！他并不是真的想把桶里装满石头，只是想通过把桶里装满石头的动作，满足身体日益增长的对外在活动的需要。孩子追求的目标是形成自己的内在形象，而不是在桶里装满石头的外在行为。他对外部世界的强烈依恋只是一种幻觉，内心的迫切需要才是现实。实际上，即使他把桶装满了，也很有可能会把桶再倒空，反复多次，直到自己满足了为止。在保姆干涉他的活动之前，我看到他面带微笑地追求这种满足感。因此，可以说，内心的快乐、运动和阳光是照亮灿烂人生的三道光芒。

这一简单的例子说明了全世界的儿童，即使是最优秀和最可爱的儿童，也都是这样。儿童不被成人理解，因为成人只会依据自己的标准来评判他们，相信儿童关心的只是外在的结果，并带着慈爱之心帮助儿童达成目标。相反，儿童被一种无意识的自我发展的需要支配。因此，他蔑视已有的获得，渴望但尚未取得的成就。例如，他宁愿自己穿衣服，也不愿被人打扮得华丽。他宁愿自己洗衣服,也不愿由别人帮他打理干净。他宁愿建造一座房子，也不愿拥有一座现成的房子。他之所以如此，是因为他必须先过好自己的生活，然后才能享受生活。这种自我形成的过程，是他真实的且几乎唯一的快乐。在他生命的第一年，儿童的发育很大程度上局限于汲取营养，但后来也包括机体的心理生理功能的稳定发展。

平西奥的那个小孩就是一个例证。他想协调自己的随意运动，锻炼身体的技能。他举起物体用的是肌肉的力量，判断距离用的是眼睛，装了满桶的石头用的是智慧。他想要的是发展意志，决定自己要做的事，而不是那个爱着他的人认为的想要拥有石头，这才是他不高兴的原因。我们常常会犯同样的错误，以为儿童的目标是获得知识，所以我们帮了他，但是，我们这样的做法只会给他的发展设置障碍，使他愈发不快乐。学校普遍认为儿童会从学习中得到满足。但是，只有让儿童获得自由，我们才能追踪到他们自发的智力发展过程。知识是儿童发展的起点。儿童学会如何做某事后，就开始享受重复练习的乐趣，带着明显的满足感无限重复学到的东西，并从自主练习中获得快乐。正是因为这样，儿童才发展了自身的精神活动。

我们认识到这一点后，就可以客观地评价许多学校的教学。我们在一位教师身上看到这样一个例子，他向班上的学生提问，然后对一位主动回答问题的学生说："不，你不要回答，因为你知道答案。"然后他叫起一位他认为不知道答案的学生来回答。也就是说，不知道答案的学生必须发言，知道答案的学生必须保持沉默，尽管这只是对一个知识点的教学而已。

但是，在日常生活中，我们会有多少次重复最熟悉的、最喜欢的、最符合我们内心的事情呢？例如，我们特别喜欢唱熟悉的歌曲，喜欢到把它们作为自己的一部分。我们喜欢谈论熟知的喜爱的东西，即使我们非常清楚这些话题以前已经说过很多次且现在也没有什么新的内容可说，却还总是兴致盎然地重复着。

但是，如果我们要重复，首先重复的东西就必须是实际存在的。在这个例子中，知识是已经存在的，是行为重复的必要条件。成长来自反复的练习，而不是对新事物的初次理解。当儿童到了重复练习阶段，他就已经开始从外在的训练中看到内在的成长。但是，这一现象并不总是发生，且并非在每个年龄段都需要重复练习。事实上，重复应该符合儿童相应的需要。教育实验方法的本质在于能提供很好地满足有机体生长需要的练习。如果一种特殊的需要已经得到满足，儿童将不再有机会得到充分的发展，因为时机已经过去了。这就是为什么一旦过了关键期，儿童就经常无法获得原本属于他的东西。

同样有趣的是，儿童要在不同的时间完成特定的行为。刚开始独立的儿童，行动非常缓慢。因此，儿童的生活受到与我们截然不同的特殊法则的支配。年龄较小的儿童喜欢缓慢地、有意识地执行许多复杂的动作，如穿衣脱衣、打扫房间、洗澡、摆桌子、吃饭等。在所有这些活动中，他极有耐心，付出艰苦的努力，克服了一个仍处于发育阶段的个体所面临的所有困难。但是，当我们看到他“费力”和“费时”地做一些我们可以快速、轻松完成的事情时，我们就会想要代替他去做。

我们总是受一种偏见的支配，即儿童要达到目标就是完成某种外在行为。我们给儿童穿衣、洗澡，从他手中拿走他热切想要拿到的东西。我们把汤倒进他的碗里，喂他，然后收拾餐桌。我们这样对待他之后，还会严厉地评价他，就像对待另一个笨拙又无助的人时常用的方式一样。我们常常认为儿童没有耐心，仅仅是因为我们自己没有耐心，无法让他按照自己特有的节奏去做事。我们判定儿童是傲慢的，仅仅是因为我们被自己的不良习惯折磨。这种敌对的态度严重影响了儿童的耐心和温柔的天性的发展。

正如一个勇敢的人会捍卫自己的生存权，儿童会反抗任何反对他服从自然之声的人，会用暴力行为、尖叫和眼泪来表达他的不满。然后，在不了解他的人看来，他是一个叛逆者、革命者。尽管成人认为自己是在帮助儿童，但实际上却是在把他推回到原有的生活道路上。因此，成人就这样再一次误解了他所爱的孩子，认为孩子的自我防卫是一种天生的劣根性，这是幼年时期的缺点。

如果我们像弗雷格利综合征患者一样动作迅速，就像剧院里那些以快速的变化让我们感到惊艳和快乐的人一样，情况会怎么样呢？如果我们继续以惯常的方式行动，就会看到这些“弗雷格利”正在突袭我们的生活。他们开始打扮我们，不假思索地折腾我们，如此迅速地喂饱我们，以至于我们没有时间吞咽。他们从我们手中夺走工作并快速地完成，使我们陷入无所事事和一无是处的屈辱状态？我们不知道还能做什么，就会大声喊叫，用拳头抵御这些狂热分子的伤害。既然他们认为自己只是想帮助我们，就会说我们是邪恶、叛逆、无用的。但是，我们知道自己领域的真实的状态，就会对他们说：“来我们的领土，看看我们建立的灿烂文明，看看我们的精彩作品。”而这些“弗雷格利”看到我们的世界虽然节奏慢一些，但却如此公平、活跃、有序、和平、安宁，他们的头脑中会涌现一种钦佩之情。类似的事情也发生在我们和孩子之间。

感官教育是通过重复练习来实现的，目的不是让儿童认识颜色、形状和各种属性，而是通过集中注意力、进行比较和形成判断来磨炼自己的感官，即进行真正的智力活动。而这些在各种刺激下进行的练习，促进了儿童的智力发展，就像体育锻炼改善了他的健康，调节了他的身体生长一样。

儿童通过各种练习去感知单独的刺激，学习如何集中注意力，并逐渐完善自己的心理反应，就像他通过各种体育锻炼训练自己的肌肉一样。因此，他并不局限于感官活动，还为自发联想、推理过程和心理稳定性奠定基础。这种秘密的训练是给儿童带来如此快乐的原因。就在那时，他发现了周围的世界，欣赏展现在他面前的新事物，并为日益增长的认识感到快乐。最后，他的心理发展、阅读和写作能力，几乎是自发地产生了。

曾经，有一位医学同事的妻子带着2岁的儿子来看我。男孩从母亲怀里挣脱出来，几乎是扑向父亲桌上的东西——一张长方形的纸垫和一个圆形的墨水瓶。我很高兴看到这个聪明的孩子竭尽全力去使用我们的物体做一些练习。他的父母却责骂他，把他拉走，并向我解释说，他们想要阻止孩子接触父亲的文件和物品，但总是徒劳无功，还在抱怨“孩子好动和淘气”。有多少次儿童因为“动这动那”被责骂，并且对纠正他们的行为怀有敌意！然而，正是通过引导和发展这种触摸一切事物和认识几何图形的自然本能，“儿童之家”那些4岁半的孩子才能在自发写作中找到快乐的源泉。

儿童在努力达到目标时，会把宝贵的精力花费在一堆纸张、墨水瓶之类的东西上。尽管他不断努力，但他总是被比他更强大的人打败，因此，他总是处于激动和沮丧的状态。但是，他的父母仍然认为他应该休息。大人把一个正在努力为他的智力大厦打下基础的儿童看作邪恶的，这也是一种错误的观念。此外，我们的儿童可以自由地移除和替换平面插图的几何图形时，他们真的很快乐。他们利用这些物体来发展自己的力量，享受着一种完美的内心的平静，完全不知道他们的眼睛和手正被引导着进入一种新的神秘语言体系之中。

大多数的儿童在进行这种练习时会变得冷静下来，让神经系统得以休息。这些小家伙友好而安静，已经表现出远远超过普通学校急切想要获得的外在纪律。但是，正如一个冷静的人和一个自律的人是有区别的一样，他们表面的冷静与他们支持内心成长的真正原则相比，是局部的、外在的和表面的。

通常，这仍然是一种偏见。我们认为，要引起儿童的自主行动，我们要做的是命令他去做某事。我们假装这是有效的，称其为“儿童的服从”。然后，我们发现年龄小一点的儿童特别不听话，尤其是三四岁的儿童，反抗尤其强烈，以至于我们放弃了让他们服从的希望。我们坚持颂扬服从的美德，因为在我们看来，这是童年的特征之一。但实际上，服从是一种儿童的美德，如此罕见，如此难以获得。

我们想象着通过祈祷、恳求、命令或鼓动来获得难以获得或不可能获得的东西，这是一种非常普遍的幻觉。例如，我们要求儿童服从，儿童则会要求我们摘下天上的月亮。服从只能通过复杂的性格形成过程获得。为了服从，儿童不仅要有愿望，而且要有能力。当我们发出命令时，期望被命令的人做某事或停止做某事。因此，服从包括智力和意志的训练。在这方面所做的任何努力都能教会孩子服从，即使只是间接的。

我们所采用的教育方法，在每一个阶段都包含着一种自主性的练习。儿童完成指向性的行动时，就是在朝着预定的目标前进；通过耐心地重复一项练习，锻炼自己的意志。同样，儿童通过一系列相当复杂的练习，学会如何检查和控制自己的行为。例如，在安静的课堂上，儿童在等待点名的漫长时间里，必须控制自己的行为，甚至在被点到名字时，也必须克制自己欢呼雀跃、奔向召唤者的欲望。相反，他必须保持沉默，安静地走动，注意避开障碍物，以免发出噪声。

另一项抑制冲动的练习是算术。儿童抽取了一个数字，只能从一组物体中取出抽到数字对应数量的物体。但是，经验表明，他会尽可能多地带走一些。如果他抽到了 0，他必须空着手耐心地等待。另一个类似的练习是关于0的学习。儿童被多种不同的方式召唤0次，给了0个亲吻，但他仍然明显地克服了本能的冲动，服从教师的指令。儿童端着一大碗热汤时，必须排除一切干扰因素，如抵制跳跃的冲动，不去注意耳旁嗡嗡叫的苍蝇，必须负责地不让汤碗掉在地上或把汤洒出来。一个4岁半的小女孩，每次将招待小客人的大碗放在桌子上后，都会跳上两三下。然后，她会将大碗从这张桌子端到另一张桌子上，然后又会跳几下。她会一直小心地拿着大碗，不间断地给20张小桌子送去热汤，始终保持执行任务过程中所需的警惕性。

意志和其他所有的能力一样，是通过系统的练习来培养和加强的。在我们的学校里，意志练习存在于儿童所有的智力练习和实际生活中的练习。儿童看似正在学习如何优雅而准确地完成动作，如何提升他的感官认识，如何阅读和算数，但实际上他正在成为自己的主人，在为坚强的意志打下基础。

人们常说，儿童在服从中一定会违背自己的意志，而儿童的意志教育就在于教会他们服从和顺从。但这种说法是不合理的，因为儿童不能放弃他没有的东西。相反，在期待儿童做到这一点时，我们阻碍了他的意志的发展，因此严重地伤害了他。因为他总是被我们打断，受制于我们，所以他从来没有时间审视自己，评估自己的能力和局限，这样的不公正使他灰心。他听到自己因为不具备某种东西而被责骂，这种东西恰恰正在他的内心不断地被摧毁。这是儿童胆怯的根源，是一种无法发展的意志病态，无论我们是否清楚地认识到是我们错误地把这些问题归为儿童的性格。

“儿童之家”的孩子从不胆怯。他们最令人着迷的品质之一就是他们无畏地与他人打交道和与他人分享自己的努力。有些儿童在大人面前胆小怕事，哭哭啼啼，但和其他儿童相处时，就变成了小霸王。他们的性格被扭曲了，因为他们只能通过偷偷摸摸的方式行使自己的意志。但是，这种异常现象在我们的“儿童之家”里并不存在。

除了行使意志，儿童服从的前提是需要了解要执行的行为。我的学生安娜·麦克切罗尼在米兰的“儿童之家”做了一项有趣的观察，后来在罗马的朱斯蒂学校做了同样的工作，即重点关注知识在儿童服从的形成过程中所起的作用。

一旦儿童的性格开始获得一定程度的秩序时，服从的特质就会在他的身上体现出来。例如，儿童努力进行某种练习，然后在某个时刻，突然完美地做到了。他很惊讶，环顾四周，想再做一次；但直到他做了多次尝试后，才重新获得成功。后来，他几乎总能成功地完成这项练习。但是，如果有人要求他这样做，他却几乎总会失败。外部指令仍然无法指挥自主行动。但是后来，儿童几乎总是成功地做到自己想做的事情时，外部的邀请就能引发足够的有序行为，以达到儿童预期的目标。换句话说，儿童现在可以有规律地执行收到的命令。

这些事实，除特例外，都依赖于心理发展的规律，这可以从我们在学校甚至生活中的经历中看出来。我们经常听到儿童说："我曾经做到过了，但我现在做不到了。"或者教师对儿童不再执行命令感到困惑，会说："他以前做得很好，但现在不行了。"但到了最后阶段，儿童不仅能做到，而且还能将这种能力保持下来。

因此，儿童的发展存在三个阶段。第一阶段是潜意识阶段，儿童的智力通过一种神秘的内在冲动，从无序状态转变为有序状态。这是由完美的外在行为揭示的，但是仅有行为在意识的范围之外，儿童不能随心所欲地复制它。第二阶段是意识阶段，在这个阶段，意志将有助于行为的产生和固定。第三阶段，意志可以自己激发行为本身并对外部命令做出反应。

服从也是以类似的方式发展。第一阶段，由于内心的混乱，儿童并不会服从。他在心理上不能理解命令，因此充耳不闻。第二阶段，他想服从，似乎能理解命令，并希望执行，但他还是做不到，或至少不能总是成功地服从。因此，他还没有准备好服从，也不了解服从的乐趣。第三阶段，他迅速而热情地做出回应，并在练习中完善自己，他发现能够服从并为此感到高兴。正是在这段时间里，他快乐地对指令做出反应，至少会先放下手头的事情。

这种秩序感取代了之前头脑里的混乱，为儿童的智力和心理成长奠定了基础。黑暗中已经出现曙光，他在井然有序的思想中体验到了新的情感，有了新的收获。他已经绽放出善良、爱和渴望美好事物的花朵，这样一个孩子的灵魂里充满了香味，印证了圣保罗所提到的精神成果的存在："仁慈、欢乐、和平、长期的苦难、温柔、善良、温柔和谦逊。"

儿童之所以具有这种美德，是因为他们在重复练习的过程中锻炼了耐心，在满足他人的欲望和要求时表现出温顺，为他人的利益感到欢喜而不是嫉妒或憎恨。他们乐于行善，心满意足，并且极其勤奋。这些是确保儿童遵守纪律的基本程序，可以说是间接的方式，因为最终，儿童的合理有序的工作和自由意志取代了挑剔和要求苛刻的教师。其直接的基础是工作和自由，而这些又是文明进步的基础。因此，儿童通过耐心的锻炼获得了美德。

第二十三章

结　论

我相信，本书对于教育方法的描述已经足够清楚，可供教师付诸实践。任何掌握它的一般概念的人都会明白，应用这些教学材料是非常简单和容易的。教师的功能已经不再是努力维持纪律，让儿童安静下来，在大声地讲话中筋疲力尽。口头教学已被“发展材料”取代，这些材料本身就包含了对错误的控制，为儿童提供了通过努力自学的机会。于是，教师就成了儿童自主学习的指导者，沉默而被动。

每个儿童都忙于不同的工作。教师可以监督儿童，可以进行观察，然后对他们进行科学研究，用于确定儿童的心理发展状态，并为进一步的教学实践奠定基础。我相信，我们的教育方法已经为科学教育的发展创造了必要的学习条件。任何采用这种方法的人，都将把每一所学校和每一个班级作为实验场地。由此，我们可以期待为目前讨论的所有教育问题找到真正的、积极的解决办法，包括为学生提供自由，自我教育，家庭教育的融合，以及通过正规的课堂工作来获得更全面的教育。

在实践方面，我们的教育方法还有一个优点，就是能够把背景迥异的儿童聚集在一起。在我们的第一所“儿童之家”里有2岁半的儿童，他们还太小，连最简单的感官练习都做不到。那里还有5岁以上的儿童，他们几个月后就可以升入三年级。在我们的每所学校里，每个儿童都会进步，并根据个人能力来完善自己。这种方法还有一个优点，那就是它可以使农村学校和乡村小学的教学变得相当容易，因为那里的学生和教师数量有限。我们的经验表明，教师可以指导3岁至7岁的儿童。因为我们学校的儿童很容易学会书写，如果我们的方法更普遍地被应用，就可以扫除文盲，推广阅读。

就教师而言，她可以和不同发展阶段的儿童整天待在一起，且不会感到疲惫，就像母亲整天与孩子待在一起而不会感到疲倦一样。

儿童通过自己的努力，获得了严格的纪律性、实际的独立性和逐渐增长的知识。他们由聪明的教师指导，运用我们教育的方法来发展生理、智力和心理，可以同时获得健康的身体和广博的思想。

有些人仍然坚持错误的信念，认为儿童的教育应该完全是生理方面的。但是，精神也有其实际存在的意义，正是精神的生命支配了人类的每一个阶段。我们的方法考虑到儿童自发的心理发展，并通过观察和经验来帮助儿童。如果身体上的关爱能使儿童享受到健康身体的快乐，那么智力和心理上的关爱则能使他们体验到精神上的更高层次的快乐，并促使他们在外部环境和心灵的亲密接触中获得新的洞见和发现。这些是使人为生活做好准备的快乐，也是唯一真正适用于儿童教育带来的快乐。

我们的儿童与普通学校的儿童明显不同。他们拥有快乐个体的镇定神态，也拥有掌控自身行为的轻松自在。他们跑上前去迎接来访者并与来访者坦诚交流。他们认真地伸出小手去握手，用闪亮的眼睛而不是高亢的声音表达感谢，给人的印象是非凡的小绅士或小淑女。他们展示自己的成就时，同样单纯而自信，就像是要获得母亲的首肯一样。他们坐在两位交谈的来访者脚边的地板上，默默写下自己的名字，礼貌地说谢谢，仿佛想向前来看望他们的人表达深切的谢意。他们用深沉的沉默来表示尊重时，真正地触动了来访者的内心。

“儿童之家”似乎对每个人都有精神上的影响。我见过成功的商人、有非凡影响力的人、忙于痛苦的工作或具有自我优越感的人。他们在这里都会变得平静，摆脱权利的沉重负担，达到愉快的忘我状态。这是人类心灵按照本性发展带来的影响。这就是为什么我们称“儿童之家”的儿童是快乐和美好的。他们拥有比我们更美好的童年。我完全理解了伟大的英国诗人华兹华斯的思想，他爱上了大自然，开始倾听大自然各种神秘的声音，并向大自然探寻所有生命的秘密。最后，他恍然大悟：自然万物的秘密，只能在儿童的心灵中找到。

第二十四章

凯旋的战车

“儿童之家”的教育成果表明，这里的教育与普通小学有显著的差异。“儿童之家”不是为小学阶段做准备，而是继续接受教育的开始。我们的教育方法，不再区分学前班和普通学校。事实上，我们并没有教育儿童的计划，而是让儿童在体力劳动和脑力劳动的帮助下生活并发展自己，达到不同的发展水平。一般来说，这种发展与年龄的增长相对应。

我们已经清楚地表明，儿童需要观察、反思、学习、专注且独立，还需要不时地暂停活动以保持安静。我们的方案如此清晰，以至于可以满怀信心地说，儿童在适合他接受教育的地方之外就处于休息状态的想法是错误的。相反，我们有责任指导孩子的活动，避免他付出无用的努力。因为这些努力会分散他的精力，转移他对知识的本能探索，经常让他神经紊乱，阻碍他的成长。因此，即使是年龄很小的儿童，教育的目的也不是让他为上学做好准备，而是为生活做好准备。

我们在这里感兴趣的是，确定两种学校（即“儿童之家”和普通小学）之间教育程度上的界线。“儿童之家”的儿童已经开始学习绘画、书写、阅读和算术四门学科，这些将在小学阶段继续培养。

这些所谓的学科都是从感官教育中得来的，人们可以从中发现最初的学习冲动。算术来自判断属性的练习，即确定事物之间的数量关系。绘画来自判断形状和辨别颜色的练习，同时让手准备好描画物体的轮廓。书写来自一组更复杂的触觉练习，使手能够在指定的方向上自如移动。同时，眼睛学习如何分析形状和抽象的形式，耳朵则学习感知个体的说话声音，这样单词就可以由与这些声音相对应的字母拼写而成。阅读源于书写，使人能够分享思想。这样的征服是内在能量的有力表现，具有一种爆发力。这些高级活动激起了儿童的快乐和热情。因此，这不是一种枯燥的学习，而是儿童性格发展的有力体现。儿童的精神面貌，挺拔而稳重，就像古罗马战士驾驶一辆华丽的战车前进一样。他正在推动智力四个方面的发展，在这四匹战马的带领下，驾驶战车驶向学习的最终目标。

然而，这种经历的真正核心是儿童心理学领域的一项发现。圣洛伦索的“儿童之家”给了我们第一个启示，后续的研究结果都随之而来。儿童能够通过排列字母拼写他们还不认识的单词，进一步发展为书写能力的突然爆发。教师也对年幼的儿童拥有如此纪律性而感到不可思议，因为儿童既没有受到直接的教导，也没有受到任何强迫。然而，这种现象并非一次性出现在同一个环境里，而是在世界上每一个严格遵循该教育方法的地方重复出现。

这些不寻常的现象揭示了儿童心理中未知的一面。这是我们所有工作的真正重点。正是围绕着这些现象，儿童的心理才得以发展，并从中获得灵感。这就是这些实验和基于它们的方法不能解释儿童的心理发展的原因，除非人们认识到这与仅在儿童早期的创造性时期就具有的特定思维有关。

这项伟大的实验证明了一个事实，即6岁以下的儿童有一种“心理状态”，与六七岁以后发展起来的心理状态不同，也与成年后发展起来的心理状态不同。儿童年龄越小，这种心理差异就越大。我们称之为儿童的“吸收性思维”，并在名为《新世界的新教育》的著作中首次讨论了这一问题。我们现在正在筹备另一本儿童心理学相关的书《有吸收力的心灵》，很快就会出版。

可以确定的一点是，神秘的事实首先指向儿童的无意识，然后再指向他的潜意识，这表明儿童有能力从他的环境中吸收印象。当这些印象被聚集到一座心理宫殿时，甚至会发展成为现实。这一点可以从一个真正神奇的事实中看出，儿童在他还没有完全具备自主学习的意志能力、记忆力和推理能力时，就能吸收被称为“母语”的所有语音和语法特点。的确，在这个无意识的时期，儿童凭借自然力量吸收的东西，以一种稳定的方式持续存在，并被人们识别。事实确实如此，以至于母语成为种族的真实而适当的特征以及个人的属性。此外，成人在心智成熟后学习外语，但很难达到这样的水平，他们不可能完美地模仿另一种语言的发音，也不能去掉外国口音，而且总会在语法上犯错。

在生命的头两年里，儿童用他那吸收力强的头脑为所有的个性特征发展做准备，尽管他并没有意识到这一点。到三岁时，儿童的运动能力就开始发挥作用，正是通过这些活动，儿童使自己的经验稳定在意识中。本质上，完成这种转换的运动器官是手，因为它会使用各种物体。儿童显然想触摸一切，特别喜欢通过手部活动促进智力发展的练习。教育者尚未意识到手作为儿童思维发展的工具的重要性。

儿童的头脑变得意识清晰、组织有序时，吸收能力就会逐渐减弱。正如我们在世界各地许多不同种族的经历所表明的那样，它们贯穿了整个儿童时代，使儿童能够吸收比我们想象的要多得多的知识。儿童在早期，只有 2 岁或稍大一点时，就能够通过无意识的力量取得巨大的成就，尽管他仍然无法自主活动。3 岁以后，儿童通过对周围环境的探索，获得了大量的概念。在这一时期，他通过自己的活动掌握事物，并将它们融入自己的头脑。尽管如此，他还没有达到成熟的阶段，这将使他能够从聆听成人的声音中学习。这就是为什么人们认为儿童不能在普通学校获得适当的教育。

可以肯定的是，儿童在吸收期获得的东西是保持不变的，不是在记忆中，而是在有机体内部，固定为形成个人思想和性格的向导。因此，如果儿童要在这个年龄段接受教育，就必须由环境来完成，而不是通过口头指导来完成。儿童所吸收的文化点燃了他内心的热情之火，就像突然间被点燃了一样，然后继续前进，取得进一步的发展和胜利。这是一个人持续工作却不会感到疲倦的时期，也是从知识中汲取生命食粮的时期。如果儿童的智力没有机会按照自然的计划发展，他就会痛苦并变得异常。

现代心理学家已经开始认识到那些可怜儿童的精神饥饿。他们似乎在发展过程中受到了阻碍，偏离了原本该走的正确道路。因此，我们在学校里所取得的令人惊讶的成绩，并不是一种更完美的教育方法的结果。它们揭示了一种只有在创造性成长时期才会遇到的特殊类型的思维和心理感受。

因此，我们的科学教育方法，甚至我们在指导智力缺陷儿童时所采用的后来被用来指导正常儿童的新的教育方法，都不应该受到赞扬。人们要真正理解我们的工作，出发点就是不把它当作一种教育方法。恰恰相反，我们的教育方法是观察心理现象发展的结果，而这些心理现象到目前为止还不为人知，也未被观察到。因此，问题不在于教育，而在于心理。教育能带来更好的生活，这是所有人都应该关心的事情。

第二十五章

提供学习材料的年级和顺序

在教育方法的实际应用中，我们应该知道给儿童提供学习材料的顺序。本书中，我们已经介绍了每一种练习的开展情况。尽管在“儿童之家”各种练习是同时开展的，但在材料的整体呈现上有不同的步骤。具体如下。

一年级

静静地搬椅子，搬东西，踮着脚尖走。

各种扣件练习。

固体插件练习（感官练习），难易程度递进：

（1）固体插件高度相同但直径递减。

（2）固体插件在高度上递减。

（3）固体插件的高度和直径都在递减。

二年级

实际生活：静静地站着或坐着，打扫卫生，把水从一个容器倒进另一个容器。

沿着一条直线行走。

感官练习。

不同尺寸、高度的棱柱和立方体。

在匹配和对比的过程中，锻炼各种感官。

三年级

实际生活：穿衣、脱衣、洗衣服等。

整理房间。

正确使用刀叉和勺子吃饭。

动作练习。

在直线上行走和控制动作的练习。

感官练习。

画画。

所有根据他们的年级安排的其他练习。

安静练习。

四年级

实际生活：布置桌子、洗碗、整理房间等。

动作练习：有节奏地前进。

动作分析。

学习字母。

用各种材料学算术。

五年级

实际生活：以上所述的所有实际生活的练习，再加上个人的精细护理，如清洁牙齿和指甲。

学习社交方式，如问候等。

水彩画和绘画。

读写单词。

书面算术运算。

学习科学、地理、历史、生物、几何等单词。

边游戏边阅读。

同一个班里应该有三个年龄段的儿童，这样，年龄最小的儿童，自发地对年龄较大的儿童的工作感兴趣，向他们学习并得到他们的帮助。如果儿童表现出工作和学习的愿望，那么即使这项工作不在常规的课程范围内，也应该让他自由地去做，这是正在授课的教师要做的事情。

附　录

以下是我在 1907 年第二所“儿童之家”建成时发表的演说：

你们在座的许多人很有可能从未体验过穷人的生活窘境，只是通过一些严肃书籍或著名戏剧的描述，才有了一些对极端苦难和贫穷的人们的认识。

我们可以想象一下，在某个时刻，有个声音召唤你：“去看看那些充满苦难的黑暗而贫穷的地方吧，因为在那里，在恐惧和苦难中，也能出现幸福、干净和和平的绿洲。在被贫穷和罪恶支配的地区，正在发生道德的救赎，人们的良知正从惰性和无知中苏醒。穷人将有自己的住所，孩子们也将有自己的‘家’。新一代人将迎来一个新的时代，他们将不哀叹苦难，而是将其消灭。罪恶和贫穷的住所将成为过去，它们将不复存在。”

我们会像那些智者一样，在星辰和梦想的指引下，日夜兼程来到伯利恒。我这样说是为了让你了解这个简陋的“儿童之家”的意义和真正的美。它就是一个家，因为它是由一位母亲用双手为这一地区的孩子打造的。

这是第二所“儿童之家”，位于圣洛伦索这个不受欢迎的地区。

这个地区臭名昭著，报纸上几乎每天都充斥着关于这里的不幸遭遇的报道。然而，许多人仍然不知道这个城市堕落至此的源头。从来没有人想过要在这里建造普通住宅。因为圣洛伦索已经不是普通人居住的地方，而是一个贫民窟。这是一个没有工业的城市，人们收入低且经常失业，失业的人和被假释的囚犯一起在这里过着混乱的生活。

圣洛伦索地区建立于1884年至1888年，当时罗马正在兴起一股建筑热潮，却没有相应的社会或卫生法来规范新建筑的建设。建筑商们在一块又一块土地上筑起高楼，建得越多，银行和公司的利润就越大。他们完全无视即将到来的灾难，毫不在意这些建筑的质量，因为他们从来不会住在这里。

1888年至1890年经济崩溃时，这些质量极差的建筑长期无人居住。后来，当人们重新有了住房需求时，这些建筑里就逐渐挤满了房客。但是，这些庞大建筑的拥有者既不愿意也没有能力投入更多的维修资金。这些建筑在建造时就没有考虑卫生条件，现在由于居住者增多变得更糟了，成为城市底层人员的聚集地。五居室、六居室和七居室的公寓按其面积以极低的价格出租，但对单身汉来说，租金还是太高了。于是，这里又有了转租和投机，并最终导致过度拥挤，成为混乱和罪恶的滋生地。

当人们进入这些公寓时，会被里面的黑暗所震撼，即使在白天，公寓里也暗无天日。当我们谈到社会问题时，我们总是心存幻想，而对现实视而不见。我们现在关心的问题是，儿童能否在家学习和做作业，那些贫穷的孩子会不会在草席旁的地板上书写。我们希望建立流动图书馆，让穷人的孩子可以在家读书，并印制教育和卫生的小册子，让最贫穷的人也能读到。但是，这一切只能说明，我们对他们的真实需求一无所知。事实上，他们中的许多人甚至连一盏灯都没有。穷人更关心的是生存，而不是教育。这种环境中出生的孩子，他们不是进入光明而是落入黑暗，在堕落的人间长大。他们总是脏兮兮的，因为公寓里的水本来就只够三四个人使用，现在却必须供应给二三十个人共用，几乎连饮用水都不够！

我们对“家”有一个诗意的概念，“这是一个神圣的地方，只属于我们爱的人。这是一个美丽、宁静而又虔诚的地方”。但残酷的现实是，很多人没有这样的“家”。他们住在破旧的围墙里，没有隐私，没有文明，通常也没有足够的光、空气和水。因此，我们不能抽象地说“家”是社会秩序的基础，是群众教育的源泉。

由于居住条件恶劣，人们会觉得在街上避难更合适，也更健康。因此，那里就成了孩子们常去的场所。但是，大街上常常发生犯罪行为，甚至会发生一些我们难以想象的事情。在这个被称为文明之都、美术之都的城市的大路上，可以看到各种极端残暴的景象，因为穷苦大众的生活与其他人的生活是隔离开的。

在中世纪，麻风病患者被孤立，犹太人被关在贫民区，但贫穷从来没有被看作一种必须被消除的危险和耻辱。那时候，穷人和富人生活在一起。而现在，穷人和富人之间的强烈反差是一个常见的文学主题。有人写到，富人的豪宅遮挡了穷人的棚屋的采光。那时的教师会讲公主帮助一个贫穷家庭，或是富裕家庭的孩子如何照顾阁楼上生病的女人的故事。这些在今天看来都是不真实的。穷人在急需帮助的时候，不再指望富裕的邻居能提供帮助，连撒在穷人身上的阳光也被人夺走。穷人只能聚集在城市的外围，陷入绝望、残暴和罪恶之中。因此，我们一手打造了对城市构成威胁的感染地带。他们也渴望住在一个公平美丽的城市里，让自己从一切丑陋和疾病中得到净化。

人们通常只有在死后才会来到这里（罗马公墓位于圣洛伦索地区），当我第一次来到这里时，我的印象是我来到了一个遭受过巨大灾难袭击的地方。目光所及之处，满是背负着沉重悲伤的人们，他们在寂静的街道上徘徊，目光呆滞且近乎恐惧，深深的沉默似乎表明他们的生活已经支离破碎。这里没有马车，没有小贩们欢乐的叫卖声，也没有弹奏手风琴卖艺的音乐声。即使现在这些声音被当作贫穷的标志，禁止在罗马街头出现，但在那个时候也无法打破这令人悲伤和沉重的寂静。

我看到街道上的深坑和散落在地上的岩石，几乎可以想象出这里刚刚被一场洪水淹没。但是，看到那些光秃秃的房子和破碎的墙壁，我又想可能这里是刚刚经历地震的袭击。后来，我看到这条街上除了一些肮脏的小酒馆，连一家商店、杂货铺或客栈都没有，我才终于意识到降临在这些人身上的，不仅有灾难，还有贫穷。

这种悲惨而危险的状况唤起了许多人的良知，有人来到这里发起慷慨的慈善活动，以各种形式的补救措施减少灾难。从每家每户引入卫生条例，到建立托儿所和药房，人们试过了很多措施，但结果如何呢？这些善举似乎只是一种同情，把怜悯变成了行动而已。由于缺乏长远的目标和实施的连续性，实际效果并不明显，人们获得的帮助也很有限。这种罪恶的现状需要一种更普遍的补救办法，可以给所有人带来解脱。

罗马优秀建筑协会开始采取购买公寓、改善公寓、明确公寓管理等一系列政策。协会收购的第一批建筑是在圣洛伦索地区，协会对公寓进行现代化改造，并采取措施提高居民的健康和文明程度。其中一个主要的改善措施是将大公寓分割成小公寓，这样每个家庭就可以有单独的住所，居住环境也会更加整洁、通风良好、阳光充足。

享受这些福利的人，也需要付出一定的代价。他们必须对公寓进行维护，维护成效最明显的人将获得年度奖。所以，所有的居民都在相互竞争着维护他们的住所，最终这些建筑物也就保存得很完好，就像城里那些从古代保留至今的熠熠生辉的大理石庙宇一样。我们现在所在的大楼，也就是第二所“儿童之家”落成的地方，两年来的维护和管理工作也一直由房客们全权负责。这些穷人的住所，其干净和整洁程度可以和上层阶级的家庭相媲美。

我们在这里进行了一项实验，并取得了显著的效果。人们在爱他们的家的同时，也爱上了清洁，还获得了审美能力，会用许多植物和花盆来装饰庭院。这一地区的人们呈现出一种全新的自豪感。他们为了拥有保存最完好的公寓，为了获得更高的文化水平，开展普遍的竞争。他们不仅学会了如何生活，而且学会了如何尊重他人。家庭的改善带来个人自身的改善。协会为每栋公寓配备了浴室，所有的房客都可以轮流去洗澡，而他们过去只能去喷泉那里洗衣服。

但是，协会在对建筑物进行半无偿维修方面遇到了困难。父母因为工作繁忙，会把年龄太小而不能上学的孩子单独留在公寓里。孩子们无法体会父母维护家园的竞争意识，对房屋造成了相当程度的破坏。因此，我们又开始了一项改革——利用节省下来的维修费用，建立一所“儿童之家”。

“儿童之家”专门为那些还没有到上学年龄的孩子开放，父母可以放心地把孩子放在这里。这对父母来说是一个大大的福利，因为他们由此摆脱了沉重的思想负担。但是，这样的帮助需要父母的善意作为回报。楼内张贴的规定中明确提到：“母亲必须把孩子干干净净地送到‘儿童之家’，并协助指导教师做好教育工作。”因此，他们有义务为其子女提供物质和精神上的养育。如果儿童的言行表明学校的教育受到家庭教育的负面影响，他就会被遣送回家。换言之，父母必须认识到在公寓楼为年幼的孩子建一所“儿童之家”的好处。母亲们每周至少与指导教师面谈一次，说明孩子的情况，并接受教师的指导建议，这些建议对孩子有很大帮助。儿童的健康则由分配到“儿童之家”的医生来照顾。

指导教师总是能得到孩子母亲的配合，作为一个受过教育和有教养的人，指导教师的生活一直是该楼居民的榜样。她必须住在公寓里，从而与所有学生的家庭保持密切联系。这一点非常重要。在这个地区，没有人敢在晚上徒手四处游荡，现在却住进来一个有教养的、温柔的女人，将她的一生奉献给教育。她是人们之中的传教士，如果她有足够的机智和勇气，就将在工作中获得许多成果。

这确实是一项新鲜事物。过去，富人和穷人生活在一起，以便为穷人提供教育。但是，他们的努力是无效的，因为文明程度更高的人不可能与穷人一起生活在肮脏的环境里。“儿童之家”的组织形式很新颖，它不但是儿童的庇护所，而且是一所真正的学校，运用了科学的教育方法。人们关注和鼓励儿童的身体成长，教学目标明确，使用了异常丰富的教学材料。我们不会在这里详细地讨论这些内容。然而，我要特别指出的是，“儿童之家”有一间为儿童提供冷热水浴的房间，而且在可能的情况下，还有一块可以供他们耕种的土地。

在这里，我们主要谈谈“儿童之家”在教学方面取得的进展。熟悉学校及教育问题的人都知道，在儿童教育中，家庭和学校的和谐几乎是无法实现的理想。但是，家庭和学校的教育目标之间会有差距，似乎还有点背道而驰。家庭教育不仅与学校教育隔离，而且与社会影响隔离。在“儿童之家”，我们第一次看到了有效实现这一教育理想的可能性。儿童的学校和家庭在同一栋楼里，教师住在他们中间。

父母知道“儿童之家”是属于他们的，并且由他们支付的租金支撑。他们可以随时去那里观摩、参观或学习。“儿童之家”持续刺激家长们进行反思，也成为他们自己和孩子的幸福源泉。这些孩子的母亲很关心教师，经常把糖果和鲜花放在学校的窗台上，作为一种无声的、真挚的致谢。经过三年的学习，家长将把儿童送到普通小学学习。这时，家长做好了充分的准备，在教育子女的过程中进行合作，并获得一种上层阶级也很少有的信念，即他们必须通过自己的行为和理念让孩子接受更好的教育。

“儿童之家”的另一项突破性进展是教育的科学性。迄今为止，这里的教育是基于儿童的人类学研究，因此只处理了教育问题的一个方面。人不仅是一种生物性存在，而且是一种社会性存在，家庭就是受教育者的社会环境。如果科学教育不能有效地改善新一代的成长环境，那就不能使新一代过得更好。如果家庭故步自封，那么所有试图补救教育弊病的努力都将是徒劳的。因此，我们如果将家庭教育作为文明进步的重要工具，就将直接改变儿童环境中的问题，从而为他们提供真正科学的教育。“儿童之家”

代表着又一个进步，这是住宅社会化的第一步。居民们享受着这样的益处，即可以把孩子留在一个既安全又有益的地方。

到目前为止，只有富人家庭的女性才能够把孩子交给保姆或家庭教师照顾，然后有时间处理家庭事务。如今，可以说，住在这些重新装修过的公寓里的女性享有同样的特权，甚至还有一位家庭医生帮助她们照顾孩子，帮助孩子茁壮成长。

我们都知道环境社会化带给我们的好处，交通、路灯和通信工具都是环境社会化的典型例子。这些设施延长了人们的工作时间，工业效率的进步大大提升了生活用品的产量。现在，每个人都可以有干净的衣服、地毯、窗帘、美食、瓷盘、银器等，生活福利的改善对社会进步产生了均衡的影响。

在“儿童之家”，个人社会化的第一个例子是保姆或家庭教师等职业的出现，这是时代的需要。由于近几年的社会发展和经济革命，职业女性被迫放弃最珍视的家庭责任。她们必须离开孩子，尽管这样做很痛苦。不仅工人阶级，甚至那些受过高等教育的人也能从这样的机构中受益。否则，她们就得在外出工作时把孩子交给仆人或厨师照顾。事实上，第一所“儿童之家”建成的消息传遍海外之后，许多中产阶级就提出了类似的迫切要求。因此，我们让母亲在家庭中的工作更具有社会化属性。这似乎是一个无解问题的实际解决办法。有人问，如果女人离开家庭，家庭会变成什么样子？家庭本身将发生改造，并分担起女性的传统角色。

我相信，未来还会出现其他的社会化形式，如医务室。女性天然就是家庭里的保姆，但是现在，她得为了赶去上班而离开心爱的家人。因为工作竞争激烈，她的缺勤可能会导致失业。对这样一位工作女性来说，她可以把生病的家人安置在医务室，这样的好处是，她可以在白天空闲时看护病人，晚上再全程看护病人。这也有利于维护家人的健康，因为医院可以将身患传染性疾病的人隔离开来。谁不清楚有身患传染病的孩子的父母有多痛苦？如果他们在这座城市里没有朋友或亲戚可以帮着照顾其他孩子，就不能保障其他孩子的健康。

类似地，送餐工作会有很大的发展前景，这已经在美国取得了一些成功。人们可以提前预订晚餐，由一个送餐员送到各个房间。中产阶级家庭可以从这样的改革中获益，因为他们不必再把健康和幸福托付给一个无知的厨师。

因此，女性因社会和经济现状而不得不从事有偿工作，但这并不意味着家庭和家庭生活将被摧毁。这只是意味着以前由家庭主妇完成的任务，现在交由公寓经理接管。这样的做法赋予了女性新的自由，她将因为她自身而不是因为她的付出而被爱。人类之爱的目的不是为了获得个人满足，而是为了促进自由，使物种永存。

尼采在《查拉图斯特拉如是说》中描述的女人具有这种理想的爱，她渴望拥有一个比自己更优秀的孩子。她问那个男人：“你为什么需要我？也许是因为害怕孤独？……为了保护自己免受生命的考验？如果是这样，请离开我。我在寻找一个征服了自己、扩展了灵魂的人。我要找的是一个干净强壮的男人，一个渴望与我的身体和灵魂结合的人。我要创造一个孩子！一个比出生时更好、更完美、更勇敢的孩子！”男人希望通过婚姻，通过自己对美好品质的追求来改善自己的种族。当新一代人开启永恒的胜利之旅时，这个家可以成为他们接受教育和安慰的地方。

关于作者

玛利亚·蒙台梭利，1870年8月31日出生于意大利的基亚拉瓦莱。1894年，她成为第一位从罗马大学医学专业毕业的女性。1899年，她开始研究智力缺陷儿童的教育问题，并按照法国医生塞金最先制定的工作思路，取得了惊人的成效。在她的教导下，智力缺陷儿童也能够通过正常儿童参加的全国读写能力测试。蒙台梭利博士总结说，类似的方法也可以应用于年龄更小的正常儿童。于是，她开始在罗马的私立和公立学校对幼儿进行研究。最初，她遭遇到传统教育方法拥护者的反对，他们认为她的教育体制鼓励自由行动，会破坏纪律。但是，她也得到了热心改革者的有力支持。1900年至1907年，她在罗马大学讲授人类学课程。1922年，她被意大利政府任命为学校督导。在她的职业生涯中，完成了一系列有关学习和儿童的著作，建立了以她的名字命名的教育体系。晚年，她在西班牙、印度、英国和荷兰开展培训课程。1952年5月6日，在荷兰诺德维克去世。